No.1

云南康养旅游

REPORT ON DEVELOPMENT OF HEALTH
AND TOURISM IN YUNNAN
(2020-2021)

发展报告
（2020~2021）

吕宛青　杜靖川 / 主编

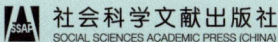
社会科学文献出版社
SOCIAL SCIENCES ACADEMIC PRESS (CHINA)

本书编辑委员会

主　　编　吕宛青　杜靖川

编委会成员
　　　　　王克岭　邓永进　张建民　晏　钢
　　　　　赵书虹　赵德森　陈　昕

目 录

Ⅰ 总报告

B.1 开启云南康养旅游产业发展新征程
——2020年云南康养旅游产业发展状况 …………… 吕宛青 / 001

Ⅱ 分报告

B.2 我国养老政策的形成和发展（1949~2020） ………… 陈 飙 / 023
B.3 云南康养旅游产业竞争力评价研究 ……………… 毛剑梅 / 037
B.4 2020年云南省康养旅游企业融资状况分析
………… 武晓芬 梁安琪 耿溪谣 李 祎 潘晶晶 / 062
B.5 我国康养旅游人才的开发与利用 ………… 杨红英 俞 锦 / 077
B.6 2020年云南省康养旅游游客满意度研究报告
……… 杜靖川 朱永明 李亚文 郭倩倩 吴万莹 洪湾湾 / 091

Ⅲ 产业篇

B.7 云南省康养旅游住宿业发展研究
………… 成 竹 陈 伟 刘洋洋 凌 灵 汪熠杰 / 109

001

B.8 云南康养旅游产业创业生态系统中的创业影响与创业环境研究
.... 张建民　顾春节　周南瑾　余　虹 / 123
B.9 彝族医药助力楚雄康养旅游产业发展的战略思考
.... 余　虹　孔　莉　高　丽　段圆媛 / 145
B.10 云南康养旅游产业与芳香产业融合发展研究
.... 高　丽　孔　莉　余　虹 / 161

Ⅳ 案例篇

B.11 龙韵养生谷康养项目发展问题诊断与对策建议
.... 陶小龙　吴凤琼　姚建文　于婉麟 / 175
B.12 大理地热国温泉度假区康养旅游案例
.... 梁　坚　朱永明　杨　毅　蒲　艳　薛　锦 / 187
B.13 昆明运动型康养旅游产业案例研究 .... 晏　钢　刘　愚 / 196
B.14 杏林大观园温泉康养小镇开发模式给康养旅游发展的启示
.... 孙丽香　周南瑾　马玲娜 / 208

Ⅴ 借鉴篇

B.15 SWOT-PEST视角下巴伐利亚庄园康养旅游发展分析
.... 罗裕梅　张语珂 / 219
B.16 CCRC实践视角下的中国康养模式再设计研究 .... 吴奇志 / 231
B.17 基于Citespace可视化知识图谱分析的国内外康养旅游研究进展
.... 赵书虹　张钰桢　陈婷婷　钱海燕 / 243

Ⅰ 总报告
General Report

B.1
开启云南康养旅游产业发展新征程
——2020年云南康养旅游产业发展状况

吕宛青*

摘　要： "十四五"时期是我国经济社会发展的关键时期，国内大循环为主体，国内国际双循环相互促进将成为新发展阶段的重要特征，这意味着绝大部分消费都在国内完成，因此刺激国内消费将成为未来一段时间的主旋律。康养旅游是人民群众喜闻乐见、参与度高的幸福产业，发展空间大，未释放的消费需求也很大，在提振国内消费方面起到重要作用。本报告结合云南省健康产业发展的需要，从国家发展战略的高度，深入分析了康养旅游产业发展的社会需求、市场需求、政策需求，总结了康养旅游产业发展背景与基础，剖析了云南康养旅游产业发展状况与发展趋势，并提出了推动云南康养旅游产业发展的政策建议。

---

* 作者简介：吕宛青，博士，云南大学工商管理与旅游管理学院，教授，博士生导师，研究方向为旅游经济、民族旅游。

关键词：健康产业；康养旅游；产业基础；消费趋势

Open the New Journey of Yunnan Health Tourism Industry Development
—Yunnan 2020 Health Tourism Industry Development Report

Lv Wanqing

Abstract：The 14th Five-year Plan period is a key period for China's economic and social development, and the economic internal cycle will become an important feature of the new development stage, which means that the vast majority of consumption is completed at home, so stimulating domestic consumption will become the main theme in the future. Health and wellness tourism is a happy industry popular with the people and has a high level of participation. It has a large space for development and huge unreleased consumer demand. It will play an important role in boosting domestic consumption. This report in combination with the needs of the development of health industry in YunNan province, from the height of the national development strategy, in-depth analysis the health tourism to raise the social needs of the development of tourism industry, the market demand, policy requirements, summarizes the development background and foundation, to raise the tourism industry, and analyzed the health YunNan development status and trend of development of the tourism industry, and puts forward the health tourism raise policy Suggestions for the development of the tourism industry in YunNan.

Keywords：Health Industry；Health Tourism；Fundamental Industry；Consumption Trend

1992年，1575名科学家在《世界科学家对人类的警告》一文中明确表示：随着工业时代发展的"过度索取"，人类和自然正走上一条相互抵触的道路，这将严重危及下一代人的健康。因此，大健康产业将成为新的发展热点。大健康产业面临持续发展与专业细分的趋势，大众追求更加健康、更具有精神享受的多元化、个性化消费，在供给侧改革与需求侧推动的双重动力作用下衍生出更多类型的康养旅游需求。发展大自然健康养生、康养旅游产业可谓迫在眉睫，功在当代，利在千秋。

随着"健康中国"战略的实施，健康养生成为业界和学界热议的话题。此外，新冠肺炎疫情在对人类健康造成严重威胁的同时，也加强了国民的健康意识和卫生安全责任感。康养旅游业是使人身心健康，促进人的全面发展的幸福产业，能够在促进国民健康事业的发展过程中发挥关键作用。康养旅游顺应了人们对健康的追求和旅游观念的转变，已成为我国旅游产业转型发展中重要的类型和主流趋势之一，即将获得更大市场份额，迎来爆发式消费增长。

一 "健康中国"被提升到国家战略高度

（一）"健康中国"建设的重要战略机遇期

我国经济的发展及人民生活水平的提高，奠定了人们追求高质量生活的需求的基础，健康问题也随之得到高度重视。中共中央、国务院在《"健康中国2030"规划纲要》中强调，推进健康中国建设，是全面建成小康社会、基本实现社会主义现代化的重要基础，是全面提升中华民族健康素质、实现人民健康与经济社会协调发展的国家战略，是积极参与全球健康治理、履行2030年可持续发展议程国际承诺的重大举措。未来15年，是推进健康中国建设的重要战略机遇期，对健康服务的需求正从传统的疾病治疗转为疾病预防和保健养生。

然而，从现实情况来看，由于经济快速发展导致环境在一定程度上出现污染，以及人们长期对健康生活的认识不足，面临不健康的生活方式、低劣的生活资料等，我国70%的人处于亚健康状态，15%的人处于疾病状态（见图1），严重影响到许多家庭的幸福。如果任其蔓延不加以防控，对健康生活不加以引导，那么未来10年，各种慢性疾病将以爆发式的速度扩展到每一个家庭。

世界卫生组织数据显示，中国人均健康支出不足美国的5%，与全球人均健康支出差距也很大，仅为其1/5。但与此同时，国内却存在一个有着巨大健康消费需求和能力的消费主体：1.09亿追求高品质健康生活的中产阶级人群。中国保健养生市场每年蕴含高达15000亿元的市场份额，每位城市常住居民年均花费2000余元用于健康养生，这充分证明中国大健康产业具有巨大的消费潜力。

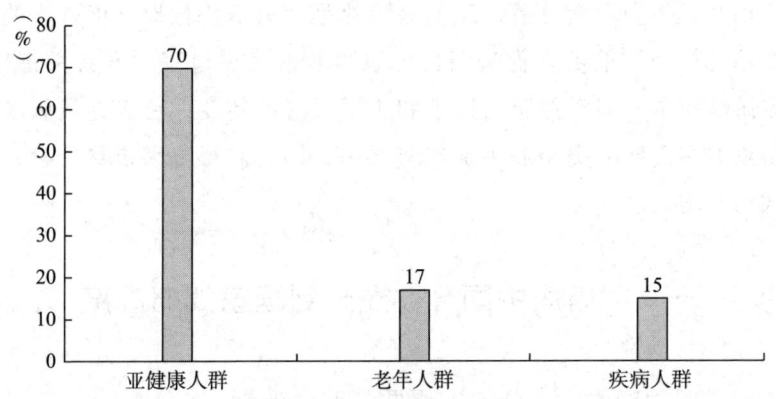

图1　康养旅游主要需求群体占比

资料来源：《2019年中国康养旅游行业发展格局及发展前景分析》。

美国经济学家保罗·皮尔泽预言保健产业将成为世界"财富第五波"；健康服务业已被国际经济学界确定为"无限广阔的兆亿产业"。根据中共中央、国务院《"健康中国2030"规划纲要》，我国健康服务业总规模在2015年已经达到3.8万亿元；到2020年，健康服务业总规模超8万亿元，到2030年将达16万亿元。这意味着未来几年，中国大健康产业将步入黄金期，中国将成为全球健康产业的大市场之一。近几年来，一些有较大影响力的企业也相继布局康养产业，如阿里投资10亿开办"阿里健康"；腾讯布局医疗AI引擎；百度医疗布局连接医患+人工智能；万达出资1440亿元布局医疗；小米探索大健康数据；等等。企业的一系列动作进一步显示，在"健康中国"国家战略的背景下，健康产业已经成为新常态下经济增长的重要引擎，大健康时代已全面来临。随着大众旅游时代的到来，追求健康和精神享受成为休闲度假旅游的主要诉求。大健康时代下催生的康养旅游已进入黄金发展期，正在逐渐成为大众旅游的常态模式之一。

（二）相关政策成为康养旅游产业发展的催化剂

国家出台的一系列政策在促进国民健康事业发展方面发挥了关键作用，成为康养旅游产业发展的催化剂。2016年，国家旅游局发布《国家康养旅游示范基地标准》，文件将"康养旅游"界定为："通过养颜健体、营养膳食、修心养性、关爱环境等各种手段，使人在身体、心智和精神上都达到自然和谐的优良状态的各种旅游活动的总和。"同年，中共中央、国务院印发《"健康中国2030"规划纲要》更是将推进健康中国建设上升到国家战略层面，提出发展健康服务新业态，将健康与养老、旅游等融合发展作为重中之重。国家的一系列政策推动与措施保障，使得在大健康产业政策利好背景下的康养旅游产业持续向好发展。2017年，国家五部委联合发布了《关于促进健康旅游发展的指导意见》，提出了"五个发展"任务，发展丰富健康旅游产品、发展高端医疗服务、发展中医药特色服务、发展康复疗养服务、发展休闲养生服务，以进一步推动健康旅游产业的发展，同时加大对健康旅游产业的政策支持，使之更合法、更规范。2017年"中央一号文件"提出大力发展乡村休闲旅游产业，推进农业、林业与旅游、教育、文化、康养等产业深度融合。2017年《国务院办公厅关于进一步激发社会领域投资活力的意见》（国办发〔2017〕21号）提出，各地要将医疗、养老、教育、文化、体育等领域用地纳入土地利用总体规划、城乡规划和年度用地计划，农用地转用指标、新增用地指标分配要适当向上述领域倾斜，有序适度扩大用地供给。2018年"中央一号文件"提出实施休闲农业和乡村旅游精品工程，建设一批设施完善、功能多样的休闲观光园区、森林人家、康养基地、乡村民宿、特色小镇。

此外，国家发改委放宽准入，取消和减少阻碍民间投资进入康养、养老等领域的附加条件，以及《关于开展健康城市健康村镇建设的指导意见》《林业发展"十三五"规划》《中国生态文化发展纲要（2016—2020年）》《国家林业局关于大力推进森林体验和森林养生发展的通知》《养老服务行业信贷政策（2018年制定）》等一系列政策和鼓励措施，成为康养旅游产业发展的催化剂，为大健康产业与康养旅游产业发展奠定了政策基础。

(三)旅游消费回流促进康养旅游需求蓬勃增长

按照中央部署,"十四五"期间我国将加快构建以国内大循环为主体、国内国际双循环相互促进的新发展格局,这是基于当前和今后一个时期国内外环境变化做出的重大战略决策。促进国内大循环的首要任务是扩大内需,扩大内需又以扩大消费需求为重点。作为拥有14亿多人口的全球超大规模市场的国家,激活内需,扩大开放,能在很大程度上起到稳定产业链、供应链的积极作用。

图2显示,作为全球最大的国际旅游输出国,2010~2019年中国出境旅游人次一直保持较高水平和较大增长率。近些年我国年出境旅游人次保持着22.5%左右的平均增长率,进一步显示出旅游业是人民群众喜闻乐见、参与度高的幸福产业,旅游发展空间大,未释放的消费需求也很大,是提振未来消费的主力军。

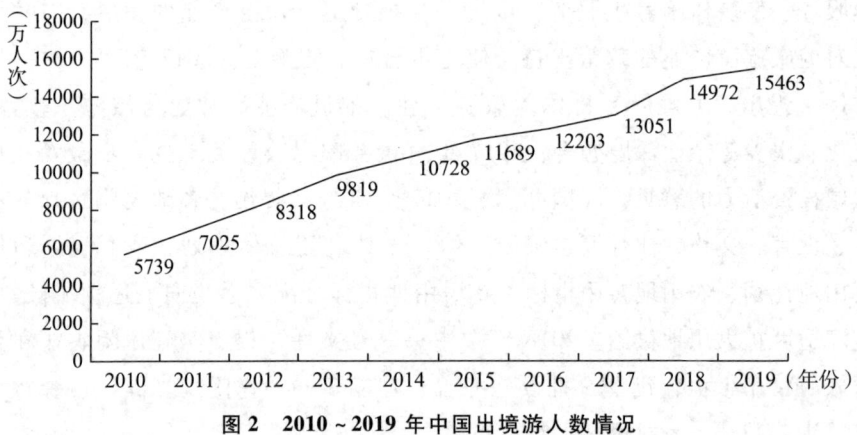

图2　2010~2019年中国出境游人数情况

资料来源:国家统计局。

2020年以来,新冠肺炎疫情在全球范围内蔓延,世界绝大部分国家和地区受到疫情的严重冲击,国际产业链和供应链均受到严重影响,我国外部循环也面临新冠肺炎疫情冲击和经济全球化逆流的叠加影响,全球贸易在低位继续坠落,其中受人员往来被动停滞、社交隔离等措施影响,以旅游业为代表的服务贸易更是面临全面挑战。

与此同时,2020年的疫情又进一步促进以服务贸易逆差收缩为先导、以内生潜在需求为依托的"内卷式"消费回流成为中国经济的新亮点。在全球疫情几番暴发，始终未能摆脱阴霾的情况下，中国的疫情得到了较好的控制，消费潜力逐渐展现，国际出境旅游受到约束，只能在国内旅游中得到释放，国际旅游消费国内化成为消费回流的重要落脚点。中国年均1.15万亿元的出境旅游消费支出中的一部分存在以内需形式转化成为国内旅游收入的极大可能性。

从国内旅游消费来看，在传统旅游消费主体力量的基础上，"低龄高端"消费人群的回归给国内旅游消费市场提供了扩容的机会，旅游需求引导转型升级迫在眉睫。

相关资料显示，83%出境游的用户转向国内游，虽然无法出国，但用户花在旅行上的时间和费用基本不变。国内出游虽时长多为3～5天，但频次更多，65.8%的用户一年在4次以上。此外，在旅游花费上，有46.3%的用户国内旅游年均花费超过30000元。①

2021年清明节假期期间，全国国内旅游出游1.02亿人次，按可比口径同比增长144.6%，恢复至疫前同期的94.5%，实现国内旅游收入271.68亿元，同比增长228.9%，恢复至疫前同期的56.7%。②

（四）人口老龄化加大对健康旅游产品的特殊需求

中国发展基金会在《中国发展报告2020：中国人口老龄化的发展趋势和政策》中预测：到2022年左右，中国65岁以上人口将占到总人口的14%，完全形成典型的老龄化社会；在2050年时，中国老龄化将达到峰值，65岁以上人口占比将上涨至总人口的27.9%。

根据分析，目前和未来具有行动能力的庞大的老年人口基本上是20世纪五六十年代出生的，这是一个"新兴老年人"群体，这个群体的消费观念并不守旧、传统，消费能力也不容小觑。该群体的消费者对通过旅游度假方式实现"五养"（养生、养心、养老、养颜、养疗）有明确的需求，他们中的大多数都有追求健康生活、精神文化度假、度假养老居住、健康养

---

① 穷游网：《会玩的中国人：2020年出境游人群玩转国内指南》。
② 文化和旅游部网站。

疗等方面的愿望。此外，中国城市45%的老年人拥有储蓄存款，老年人存款余额在2016年就已超过17万亿元，人均存款将近8万元。目前，中国老年康养产业市场消费潜在需求在5万亿元以上。"新兴老年人"群体有钱有闲，是目前最容易成为现实旅游消费市场主力的群体。

然而，面对日益强烈的老年康养旅游需求，与其形成鲜明对比的是养老+旅游产业的供给严重不足。

二 云南康养旅游产业发展背景与基础

（一）云南旅游产业基础雄厚

2020年，面对复杂多变的国际环境和艰巨繁重的改革发展稳定任务，经过全省人民的共同努力，云南省经济复苏趋稳。经初步核算，全年实现地区生产总值24521.90亿元，比2019年增长4.0%，高于全国GDP增速1.7个百分点。其中，第一产业增加值3598.91亿元，增长5.7%；第二产业增加值8287.54亿元，增长3.6%；第三产业增加值12635.45亿元，增长3.8%。三次产业结构为14.7∶33.8∶51.5。全省人均地区生产总值达50299元，比2019年增长3.3%。各州市也围绕依托国家战略，加快推进精准扶贫，加大特色产业投资力度，推进经济发展可持续化，优化产业结构，发展特色经济等方面进行了重要选择，且取得相应的成就（见表1），为全省旅游业发展奠定了基础。

表1 2020年云南省及16个州市地区生产总值数据统计

地区	地区生产总值（亿元）	增速（%）
云南省	24521.90	4.0
昆明市	6733.79	2.3
曲靖市	2959.35	6.6
红河州	2417.48	5.2
玉溪市	2058.14	2.1

续表

地区	地区生产总值（亿元）	增速（%）
大理州	1484.04	2.0
楚雄州	1372.16	6.0
昭通市	1288.74	4.2
文山州	1185.12	5.4
保山市	1052.58	4.8
普洱市	945.42	2.5
临沧市	821.32	3.7
西双版纳州	604.18	3.6
德宏州	575.54	7.9
丽江市	512.75	4.6
迪庆州	266.94	5.1
怒江州	210.73	7.1

资料来源：微信公众号"拥抱印度洋"。

近年来，云南省不断完善旅游服务体系和管理体系，从食、住、行、游、购、娱六大方面加强和完善旅游基础服务设施的建设，加强云南省旅游市场整治工作，提升云南省旅游服务的整体水平，把握旅游业规范化发展方向，为云南省旅游业健康可持续发展奠定坚实基础，进而带动云南省整体经济提升，赴云南旅游人次不断增加，2017~2020年云南旅游总收入在全国一直保持着前7位的成绩（见表2）。

表2 2017~2020年全国旅游总收入前7位省份

2017年	2018年	2019年	2020年
广东	广东	广东	浙江
江苏	江苏	江苏	湖南
浙江	山东	贵州	江苏
山东	四川	四川	广西
四川	浙江	山东	四川
贵州	贵州	云南	云南

续表

2017 年	2018 年	2019 年	2020 年
云南	云南	浙江	山东

资料来源：文化和旅游部统计资料。

在"十三五"期间，云南省旅游业也取得了骄人的成绩，累计接待海内外游客从 2015 年的 3.30 亿人次增加到 2019 年的 8.07 亿人次（见图 3），文旅总收入由 4181.79 亿元增加到 12291.69 亿元，分别年均增长 25.1% 和 30.9%，完成"十三五"规划目标的 132.76% 和 122.91%。2019 年云南省旅游总收入、旅游总人数全国排名分别为第六、第九。文旅产业增加值由 1288.31 亿元增加到 3430.97 亿元，年均增长 27.7%，完成"十三五"规划目标的 107.22%，占全省第三产业增加值（12224.55 亿元）的 28.1%，占全省地区生产总值（23223.75 亿元）的 14.8%，基本实现"十三五"规划占比 15.0% 的目标。其中，旅游产业增加值 2758.80 亿元，文化产业增加值 672.17 亿元，分别完成"十三五"规划目标的 110.35% 和 96.02%。

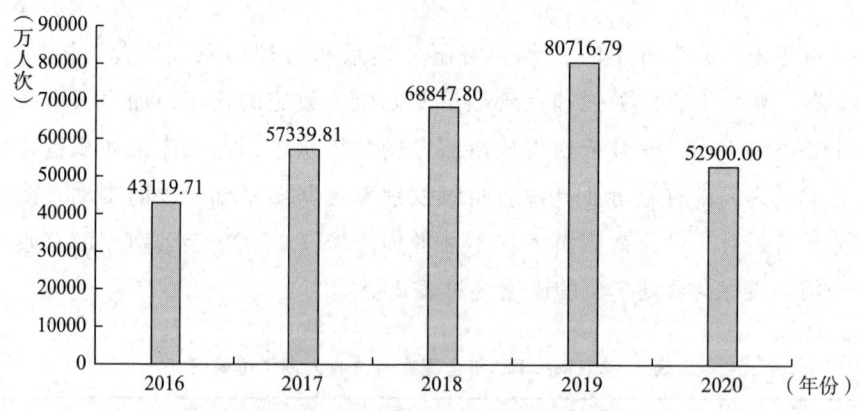

图 3　2016～2020 年云南省接待游客人数

资料来源：云南省文化和旅游厅。

综上所述，除 2020 年受疫情影响外，云南省其余年度旅游接待人数指标均处于增长状态，为康养旅游奠定了良好的客源市场基础。

（二）云南康养旅游资源独特丰富

云南山清水秀，人文荟萃，康养旅游资源丰富，具备发展康养旅游的独特优势和基础条件。云南素有"植物王国""动物王国""花卉之都""药材之乡""生物基因库"等美誉，全省大部分地区冬暖夏凉，四季如春。森林覆盖率位居全国前列，综合空气环境质量在国家二级标准以上，位居全国前列，单位空气中负氧离子含量年平均值超过世界卫生组织规定的清洁空气标准。

云南温泉数量多、分布广、类型全，境内温泉地热点总数居周边领先，云南省查明的温泉共有1240多处，约占全国温泉总数的1/3。温泉热水水质类型以碳酸氢钠（钙）或硫酸氢钠（钙）型中性微矿化水为主，含对人体有益的微量矿物元素20多种，对养颜护肤、强身健体有特殊功效。云南省腾冲"火山热海"、大理"地热国"、安宁"天下第一汤"等温泉旅游产品受到游客的青睐，驰名中外。

云南药材种植面积广、品种多，境内所拥有的中草药资源多达6559种，并且药材地道、高质、无污染。云南省已成为世界上中草药资源最富集的地区之一。野生植物药材蕴藏量为9亿多公斤，其中达到100万公斤以上的有96种，10万至100万公斤的有191种，家种植物药材达145种，年产量达2200多万公斤，动物药材（藏）量达44万公斤。同时，云南中医药、民族医药源远流长，历代名医辈出。《滇南本草》流传至今已有500多年，《哀牢本草》《玉龙本草》系统总结了彝族、纳西族的医药经验。同时，傣医药、藏医药和彝医药具有比较完整的理论体系，并有本民族文字记载的丰富医学典籍，形成了以傣、彝、藏医药为主，苗、壮、白、纳西、佤等民族医药并存，多元一体的云南民族医药体系，具有鲜明的民族文化特色。如此丰富和宝贵的药物资源和医学条件，为中医药旅游和医养旅游的蓬勃发展奠定了极为有利的基础。

（三）云南康养旅游政策目标明确

随着城镇化、老龄化进程的加快，康养产业一头连接着民生福祉，一头连接着社会经济发展，其重要性不言而喻。围绕加快旅游产业转型升级的"康养+旅游"，建设健康生活目的地，正在成为云南高原"绿色发展观"中最具发展潜力的引擎。围绕康养旅游发展，云南省近几年也相继出台了一系列的促进性政策。

云南省先后印发的《"健康云南2030"规划纲要》和《云南省"十三五"卫生与健康规划》中明确提出：加强供给侧结构性改革，创新特色健康服务新业态，发展特色健康养老、医养结合及中医药健康旅游等服务产业。

云南省文化和旅游厅编制的《云南省医疗旅游专项规划（2018—2030）》和《云南省中医药健康旅游发展专项规划（2017—2025）》，按照"一核""三带""六大板块"的空间布局，对全省医疗旅游发展进行了规划。"一核"为昆明医疗旅游综合服务核；"三带"为滇西北民族医疗旅游带、滇西南气候医疗旅游带、滇东南中草药医疗旅游带；"六大板块"为滇中综合医养板块、滇西北民族医养板块、滇西温泉医养板块、滇西南气候医养板块、滇东南中医药医养板块、滇东北中医药医养板块。规划强调突出中药（民族药）文化元素，打造"旅游+健康医疗"产业，探索在西双版纳、德宏、楚雄、迪庆、丽江、文山、红河等地建立一批民族医药旅游机构，发展傣医傣药、藏医藏药、彝医彝药、苗医苗药、瑶医瑶药等健康旅游产品业态。

此外，云南省文化和旅游厅还编制了《云南省养老旅游发展专项规划（2016—2030年）》，于2016年12月发布，并据此选定了191个养生旅游项目推动建设。《云南省加快推进旅游产业转型升级重点任务》将养老养生旅游作为旅游产业转型升级的重要发展业态加以推进，充分利用云南温泉资源数量多、分布广、类型全、品质高的优势，积极推广"温泉+"模式，大力发展系列化、高品质的温泉水疗和养生养老旅游产品，形成系列温泉旅游品牌。重点支持融旅游、体检、康疗、度假为一体的养生养老旅游项目。

2021年初，云南省第十三届人民代表大会第四次会议审查通过了《云南省国民经济和社会发展第十四个五年规划和二〇三五年远景目标纲要》（以下简称《纲要》）。经云南省人民政府批准，《纲要》于2月8日正式印发。《纲要》明确"十四五"时期，云南将全力打造世界一流"三张牌"，通过大力发展生态旅居、养生旅游、新型养老、养身养心等业态，推动旅游、文化、医疗、休养、体育、研学、智慧等领域的深度融合和协同发展；通过建设富有文化底蕴的世界级旅游景区和度假区，建设国际健康医疗城；建设森林养生公园、湖滨康养度假区、温泉康疗综合体和高端养老生态社区；建设集体育训练比赛、健身康体、体育旅游、体育科研、体育交流于一体的国际一流高原体育训练基地群；等等，把云南建设成为国际"健康生活目的地"。在天时、地利、人和的多元发展优势背景下，以"康养+旅游"为市场竞争亮点的云南"康养旅游产业"大有可为。

（四）云南康养旅游产品特色突出

随着大众旅游时代的推进，在"健康中国"国家战略背景下，健康产业已经成为新常态下经济增长的重要引擎，大健康时代已经全面来临。相关市场调研显示，追求健康和精神享受，也成为旅游的主要诉求，旅游者选择云南作为旅游目的地的一个重要原因就在于云南旅游资源和环境的健康性、生态性、舒适性、多元性。人们对于康体和养生的需求已经不单单是治疗，而是预防、治疗、修复、康养的"四结合"，云南"健康+旅游"迎来发展黄金期。

问卷调查显示，享誉国内外的云南安宁温泉天下第一汤、腾冲热海、大理地热等"云南名汤"，吸引着海内外的消费者入滇体验温泉康养的魅力。近年来，温泉与休闲、度假、医疗、养生、运动、康体相结合的"温泉+旅游"，已经愈发成为推动云南旅游从传统的观光旅游转变为休闲度假游的强大引擎，颇受市场追捧。

"康养+小镇"，花开云岭，康养小镇是游客赴云南旅游的热门选择。云南近年来开发了一系列的康养小镇，把"健康"作为小镇开发的出发点和归宿点，以健康产业为核心，将健康、养生、养老、休闲、旅游等多元化功能融为一体，形成了生态环境较好的特色小镇。借助民族风情生态环境、客源市场等独特优势，云南康养特色小镇的建设现在已经走在了全国前列。"康养+"系列的特色小镇正在成为"候鸟式养老"和旅居养生人群的首选目的地。

大健康时代催生的康养旅游正在成为旅游的发展模式之一，成为人们的一种生活新方法；康养旅游产业也在逐步形成，并逐步与体育、文化、医疗、养老、度假等产业深度融合，形成大健康产业发展中的"康养旅游+"产业体系。云南在洁净的空气、舒适的气候、优美的环境、绿色的生态、多元的文化等自然资源和文化资源融为一体的康养旅游资源的基础上，充分融入绿色、低碳、环保理念，所形成的以生态环境康养、医疗保健康养、运动健身康养、民族文化康养等为主题的康养旅游产品，以及运动康体、休闲养生、医疗康复等康养旅游业态，吸引了众多的消费者，云南康养旅游具有良好的需求市场。

（五）云南康养旅游基础设施日渐完善

康养旅游产业的发展壮大，不仅需要优良的自然生态环境，更需要强化其他资源的配置，如筛选社会资源，引进医院、保险机构、护理机构等医疗养生资源，融入SPA理疗机构、餐饮机构、禅修研习班等相关休闲养生资源，借助徒步俱乐部、骑行俱乐部等运动养生资源，构建一个康养发展平台，形成合力共同发展。近年来，云南省围绕"健康生活目的地"品牌，加快实施交通、医疗、智慧旅游的建设，极大地影响着康养旅游产业结构合理化和科学化水平。

交通作为基础设施建设的组成部分，是康养旅游产业供给环节的主体支撑，是游客需求实现的保障，交通的完善是发展康养旅游产业的基础。建成科学便利的交通枢纽和网络能为游客的出行提供更为便捷的服务，扩大游客的出行规模，提高出行质量。"十三五"时期，云南综合交通建设实现大跨步发展（见表3）。

表3 "十三五"时期云南交通建设情况

交通固定资产总投资	2000年投资3000亿元	"十三五"时期投资1.14万亿元
公路	总里程26.24万公里	其中高等级公路1.3万公里，高速公路6003公里，农村公路22.64万公里
铁路	2015年总里程2660公里	2020年总里程4233公里
高铁	运营1105公里，开通沪昆、云桂、昆楚大、昆玉、成贵云南段5条高铁动车线路	直达全国19个省（区、市）主要城市。建成1小时覆盖滇中城市群；2至3小时覆盖滇西、滇南、滇东南；2至5小时通达周边省会城市；6至11小时辐射华南珠三角、华中湘粤豫、华北京津冀、华东苏浙沪以及东南沿海地区的高铁交通圈
民用机场	机场达15个，全国排名第三，百万级机场7个	2019年旅客吞吐量7051.8万人次，全国排名第四；昆明机场旅客吞吐量4807.6万人次，全国机场排名第六

B.1 开启云南康养旅游产业发展新征程

续表

客货航线	466条航线	国内外通航城市185个，其中东南亚城市43个，居全国第一

资料来源：人民网。

与周边国家互联互通方面：越南方向，昆明至河口准轨铁路、高速公路已全线贯通，越南境内老街经河内到海防公路已实现全程高速化。老挝方向，昆明至磨憨高速公路全线贯通，老挝磨丁至万象高速公路万荣至万象段2020年12月正式通车；玉溪至磨憨铁路段、磨丁至万象铁路段建设进展顺利，2021年底中老铁路正式建成通车。缅甸方向，昆明至瑞丽高速公路全线贯通，大理至瑞丽铁路进展顺利。云南将构建起现代化综合交通运输体系。

云南医疗卫生基础设施建设和诊疗水平不断提升。近些年来的发展，使得云南省已经建立起了由医院、公共卫生机构、基层医疗卫生机构等组成的覆盖城乡的医疗卫生服务体系。随着云南主动服务和融入国家"一带一路"倡议，努力建设成为我国民族团结进步示范区、生态文明建设排头兵、面向南亚东南亚辐射中心，老龄化程度的不断加剧以及生育政策的调整，云南省正在全面推进医药卫生体制改革向纵深发展、分级诊疗制度的建立和实施，优化医疗卫生资源布局和配置，对全省的医疗卫生资源配置进行全面的布局和规划。2020年，云南省人民政府提出《云南省深化医药卫生体制改革2020年重点工作任务》，紧紧围绕以治病为中心向以人民健康为中心转变，持续加大"三医"联动改革力度，加快推进基本医疗卫生制度建设，完善重大疫情防控体制机制，健全公共卫生应急管理体系，为推进云南健康生活目的地建设打下坚实基础。

云南智慧化旅游基础设施建设取得骄人成绩。近年来，云南省委、省政府明确了"国际化、高端化、特色化、智慧化"的云南旅游发展目标，通过加快重点旅游项目建设，大力培育旅游新业态，建设"一部手机游云南"平台，提高云南旅游智慧化水平等重点工作，加快旅游产业转型升级进程。目前，"一部手机游云南"建设在八个方面的探索和实践取得了一定成绩，成为智慧旅游的标杆：一是最全面权威的云南旅游资讯；二是数量最多的实时景区直播；三是最便捷的在线导游导览服务；四是最系统化的旅游诚信体系；五是最高效的旅游投诉处置体系；六是最方便的游客购物退货机制；七是最实惠便捷的交通出行服务；八是最先进的互联网技术运用。云南省围绕"一部手机游云南"智慧旅游 App，积极推进旅游信息化基础设施建设，完善游客集中区域的通信基础设施建设，加快 5G 网络建设速度，不断扩大无线网络覆盖范围，打造了一个全域旅游数字化平台，为游客提供"吃、住、行、游、购、娱"等服务，覆盖了游客在云南旅游时游前、游中、游后的各项需求。

随着云南省基础设施完善、道路交通日趋方便、医疗水平等基础设施和服务不断提高，加之云南康养环境优越，云南康养旅游正逐步成为朝阳产业，实现蓬勃发展。

三 云南康养旅游产业发展约束分析

（一）康养旅游资源利用和转化效率低

云南康养旅游资源较为丰富，森林、温泉、医疗等资源种类和数量繁多，但是资源利用和转化效率较低。云南对康养旅游资源的利用和开发存在认知误区，多数开发一味追求短期效益，注重对康养旅游资源的增量开发，关注不同类型康养旅游资源的综合利用开发，但忽视了对既有康养资源的深度开发利用。这就导致了康养旅游产业投资规模逐渐扩大，而综合效益并未显著提升的现实情况。也存在资源开发目的性和针对性不强的情况，许多相关企业更关注当前市场需求，如温泉养生产品、森林旅游产品等传统产品，存在盲目跟风、低层次模仿等开发行为，忽视康养旅游市场需求转向和发展趋势，无法利用开发创意吸引更多的顾客，同时在开发过程中忽视市场容量、环境和生态容量，导致资源利用程度较差、资源开发效益不足等问题。

（二）康养旅游服务管理体系不健全

康养旅游旨在使游客在身体和精神上都达到自然和谐的优良状态。高质量的康养旅游服务和管理体系建构和运营是保障康养旅游活动目的实现的重要途径和手段。然而云南省部分康养企业和专业机构向游客提供的生态康养、康体运动、文化康养、健康理疗等服务项目类型不够丰富，服务质量还有待完善，在餐饮、住宿、游憩娱乐活动等方面缺乏康养主题特色，甚至在康养服务配套设施设备方面，难以满足游客减压放松、保持身心健康、怡情养性等方面的需求。康养旅游服务精细化程度仍需进一步提高完善。例如，公共服务区域缺乏专人引导，未提供必要的协助和照顾服务，公共区域未设置无障碍设施，甚至场所内部和周边环境卫生条件不达标等，相关旅游咨询导引、无线通信信号难以启用，在线咨询、预订和支付等服务欠缺，新兴互联网信息技术在康养旅游服务项目中的应用场景还不充分。康养服务人员所应具备的康养、医疗急救、心理疏导等专业知识和技能还处于较低水平。康养服务场所内的安全管理体系、质量管理标准体系等相关管理体系不够健全。

（三）康养旅游产业专业服务人才匮乏

自云南提出建设"健康生活目的地"以来，康养旅游产业发展经历了理念认知期、政策培育期和产业发展期，"康养+"多元模式基本形成，康养旅游产业初具规模。但是，在康养旅游产业发展过程中，注重招商和投资，轻视人才的引、招、育、留等现象仍然较为突出，对康养人才的分类分层研判较少，对康养人才的"人力资本"效应分析和重视不够。随着康养旅游产业的快速发展，康养旅游专业人才的市场缺口越来越大，高等院校、职业院校和中职学校的康养相关专业设置显然不能满足当前的市场需求，对康养旅游人才培养在课程编排、质量考核评估等方面趋同，康养教育师资短缺等情况尤为明显，康养旅游产业相关行业主管部门没有建立本行业人才数据库，缺乏康养旅游产业人才需求预测和规划，很难结合行业康养旅游人才需求现状和趋势精准地推进订单式人才培养模式。参照国际标准，云南康养旅游产业的从业人员，如康复师、治疗师、技术人员、社区综合康复人员等远不能满足现实需求，康养行业服务人员匮乏，尤其是康复医疗人才无法与市场康复医疗服务体系形成匹配。云南康养旅游产业中既懂康养、懂旅游，又懂管理的复合型专业人才更是十分紧缺。因此，需加强整体设计和系统规划，加快康养人才培养步伐。

（四）康养旅游产业综合联动效应不足

在市场需求推动、顶层政策设计和资本市场投资等利好引导下，云南康养旅游产业发展进入快车道。但从当前康养旅游发展模式和产品业态布局来看，康养旅游产业链条亟待扩展，关联带动综合效应仍需提升。当前，政府管理部门和康养旅游企业从认知理念上来看还处于静态孤立状态，仅仅将康养看作一类产业，而没有认识到康养与多种业态的广泛融合，并以康养作为主要形式和载体加以呈现。未来发展康养旅游需要突破单一企业或景区独立运营模式，在康养产品设计开发、旅游公共服务和全媒体营销网络方面实现体系构建，紧紧围绕云南"健康生活目的地"建设打造"康养旅游共同体"。构建一系列"康养+"模式，形成康养旅游多点开花的局面，为健康与旅游融合发展提供坚实的基础。基于动态资源观和产业联动融合观，推进康养旅游与其他现代休闲业和新型业态的全面融合，发展密切相关的休闲度假、康体疗养、养生养老、旅游社区等健康产业经济，构建一个"康养旅游产业集群"，完善康养旅游产业链。以"康养+旅游+X"的模式不断创造新产品、新业态，强化产业关联带动性，推进康养产业与其他产业的深度融合和全面发展。

四 云南康养旅游产业发展的趋势

（一）消费升级助推康养旅游服务精细化

中国经济增长的驱动力开始从投资和出口驱动向消费驱动转型。我国人均GDP不断提升，社会消费品零售总额显著提高（见图4）。消费成为我国经济内生发展的力量源泉。

我国中等收入群体不断扩大，目前已有4亿多人口处于中等收入群体阶段，是世界上拥有最大的中等收入群体的国家。消费群体的结构变化使得康养旅游需求日趋多元化和个性化。为应对消费结构的变化和升级迭代，云南康养旅游产业聚焦区域资源和市场需求变化，充分挖掘当地自然资源和人文资源，着力从旅游六要素出发有针对性地开发康养旅游产品。

B.1 开启云南康养旅游产业发展新征程

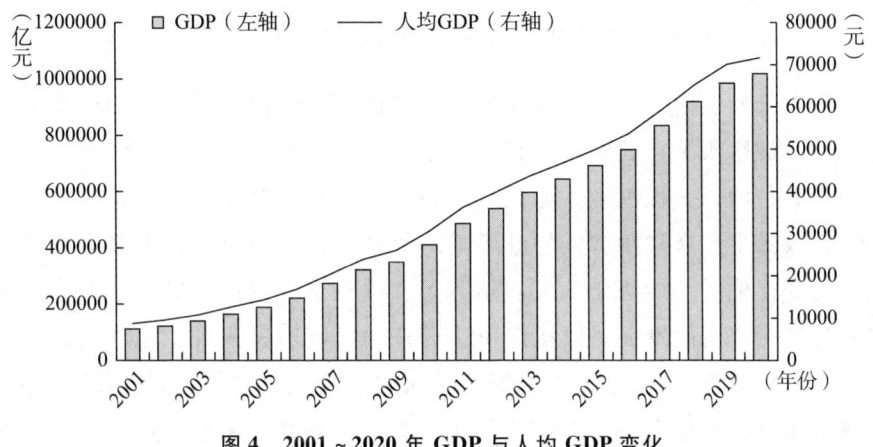

图 4　2001～2020 年 GDP 与人均 GDP 变化

资料来源：国家统计局。

在餐饮服务方面，越来越多的消费者讲求餐厅布局合理，要求采光、通风良好的环境；追求有延年益寿、美体美容、降压降脂等食疗功能的绿色生态果蔬食材和肉类；重视康养饮食文化体验服务，愿意亲身参与特色养生菜肴的制作，体验食材选择、营养搭配、器皿呈现、菜单设计、环境营造、服务出品的全过程。

在住宿接待方面，消费者非常重视住宿地点室内环境和室外周边环境的氛围，在室内环境上重视客房的照明、采光、通风和隔音条件。在床垫、枕头、被子等细节方面讲求舒适、整洁、卫生，甚至要求有一定比例的特色康养客房，设施设备和服务能够满足不同年龄群体消费者的特殊康养需求。一些消费者愿意为具有浓郁地方特色的养生茶点、安神饮品，以及管家式的高端服务买单。

随着消费升级引发的需求多元化和个性化，云南康养旅游产业不断凸显特色化、主题化、定制化和智慧化发展趋势，如"生态+文化康养""生态+运动康养""运动+理疗康养""美容+温泉康养"等组合式康养旅游套餐服务得到消费者的青睐，一些服务企业可提供定制化的康养旅游线路或康养旅游活动策划服务；可提供专为老年人等特殊群体设计的康养旅游线路或康养旅游活动策划服务；也可利用 5G 等新技术，拓展 AI、VR"数字+线上体验"，健康旅游云学堂，手游直播等消费和服务新场景。

（二）产业融合驱动康养旅游产品迭代创新

随着物质生活水平的提高，人们对"健康、愉快、长寿"的愿望越来越强烈。健康旅游是健康服务和旅游融合发展的新业态，发展健康旅游对扩内需、稳增长、促就业、惠民生、保健康具有重要意义。受新冠肺炎疫情，以及满足群众日益增长的健康需求等影响，大健康产业将聚焦康养旅游、妇幼保健、功能医学、人才培养等，进行全方位产业融合。促进关联产业深度融合错位发展，依托优美康养环境，吸引国内外就医、旅游、购物人员延长康养时间，拉长康养旅游产业链，拉动第三产业服务业大发展。云南未来康养旅游发展主要围绕养生、康体、养老和医疗产业融合，促进康养旅游产品更新迭代。例如，依托宗教、民俗、历史文化资源的文化养生型康养旅游产品，依托养生生态自然环境资源的健康养生养老产品，依托山地、峡谷、水体等地形地貌及资源的户外养生运动等康体养生产品，依托中医、西医等医疗资源的康复养生旅游产品。让游客能够获得真正的"养身、养心、养神"体验。

（三）康养旅游服务和管理体系智慧化发展

智慧旅游是通过现代信息技术和旅游服务、旅游管理、旅游营销的融合，以游客互动体验为中心，服务于公众旅游信息化的旅游新阶段。智慧旅游分为三大体系，即智慧旅游管理、智慧旅游服务、智慧旅游营销。近些年来，云南围绕"健康生活目的地"建设和"一部手机游云南"智慧旅游体系建设，积极推进"旅游革命"。康养旅游作为大健康产业和旅游产业的高度融合业态之一，也受到智慧旅游发展的极大影响。高端化和智慧化是云南旅游发展的目标，通过加快重点旅游项目建设，大力培育旅游新业态，建设"一部手机游云南"平台，提高云南旅游智慧化水平，加快旅游产业转型升级。云南智慧旅游服务和管理体系建设贯穿于康养旅游体验的全过程，其拥有最全面权威的云南旅游资讯、数量最多的实时景区直播、最便捷的在线导游导览服务、最系统化的旅游诚信体系、最高效的旅游投诉处置体系、最方便的游客购物退货机制、最实惠便捷的交通出行服务、最先进的互联网技术运用，打造了一个全域康养旅游数字化平台，为游客提供"吃、住、行、游、购、娱"等服务。

（四）康养旅游产品和康养服务主题化经营

云南应当利用良好的气候条件和丰富的旅游资源，充分融入绿色、低碳、环保理念，发展医疗康复、休闲养老、医疗旅游等康养业态。以康体养生为主题，以各年龄段群体为主体，开展生态慢行、营养膳食、文学艺术等方面的活动，保证康养旅居者的身心愉悦、舒畅，形成集民族文化、历史文化、休闲康养于一体的畅游云南精品旅游线路。随着云南康养旅游魅力日渐显露，康养旅游产品将会形成如休闲避暑游、文化体验游、康体健身游、森林体验游、帐篷露营游、边境文化游、民族风情游、温泉养生游、乡村度假游、医疗康养游等国内外知名的健康养生休闲度假旅游产品。目前东川大峡谷运动康养旅游度假区项目、玉溪康养产业园工程项目、普洱景谷康养旅游综合开发项目、丽江东巴秘境玉龙雪山大峡谷国际康养度假区、瑞丽幻境雨林旅游康养小镇项目、安宁温泉山谷国际康养度假区项目等一批健康养生休闲度假旅游新项目正在顺利运行中。

未来在市场和政策的双重支撑下，康养产业和旅游产业必将更紧密地结合。云南省将以"康养+旅游+X"的模式，不断创造出更加丰富的新型业态，形成多点开花的新格局，发展密切相关的休闲度假、康体疗养、养生养老等健康产业经济。例如树立康养旅游形象，打造特色康养旅游品牌；利用信息化技术，建设智慧康养旅游示范基地；深化区域合作，打造康养旅游圈；加强康养服务专业人员队伍建设，提升旅游体验；强化康养旅游顶层设计，优化公共服务体系；等等。开发云南康养旅游产业发展新业态、新供给、新价值、新惊喜，并以此推进云南康养产业全面与持续发展。

参考文献

1. 云南省统计局.2018年云南统计年鉴［M］.中国统计出版社，2019：9.
2. 高洪深.区域经济学［M］.中国人民大学出版社，2014：178－209.
3. 朱春林，杨子舟.浅析云南绿色经济发展的困境及对策［J］.现代经济信息，2019（3）：485－486.

4. 王敏正. 特色产业——云南区域经济发展的根本选择 [J]. 云南社会科学，2007（2）：58-61.

5. 郭向阳，明庆忠，丁正山. 云南边境地区旅游空间整合与策略研究 [J]. 学术探索，2019（2）：90-97.

6. 张永帅. "一带一路"与云南对外经济发展 [J]. 学术探索，2016（7）：12-18.

7. 邓伟升，李娇. 打造世界一流"三张牌"构建云南绿色发展新格局 [J]. 社会主义论坛，2021（6）：16-17+6.

8. 张岩松. 积极财政政策助推云南主动融入新发展格局 [J]. 中国财政，2021（6）：46-48.

9. 杨洪飞，李庆雷，夏梦蕾. 健康中国战略下的云南省康养旅游发展路径研究 [J]. 林业与生态科学，2020，35（4）：456-463.

10. 赵君，赵璟. 云南磨盘山国家森林公园森林康养旅游SWOT分析及开发策略 [J]. 安徽农业科学，2019，47（13）：112-113+175.

11. 何少琪. 云南省康养旅游市场发展研究 [J]. 合作经济与科技，2018（15）：78-79.

12. 王兆峰，史伟杰，苏昌贵. 中国康养旅游地空间分布格局及其影响因素 [J]. 经济地理，2020，40（11）：196-207.

13. 杨红英，杨舒然. 融合与跨界：康养旅游产业赋能模式研究 [J]. 思想战线，2020，46（6）：158-168.

14. 罗春秋. 文化视角下的乡村振兴与经济发展新思路探究——评《从文化视角探索乡村振兴的发展之路》[J]. 管理世界，2020，36（9）：221.

15. 何莽. 基于需求导向的康养旅游特色小镇建设研究 [J]. 北京联合大学学报（人文社会科学版），2017，15（2）：41-47.

16. 任宣羽. 康养旅游：内涵解析与发展路径 [J]. 旅游学刊，2016，31（11）：1-4.

Ⅱ 分报告
Topical Reports

B.2 我国养老政策的形成和发展（1949~2020）

陈 飙*

摘 要： 经过七十余年的建设和发展，我国已经初步建立了普惠全社会的老年人健康和养老政策体系。我国老年人健康和养老政策体系是党和国家为应对不断深化的人口老龄化和老龄社会问题做出的制度设计和战略安排。体现了应对全球化老龄社会的中国智慧、中国方案和中国道路。本报告回顾了新中国成立以来我国康养政策的发展和演变，旨在表明现行康养政策是中国社会主义社会发展到现阶段的必然选择。

关键词： 康养政策；养老服务体系；社会保障体系；人口老龄化

---

* 作者简介：陈飙，男，博士，云南大学工商管理与旅游管理学院，讲师，研究方向为景区管理、旅游目的地管理和旅游基础理论。

The Formation and Development of Aged People Health and Elderly-care Policy in China (1949 – 2020)

Chen Biao

Abstract: After more than 70 years of construction and development, China has initially established an aged people health and elderly-care policy system that benefits almost all older persons. The policy system for the elderly is an institutional design and strategic arrangement made by the Communist Party of China (CPC) and China to deal with the ever-deepening population aging and aging social problems. It embodies China's wisdom, China's strategic, and China's way to deal with the problems of global aging society, which is also an important part of Xi Jinping's Thought on Socialism with Chinese Characteristics for a New Era. This paper reviews the development and evolution of these policies since the founding of the People's Republic of China. It also shows that these policies are the inevitable choice of China's socialist society at this stage of development.

Keywords: the Aged People Health Policy; Elderly-Care Policy; Elderly-Care Service System; Social Security System; Population Ageing

1956年联合国教科文组织发布《人口老龄化及其社会经济含义》研究报告，对人口老龄化问题提出关注。报告指出全世界将在21世纪迎来老龄化问题。老龄化将在经济、社会、政治、宗教等方面对世界各国产生深远影响。1978年联合国第33届联大召开第一次老龄问题世界大会，提出要保证老年人的经济权益和社会权益，不断改善老年人福利，确保老年人参与国家发展，并为国家做出贡献。

1982年联合国通过《老龄问题国际行动计划》（又称《维也纳行动计划》），这是联合国第一个关于全球化老年人问题的行动计划。该计划指出要在全球层面上充分认识老龄化社会将导致的社会问题和经济问题，要让全世界关注老年人的需要，并对老龄化社会做出更充分的反应。《联合国老年人原则》（1991）、《联合国老龄问题宣言》（1992）、《1992年至2001年解决人口老龄化问题的全球目标》（1992）、《1999年国际老年人年行动框架》(1997)等联合国纲领性文件提出国际社会应共同致力于为建立一个"不分年龄人人共享的社会"而奋斗的长远目标。这充分反映出联合国在应对全球老龄化问题上的基本原则和宗旨，即要全面推动国际社会确保老年人获得充分的社会尊重，保障老年人独立、自由以及其他正当权益，尽可能地让老年人融入当代社会；要发挥和利用老年人潜能造福社会；要给予失能老人、孤寡老人充分的关怀和照顾。1998年10月1日，联合国秘书长安南发表题为"不分年龄人人共享的社会"的讲话，指出：世界正在经历着一场无声的革命，它超出了人口学范畴，并对全球经济、社会、文化、心理和精神等方面产生重大影响。

康养政策是指政府为应对日益加深的老龄化问题而出台的一系列政府文件。具体而言，就是指政府为解决老龄化社会的经济、社会、文化等综合性问题，满足不断扩大的老年人群体的综合性需求而制定的行动原则、行动方式、步骤和措施。我国关注老龄化社会问题始于新中国成立之初，经历了几个阶段，现已形成受惠人群最广泛的、具有中国特色的社会主义老年人健康和养老服务体系。

本报告对新中国成立以来养老服务政策发展历程进行了总结和回顾。研究表明，中国各级政府在建立无差别的社会保障体系，创建健康养老服务体系，满足日益多元化的老年人物质和精神需求等多方面付出了长期不懈的努力。应当指出，当前我国现行康养政策是长期以来国家健康养老政策的继承和延续，符合联合国倡导的建立一个"不分年龄人人共享的社会"的宗旨，符合国际社会一般准则，体现了以习近平同志为核心的党中央建立以人民为中心的社会主义现代化国家的重要思想，是符合中国国情的、实际的、科学的国家政策。

一 中国二元养老服务体系的建立（1949～1977年）

在新中国成立以前，中国并未真正形成完整的养老服务体系。新中国成立以前虽然中国人平均寿命不到40岁，但并不意味着传统中国社会中没有老人。实际上，中国社会中65岁以上的老人大概占中国社会总人口数的

3.5%，造成中国人平均寿命低的主要原因是婴幼儿死亡率居高不下。1949年新中国成立之后，国家开始着手建立社会主义劳动保险制度，逐步建立和健全了具有中国社会主义计划经济时代特征的城乡二元养老服务体系。城乡二元养老服务体系是指城市居民实行公费医疗和退休金制度，农村居民实行五保供养制度。应该说，该体系在当时中国社会生产力发展水平较为落后的现实条件下起到了重要作用。

在城市，1951年中央人民政府政务院发布《中华人民共和国劳动保险条例》，经过1953年、1966年、1973年、1978年等多次修订，在改革开放之前的计划经济时代，该条例确立了城市企事业单位公职人员的社会保障制度，涉及两方面的内容：第一，离退休职工的退休金制度；第二，职工公费医疗和职业伤害保障制度。简单来说，1951～1978年这一时期，中国城市职工享受由政府提供的福利性公费医疗和老年退休金；对于孤老、孤残等少数老年人可入住政府提供的福利院等机构，安度晚年。

在农村，1956年1月中央提出了《1956年到1967年全国农业发展纲要》（当时简称"农业40条"）。该文件对农村社会保障工作提出了若干意见，形成了针对农村困难人群和特殊群体的五保供养制度。五保供养制度是指中国农村养老以集体经济为基础和保障，以农村合作社为主要单位，对缺乏劳动力、生活无依靠的鳏寡孤独者和残废军人提供吃、穿、燃料、安葬和子女教育的保障制度。该制度确立了以人民公社为基础的养老制度，这是一种以集体经济为基础，以农业合作社为主体，为农村贫困农户提供基本生活保障的制度。这一制度延续到了1978年。

总之，计划经济时代的中国社会，由于社会老龄化程度不高，以家庭赡养为主的社会养老需求基本上能够满足，社会养老需求和供给矛盾并不十分突出。当时的二元城乡养老体系是以劳动保险和政府性资金为基础、农村集体经济参与的家庭养老体系，并以国有福利院、敬老院、疗养院养老和疗养设施为辅助。中国的城市企事业单位职工和农村居民养老纳入全民所有制和集体所有制的经济体系之中。这个时期的二元城乡养老体系总体上满足了人口老龄化程度低的新中国的社会养老需求，为中国人民提供了较强的精神慰藉。

二 中国老龄工作政策（1978~1993年）

1978年改革开放之前，中国城市主要按照《中华人民共和国劳动保险条例》由政府、集体劳动保险两个资金渠道为城市离退休职工提供养老资金。中国农村则通过社会救济、五保供养、合作医疗等制度为农村居民提供养老资金和服务。改革开放以来，城乡二元养老服务机制已无法适应市场经济改革步伐。中国老年人健康事业和养老服务政策改革也逐步提上了议事日程。

1978年至1993年由于中国老年人占总人口比例相对较低，老龄化社会问题并不十分突出，在当时的社会历史条件下，中国政府并没有把老年人工作作为一项专门的国家政策加以对待。1991年国务院发布《关于企业职工养老保险制度改革的决定》，这是中国养老政策改革的开端。该决定把中国老年人工作重点放在城镇企业职工养老保险制度上，并指定民政部负责制定中国农村（含乡镇企业）的养老保险制度。1992年民政部出台《县级农村社会养老保险基本方案（试行）》，历史上该方案被称为"老农保"。这两个政策的出台，实际上标志着计划经济时代中国城镇企业职工的养老政策开始走向社会化的改革道路。

1991年《关于企业职工养老保险制度改革的决定》出台以后，到1993年全国参加社会统筹的在职及离退休职工比重分别达到了70.8%和81.2%。国家层面的老龄化工作重点放在了推进福利机构改革和推进社会福利两个方面。20世纪90年代初大批国有企业职工下岗，国家面临着严峻的养老问题。政府采取加快下岗职工养老保险转移和接续，积极帮扶困难职工等措施，缓解了当时结构性失业带来的养老压力。1992年民政部出台《县级农村社会养老保险基本方案（试行）》，试图建立保障全体农民老年基本生活的农村养老制度。该文件以保障老年人基本生活为目标，坚持农村养老资金以个人交纳为主，集体补助为辅，国家予以政策扶持。该政策实际上确立了社会养老保险与家庭养老相结合的中国农村养老制度。但是，由于中国农村社会经济发展水平较低，农村养老保险主要由个人交纳，集体补助主要从乡镇企业利润和集体积累中支付，国家的政策主要体现在乡镇企业税收方面，并没有直接对农村养老保险给予资金支持。因此"老农保"养老保险资金实际上是由农村居民自筹的。

到1998年底，全国已有2123个县（市）和65%的乡（镇）开展了农村社会养老保险工作，参保人口达到8025万人。应该说"老农保"为建立健全中国农民养老制度进行了积极和有益的尝试，特别是在较为发达的农村起到了较好的作用。但随着农村改革推向深化，"老农保"与当时中国经济发展水平、国家财力和基层管理水平的不适应逐步暴露。由于筹资渠道狭窄，农村养老保险金主要由农民自己缴纳，农村社会养老保险基金规模远低于预期，农民养老保险收益水平过低。因此该项制度在客观上加重了农民负担。从1999年开始，"老农保"制度建设逐渐陷入衰退。

但总的来看，从1979年到1992年，中国城市和农村基本保障的各类养老服务机制大都逐渐消失，当时中国社会养老服务保障方式，只剩下了针对困难和特殊居民的养老院。应该说，1991年出台的《关于企业职工养老保险制度改革的决定》和1992年出台的《县级农村社会养老保险基本方案（试行）》是改革开放以来，我国社会保障工作从城镇覆盖农村逐步步入制度化、正规化的开端。

三　中国现代养老保险制度的起点（1994~1999年）

中国共产党和中国政府历来十分关心和支持老龄事业的发展。党的十三大提出要注意人口迅速老龄化的趋向；党的十四大又提出要认真做好老龄化这方面的工作。1983年国务院批准成立了中国老龄问题全国委员会。随后全国各地也建立了相应的老龄工作机构，统一领导中国老龄事业的发展。

在联合国关于国际社会老年问题的各项原则、目标和行动指南的指导和要求下，1994年12月，国家计委、民政部、劳动部、人事部等十个部委联合印发《中国老龄工作七年发展纲要（1994—2000年）》。这是中国老龄事业发展进程中，第一个全面规划老龄工作和老龄事业发展的重要指导性文件，标志着中国老龄工作和老龄事业开始与国际社会接轨，并正式进入有计划的发展轨道，对于推动中国老龄工作和老龄事业的发展起到了重要作用。

《中国老龄工作七年发展纲要（1994—2000年）》全面总结和回顾了联合国和国际社会对全世界面临的人口老龄化问题的普遍关注，充分认识到全球化的社会人口结构的革命性改变，中国同样需要在人口老龄化问题上做出安排，并制定相应的人口老龄化国家目标。《中国老龄工作七年发展纲要（1994—2000年）》指出2000年中国将开始进入人口结构老年型国家。2040年将是中国人口老龄化的高峰期。中国人口老龄化发展速度快，老年人口绝对数大，经济基础尚不发达，这增加了解决中国老龄化问题的复杂性和艰巨性。

1994年国家计委联合十个部委出台《中国老龄工作七年发展纲要（1994—2000年）》、1996年中国颁布《中华人民共和国老年人权益保障法》、2000年中共中央和国务院发布《关于加强老龄工作的决定》，这些是20世纪末，中央层面有关老龄工作的基本政策文件，是这一时期中国老龄工作的总体政策基础。

第一，认识老龄工作的重要性。上述基本政策指出：人口老龄化是人类社会发展的必然趋势，人口老龄化问题不只关系到老年人自身，而且涉及社会政治、经济、文化、代际关系等各个领域，是一项社会性系统工程。人口老龄化问题关系到国家的稳定、社会的发展和改革开放大业，做好中国老龄工作是党和政府乃至全社会的共同责任。这实际上是把老龄工作上升到了基本国策层面。做好中国老龄事业要坚持党的基本路线，依靠党和政府的领导，动员有关部门和全社会力量，调动广大老年人的积极性，从实际出发，有计划、有步骤地推进老龄事业的发展，实现老有所养、老有所医、老有所为、老有所学、老有所乐的目标。

第二，中国老龄工作的主要内容。中央政府确立了中国老龄工作是一项事业性工作，中国的老龄事业是中国社会主义事业的重要组成部分。要坚持家庭养老与社会养老相结合的原则，积极建立和完善社会养老保障制度，增加老年人福利设施，扩大社会化服务范围。同时继续发挥家庭在经济供养、生活照料、精神慰藉等方面的作用。

第三，建立起国家、社区、家庭、个人相结合的中国特色社会养老保障体系。在城镇,逐步建立起适应社会主义市场经济要求的,待遇结构多层次、资金来源多渠道、管理方式社会化的统一的养老保险制度。

第四,重视农村老龄工作的开展。在农村,要建立以家庭养老为基础,与社区扶持相结合的农村养老体系,以及要建立健全农村的养老保险制度。

第五,积极推进老年立法,建立健全老年法规。严肃查处侵犯老年人权益案件。有条件的地方要建立老年法律事务所或咨询中心,为老年人提供法律帮助。

总之,1994~2000年是中国应对社会老龄化的准备期。中国政府从当时的国情出发,充分参考和借鉴了国际社会以及联合国的老龄政策框架和思想,逐步规划和设计了与中国从计划经济向市场经济转轨和改革开放相适应的中国特色老龄工作政策框架。制定了2000年以前中国人口老龄化工作的基本任务、目标体系,并从思想、理论、法律、社会服务等方面做好了迎接人口老龄化的准备,初步形成了适应我国人口老龄化社会的条件与环境。

四 城乡居民基本养老保险制度的形成（2000~2012年）

1999年国务院召开全国老龄工作委员会第一次全体会议,要求全国统一思想,提高认识,研究和部署今后一个时期的老龄工作。在这次会议上国务院宣布成立全国老龄工作委员会。可以看出,进入21世纪以来,党中央、国务院非常重视老龄工作。成立全国老龄工作委员会,是加强老龄工作的一项重要措施,对推动我国老龄事业的发展起到重要作用。

进入21世纪,中国开始进入老龄化社会,同时市场经济发展过程中的就业方式多样化和城市化对中国老龄工作提出了更高要求。现行企业职工基本养老保险制度逐渐显现出一些与社会经济发展不相适应的问题,现实的老龄工作也遇到了不少困难和问题,主要表现在企业职工基本养老保险制度尚不能满足全面建设小康社会和应对人口老龄化形势的需要。2005年在充分调查研究和总结东三省城镇社会保障体系试点经验的基础上,国务院发布《关于完善企业职工基本养老保险制度的决定》。《关于完善企业职

B.2 我国养老政策的形成和发展（1949~2020）

工基本养老保险制度的决定》指出要完善政策，健全机制，加强管理，建立起适合我国国情，实现可持续发展的基本养老保险制度。逐步做实个人账户，确保基本养老金按时足额发放，保障离退休人员基本生活。

1999年以来在农村实行的"老农保"政策逐步失去作用。"老农保"主要由农民自己缴费，本质上是自我储蓄养老金的方式，缺乏集体和政府资金注入。2008年10月，党的十七届三中全会通过的《中共中央关于推进农村改革发展若干重大问题的决定》提出：按照个人缴费、集体补助、政府补贴相结合的要求，建立新型农村社会养老保险制度。新型农村社会养老保险制度也就是后来所谓的"新农保"。

新型农村社会养老保险制度是国家为农村参保人员建立终身养老保险个人账户，个人缴费、地方政府补贴、集体补助和其他组织或个人对参保人的缴费资助，全部记入个人账户。"新农保"提出要在2020年之前，在全国基本实现对农村适龄居民的全覆盖。"新农保"与"老农保"最大的区别是"新农保"实现了个人缴费、集体补助和政府补贴相结合，由中央财政对地方进行补助，直接补贴到农民个人。简单讲就是中国农民60岁以后都将享受到国家发放的养老金。因此，"新农保"是取消农业税、农业直补、新型农村合作医疗等惠农政策之后的又一项重大的惠农政策。

2014年国家决定将新型农村社会养老保险制度和城镇职工养老保险制度两项制度合二为一，统一为"城乡居民基本养老保险制度"。该制度主要包含三项主要内容：第一，彻底消除城乡二元养老保险制度，建立统一的城乡居民基本养老保险制度，该制度规定中国农村养老金支付终身计发标准与城镇职工相同，实现了中国人民真正意义上的"老有所养"的千年壮举；第二，完善养老保险计发和转移接续制度，即要使城乡居民养老保险的领取和续保具有充分的灵活性，实现社保资金跨地区、跨体制的连续性；第三，规范养老保险金的管理和运营。

自2009年实施"新农保"政策，以及2014年建立统一的"城乡居民基本养老保险制度"以来，全国城乡居民保险已经覆盖了5.24亿居民，其中1.59亿人领取待遇。这标志着中国传统的养儿防老、家庭养老模式已经发生了根本性变革，也标志着中国建立了覆盖全民的养老保障体系。

五 中国养老制度的不断完善（2013～2020年）

长期以来，中国养老保险制度和养老服务具有强烈的公益性特征，中国养老事业主要由财政资金支持，各级政府统筹实施。但随着我国市场经济日渐成熟，中国养老需求出现多层次趋势，部分老年人对中高端养老设施和养老服务提出了更高要求，这为社会资本参与中国养老服务提供了市场空间。此外，日益扩大的老龄化趋势导致政府养老财政负担不断加剧，这在客观上对中国养老服务制度改革和养老服务的市场化提出了要求。

养老服务是社会公共服务的重要组成部分。为实现"老有所养"的战略目标，满足老年人多样化、多层次的养老服务需求，必须加快完善中国养老服务制度。《国务院关于加快发展养老服务业的若干意见》（2013）指出，要"充分发挥社会力量的主体作用，健全养老服务体系，满足多样化养老服务需求，努力使养老服务业成为积极应对人口老龄化、保障和改善民生的重要举措，成为扩大内需、增加就业、促进服务业发展、推动经济转型升级的重要力量"，"充分发挥市场在资源配置中的基础性作用，逐步使社会力量成为发展养老服务业的主体"。《中共中央关于制定国民经济和社会发展第十三个五年规划的建议》（2015）也明确指出，要"全面放开养老服务市场，通过购买服务、股权合作等方式支持各类市场主体增加养老服务和产品供给"。因此，社会资本参与到目前"政府为主导、机构为补充、居家为基础"的养老模式中，对于优化资源配置，发挥社会资本在养老服务体系中的作用，缓解政府养老资金压力，满足养老服务多层次、多方面需求具有重要的现实意义。这是中国养老服务社会化的具体内容。

中共中央总书记习近平也多次指出敬老爱老是中华民族的传统美德。爱老助老，关爱农村留守老人，让所有老年人老有所养、老有所乐是全社会的共同责任。2016年5月，习近平主持了中共中央政治局第三十二次集体学习，此次学习就我国人口老龄化的形势和对策进行了讨论。学习会上习近平总书记对中国人口老龄化问题提出了要求。

2017年，国务院在《"十三五"国家老龄事业发展和养老体系建设规

B.2 我国养老政策的形成和发展（1949~2020）

划》中明确提出要"坚持党委领导、政府主导、社会参与、全民行动，着力加强全社会积极应对人口老龄化的各方面工作"，"着力改善老龄事业发展和养老体系建设支撑条件"，建立起包括社会保障体系、养老服务体系、健康支持体系在内的养老体系，繁荣老年消费市场，推进老年宜居环境建设，进一步保障老年人合法权益。

习近平总书记在党的十九大报告中指出，我国社会主要矛盾已经转化为人民日益增长的美好生活需要和不平衡不充分的发展之间的矛盾。新时期中国社会主要矛盾反映在中国老龄化社会问题上显得更加突出：第一，中国城乡社保制度和养老制度构架基本形成，引入社会资本参与养老服务虽然在国家层面获得了基本政策支持，但政府购买服务、政府性资金补贴、公办民营等具体的操作性政策和具体细则尚未得到相关执行政策的保障，也就是说，整体上现有政策体系还有不完善之处；第二，中国老龄事业和老年服务有关政策体系框架基本建立，但依然缺乏系统性、灵活性和有效性；第三，老年服务需求、健康需求和社会参与需求持续增长，但有效的社会供给依然相对缺乏，特别是老年人照看和护理服务需求持续上升。这是中国社会老龄问题的三个主要方面。

习近平历来重视中国老龄事业，在推动老龄事业全面协调可持续发展方面有许多重要表述。习近平关于发展老龄事业的重要表述可总结为：坚持以人民为中心的发展思想，在着眼于解决老年人物质文化需求的同时，更要注重老年人在民主、法治、公平、正义、安全、环境方面的需求。在加强社会保障体系建设的同时，更要建立健全老年人关爱服务体系，努力满足全体老年人对美好生活的愿望。①

在如何科学应对人口老龄化问题的制度建设和实践方面，习近平提出了五项重要举措。第一，要着力增强全社会积极应对人口老龄化的思想认识。第二，着力完善老龄政策制度。第三，着力发展养老服务业和老龄产业。第四，要发挥老年人在家庭、社会和文化传承方面的积极作用。第五，着力健全老龄工作体制机制。五项举措覆盖了发展中国老龄事业从思想到

---

① 牟方志. 习近平总书记关于应对人口老龄化的重要论述探析［J］. 毛泽东思想研究，2020，37（5）：86-93.

制度、从事业到产业、从保障到服务、从法规到政策等方面的统筹部署，这是新时代统领中国老龄事业发展的总纲领。①

总体上看，习近平关于发展中国老龄事业的观点突出了中国特色，并与国际社会倡导的《联合国老年人原则》坚持的总路线相一致；与以"独立、参与、自我实现、照顾保障和尊严"五项原则为指导在全世界共建一个不分年龄人人共享的社会的全人类奋斗目标相一致。要实现这一目标，各级政府应高度统一思想，在政策上体现以下内容：第一，发展中国老年人事业必须以政府为主导。健全政府领导、民政牵头、相关部门参与的工作机制，促使其向规范化、制度化和健康有序的方向发展。第二，发展中国老年人事业必须全社会参与、全民行动。要充分发挥政府领导作用，强化政策扶持，优化养老服务投资环境，引导和鼓励金融机构创新金融产品和服务方式，鼓励社会资本参与养老设施建设，完善多元化养老服务体系。第三，推动和保持中国老年人事业全面协调可持续发展。发展老龄事业必须坚持不断完善和健全全民社会保障制度。积极把发展中国老年人事业与促进经济社会发展相结合，努力挖掘人口老龄化给国家发展带来的活力和机遇；把满足老年人需求和解决人口老龄化问题相结合，努力满足老年人日益增长的物质文化需求。可以说，习近平有关发展老龄事业的重要论述是指导中国老年人事业的大政方针，具有长期的实践意义。

六　结语

老年人健康事业和养老服务政策体现了党和国家为人民谋幸福的初心与使命，是实现中国人民对美好生活向往，促进全体人民共同富裕和增进民生福祉的制度保障。党的十九大开启了新时代中国特色社会主义发展的新征程，以人民为中心的发展思想强调我国的社会保障体系不仅关乎基本的民生，更是满足城乡居民对美好生活的需要和全体中国人民走向共同富裕的重大制度建设。党的十九大报告强调要积极应对人口老龄化，全面构

---

① 赵向红，战俊敏. 习近平关于积极应对人口老龄化的重要论述研究［J］. 昆明理工大学学报（社会科学版），2021，21（5）：47-52.

建普惠全社会的养老政策体系和社会环境，加快我国老龄事业和养老服务的发展。

在国家康养政策方面，我国已初步建立和健全了促进老年人事业和养老服务发展的法律政策体系。出台了《国务院关于加快发展养老服务业的若干意见》《国务院办公厅关于全面放开养老服务市场提升养老服务质量的若干意见》等国家纲领性文件。2018年修订了《中华人民共和国老年人权益保障法》，新增了有关促进养老服务的专题内容。连续10年将养老体系建设纳入国民经济和社会发展规划纲要。国务院各部委单独或联合出台用地、金融、标准化、人才培养、政府购买服务、民间资本参与、闲置资源整合改造等专项政策或国家标准。在地方层面上，已经有21个省份完成了老年人权益保障法的配套法规修订，8个省份出台了地方性养老服务条例。经过七十余年的建设和发展，中国新的养老保险制度已初步建立，形成了全世界覆盖面最广、受惠人群最多的医疗和社会保障体系。2020年我国已有近22万个养老服务机构和设施，790多万张养老服务床位，同比分别增长26.6%和7.7%。截至2019年底，全国共有1447.3万老年人纳入城乡低保，386.2万特困老年人纳入特困救助供养，3500多万老年人享受了不同类型的老年福利补贴。

参考文献

1. 郑志学，朱汉民，王赞舜，蒋雄万．全球人口老龄化新动向［J］．中国老年学杂志，2001（1）：79-80.

2. 林森．中国人平均预期寿命的今昔——国庆60年专题策划之二［J］．百科知识，2009（16）：11-13.

3. 董幼鸿．构建二元社会经济结构下的农村养老保障新体系［J］．新东方，2002，11（3）：10-14.

4. 吴宾，唐薇．中国政府推进老龄事业发展的注意力配置研究——基于中央政府工作报告（1978—2018）的内容分析［J］．中州学刊，2019（5）：65-71.

5. 1998劳动和社会保障事业发展年度统计公报［J］．中国人力资源社会保障，1999（7）：36-37.

6. 何文炯. 新中国 70 年：国民社会保障权益的进步与展望［J］. 西北大学学报（哲学社会科学版），2020，50（1）：120-130.

7. 潘跃. 老有所养，从"有保障"到"更完善"——全国参加基本养老保险人数超九亿，多层次养老服务体系初步形成［J］. 劳动保障世界，2018（31）：9.

B.3
云南康养旅游产业竞争力评价研究

毛剑梅*

摘　要：不同区域康养旅游发展的条件和影响因素决定了康养旅游产业发展的竞争力也有所不同，本报告基于修正的钻石模型，构建了包含6个一级指标21个二级指标46个三级指标的云南康养旅游产业竞争力评价指标体系，对云南省16个州市康养旅游产业竞争力进行评价分析。研究结果表明，只有生产要素、需求条件、企业发展、相关与支持性产业、政府和机会共同作用，才能提升区域康养旅游产业竞争力。在此基础上，本报告提出相应对策，以期为正确制定区域康养旅游产业发展战略提供有益参考。

关键词：钻石模型；康养旅游；产业竞争力

Research on Competitiveness of Yunnan Kangsuar Tourism Industry Based on Diamond Model

Mao Jianmei

Abstract：Resources and influence factors vary among regions, which determined the unique developing competitiveness of wellness tourism. Based on the Porter's Diamond Model, this article built an evaluation system for the competitiveness of Yunnan's wellness tourism. The system contains six primary index and 46

---

* 作者简介：毛剑梅，工学博士，云南大学工商管理与旅游管理学院旅游管理系副教授，研究方向为旅游资源开发与管理、区域旅游经济发展。

quantitative indicators. The tourism industry competitiveness from 16 different areas in Yunnan province has been analyzed and evaluated via the system. The results show that the competitiveness of regional wellness tourism industry can be improved only by the combined effects of the following attributes: production factors, demand conditions, related and supporting industries, the development of enterprise, government support and proper opportunities. On this basis, the corresponding countermeasures are put forward in order to provide beneficial reference for correctly formulating the development strategy of regional health tourism industry.

Keywords: Diamond Model; Wellness Tourism; Industrial Competitiveness

党的十九大将"健康中国"上升为国家战略,进行了一系列关于康养旅游的顶层设计。不同区域康养旅游发展的条件和影响因素决定了康养旅游产业发展的竞争力不同,目前对康养旅游产业发展的探讨主要集中在康养旅游资源评价、康养旅游产品开发、设计等方面,对于区域康养旅游产业竞争力的研究较为分散。因此,加强相关理论研究,构建科学、完善的康养旅游产业竞争力评价指标体系,对于康养旅游产业的健康发展具有重要的现实意义。基于此,本报告主要对康养旅游产业竞争力评价指标进行研究。

一 康养旅游产业竞争力评价的相关理论

(一)康养旅游产业竞争力评价指标体系研究

康养旅游产业作为一个新兴、跨界而又快速发展的产业,其发展所需的资源条件、管理模式、企业发展状况等与传统旅游业相比都存在很大差异。钻石模型具有普适性,是产业竞争力分析的基本框架,也是量化研究康养旅游产业竞争力比较合适的模型。因此,本报告基于钻石模型对云南康养旅游产业竞争力指标体系进行构建,以便进一步研究影响和制约云南康养旅游产业发展的因素,这对云南康养旅游产业发展具有现实指导意义。

B.3 云南康养旅游产业竞争力评价研究

钻石模型认为，一国特定产业是否具有竞争力，取决于生产要素，需求条件，相关与支持性产业，企业战略、企业结构、同业竞争，政府和机会等六个要素。它们之间相互联系，相互影响。如图1所示。

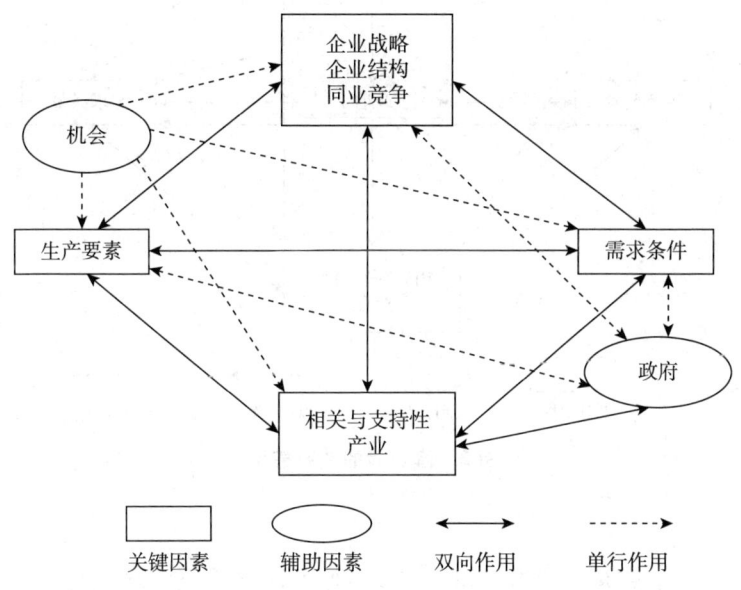

图 1　波特的钻石模型

资料来源：迈克尔·波特．国家竞争优势［M］．李明轩，邱如美，译．华夏出版社，2002：119．

云南康养旅游产业竞争力的生产要素主要包括云南康养旅游资源、康养旅游产业的人力资源、相关配套基础设施等；需求条件主要是省内外乃至国内外市场需求；云南康养旅游以温泉、森林、民族医药、气候等为特色，具有很强的市场竞争力；云南省政府在政策、资金、技术等方面对康养旅游发展提供支持。但由于我国康养旅游产业尚不发达，从产业生命周期看仍处于成长阶段，此时仅靠市场力量不能支撑康养旅游产业的快速发展。此外，康养旅游产业发达地区的实践经验表明，政府的直接支持与宏观调控具有重要的作用。由此，本报告在探讨区域康养旅游产业竞争力时，对钻石模型进行了修正，将政府作为关键因素，修正后的钻石模型见图2。

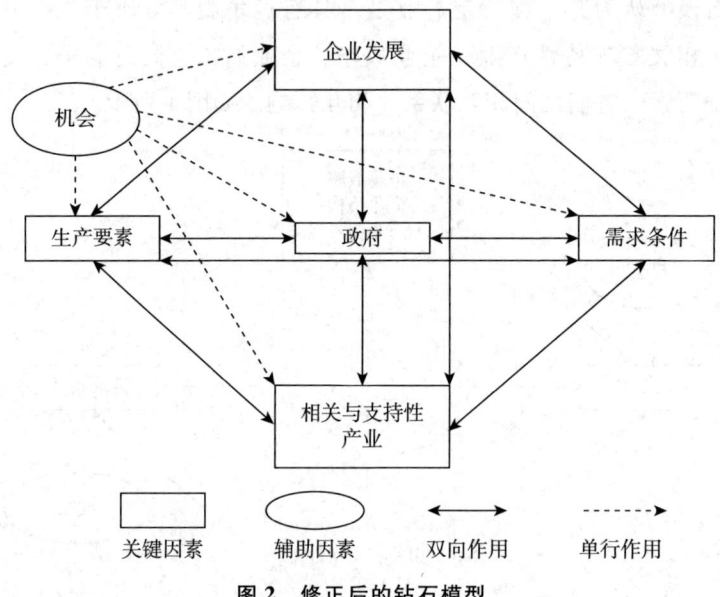

图 2　修正后的钻石模型

资料来源：笔者自制。

（二）云南康养旅游产业竞争力评价指标体系构建

根据修正后的钻石模型，运用层次分析法对云南康养旅游产业竞争力进行分析。先根据文献研究和德尔菲法定性构建云南康养旅游产业竞争力评价指标体系，通过调查问卷等方式计算评价指标权重。对评价对象的公开原始数据进行量纲处理，进一步定量计算评价云南 16 个州市康养旅游产业竞争力的数值，从而进行系统分析。

基于康养旅游产业的特征，本报告将云南康养旅游产业竞争力的 6 个一级指标细化为 21 个二级指标 46 个三级指标，具体如表 1 所示。

表 1　云南康养旅游产业竞争力评价指标体系

一级指标	二级指标	三级指标	
A 生产要素	A1 康养资源要素	A11	康养旅游资源综合得分（分）*
		A12	康养旅游资源环境承载力（人/千米²）

B.3 云南康养旅游产业竞争力评价研究

续表

一级指标	二级指标	三级指标	
A 生产要素	A2 资本要素	A21	金融机构人民币贷款余额（亿元）
		A22	旅游上市公司数量（家）
	A3 人才要素	A31	劳动人口数量（万人）
		A32	专业卫生技术人员数（人）
		A33	本专科毕业生人数（人）
	A4 技术要素	A41	企业研究与实验（R&D）项目数（个）
		A42	企业研究与实验（R&D）经费（亿元）
	A5 基础设施	A51	移动电话拥有量（万户）
		A52	卫生机构（个）
		A53	旅客周转量（亿人公里）
	A6 文化环境	A61	群众艺术馆及文化馆（个）
		A62	民族自治县数（个）
B 需求条件	B1 经济结构	B11	第三产业对GDP贡献率（%）
		B12	第三产业增加值（亿元）
	B2 人口结构	B21	城镇人口数（万人）
		B22	农村人口数（万人）
	B3 收入分配结构	B31	城镇居民人均可支配收入（元）
		B32	农村居民人均可支配收入（元）
C 企业发展	C1 康养旅游企业实力	C11	星级温泉企业（家）
	C2 康养企业经营水平	C21	旅游总收入增长（%）
	C3 康养旅游市场竞争力	C31	游客总数（万人次）
		C32	旅游总收入（亿元）
	C4 市场创新活力	C41	私营企业户数（万户）
		C42	个体工商户户数（万户）
D 相关与支持性产业	D1 旅游住宿业	D11	住宿业法人企业数（家）
		D12	住宿业从业人员数（万人）
		D13	住宿业营业收入（亿元）
	D2 旅游餐饮业	D21	餐饮业法人企业数（家）
		D22	餐饮业从业人员数（万人）
		D23	餐饮业营业收入（亿元）

续表

一级指标	二级指标	三级指标	
D 相关与支持性产业	D3 景区业	D31	A 级以上景区数（家）
		D32	旅游示范点（家）
	D4 旅行社业	D41	旅行社数量（家）
		D42	旅行社从业人员数（人）
	D5 医疗、保健服务业	D51	中医医院数量（家）
		D52	民族医院数量（家）
E 政府	E1 康养旅游基地建设	E11	森林康养旅游基地（家）
		E12	中医药健康旅游示范基地（家）
F 机会	F1 经济发展	F11	国内生产总值（亿元）
		F12	人均 GDP（元）
	F2 全球化机遇	F21	国内旅游人数（万人次）
		F22	国内旅游收入（亿元）
		F23	海外旅游人数（万人次）
		F24	旅游外汇收入（亿美元）

* 此分值是根据云南省 16 个州市的空气质量综合指数（mg/m³）、各主要城市年平均气温（℃）、各主要城市降水量（毫米）、森林覆盖率（%）、天然湿地面积（万公顷）、造林总面积（公顷）、供水情况（亿立方米）以及人均公园绿地面积（平方米）的原值标准化、加权后得出。

资料来源：笔者自制。

二 云南康养旅游产业竞争力研究

（一）权重设计

权重的科学性直接决定了评价体系的科学性。本报告主要通过构造判断矩阵对各个指标的重要性进行判断，依此形成不同指标的重要性排序。然而，在评价过程中往往面临评价体系中不同指标和不同评价对象的变异性差异，因此，基于重要性原则选择权重后，应赋予一些变异性高的指标相对较高的权重。基于上述两个基本原则，本报告设计了 46 个评价指标的权重（见表 2）。

表 2　云南康养旅游产业竞争力评价指标的最终权重

指标	权重	指标	权重	指标	权重	指标	权重
A11	5	A61	1	C41	2	D51	5
A12	3	A62	2	C42	2	D52	5
A21	2	B11	4	D11	1	E11	5
A22	2	B12	4	D12	1	E12	5
A31	1	B21	2	D13	1	F11	1
A32	3	B22	2	D21	1	F12	1
A33	3	B31	4	D22	1	F21	1
A41	1	B32	4	D23	1	F22	1
A42	1	C11	4	D31	1	F23	1
A51	1	C21	3	D32	1	F24	1
A52	1	C31	3	D41	1		
A53	1	C32	3	D42	1		

资料来源：笔者自制。

（二）样本选取和数据来源

1. 样本选取

本报告以云南省 16 个州市为康养旅游产业竞争力评价比较对象。

2. 数据采集

为了确保评价结果的准确性，本报告的基础数据力求权威和客观，数据主要来源如下。

（1）统计资料。包括统计年鉴和统计公报。

（2）主要网站。包括国研网、中华人民共和国文化和旅游部网站、云南省文化和旅游厅网站、云南省卫生健康委员会网站、中国经济网、云南省 16 个州市政府网站、中国旅游饭店业协会网站、中国旅游景区协会网站、中国温泉旅游网站。

（3）专家学者。受新冠肺炎疫情影响，除昆明、德宏、保山、大理之外的州市没有实地调研，指标权重采用德尔菲法咨询和访谈相关专家得到。

综上所述，云南康养旅游产业竞争力评价指标的原始数据见表 3。

表3 云南康养旅游产业竞争力评价指标的原始数据

指标	昆明	曲靖	玉溪	保山	昭通	丽江	普洱	临沧	楚雄	红河	文山	西双版纳	大理	德宏	怒江	迪庆
A11	65.5	49.5	49.2	48.2	44.7	50.5	62.1	58.0	51.7	62.9	42.8	64.6	51.9	57.0	40.2	27.2
A12	317.4	206.2	156.2	133.8	242.8	61.1	58.1	103.6	63.4	144.0	113.4	60.3	122.2	114.1	37.7	17.4
A21	16224.73	1497.84	1142.54	790.48	805.24	514.02	770.96	504.39	812.42	1339.82	858.87	401.59	1379.84	461.57	148.95	243.74
A22	1	0	0	0	0	1	0	0	0	0	0	0	0	0	0	0
A31	457.34	399.21	166.72	168.93	319.04	84.22	163.03	155.05	171.90	277.26	221.93	58.28	207.44	81.24	34.74	26.47
A32	79200	23800	17966	0	24612	5576	14713	13200	16448	35100	19225	9916	21611	9082	2749	2474
A33	1333330	0	4358	0	0	0	4577	0	4656	0	0	1312	5007	4365	0	0
A41	1759	650	519	119	54	36	76	36	143	353	184	41	195	31	9	11
A42	40.05	16.88	12.76	2.65	1.84	1.01	2.04	1.50	3.04	14.16	4.01	1.03	4.05	1.15	0.47	0.37
A51	1148	526	247	243	315	280	264	234	206	415	320	133	250	173	35	45
A52	4892	2540	1424	1329	2062	713	530	1337	1756	2384	1362	727	2015	558	331	304
A53	47.83	10.56	11.79	17.28	12.35	11.35	34.80	9.90	17.63	24.19	22.78	27.82	111.53	10.36	8.90	10.35
A61	15	10	10	6	12	6	11	10	11	14	9	4	14	7	5	4
A62	3	0	3	0	0	2	9	3	0	3	0	0	3	0	2	1
B11	49.30	32.10	36.80	39.09	21.60	32.10	38.44	40.08	28.40	37.62	35.10	48.20	42.10	59.70	47.89	52.78
B12	2946.72	875.37	577.20	288.50	329.10	137.71	254.66	252.52	425.96	599.73	381.49	201.38	472.86	203.32	89.20	114.80
B21	499.0	298.2	123.8	96.8	193.2	52.4	114.6	106.3	124.6	227.3	153.4	57.0	168.4	61.0	18.2	14.8
B22	186.0	317.3	114.8	165.9	365.9	77.2	149.1	147.3	150.2	247.1	212.0	61.8	191.5	70.6	37.1	26.6
B31	42988.00	34423.00	39068.00	32636.00	27632.00	32903.00	19962.00	27161.00	34154.00	33396.00	30242.00	29323.00	34298.00	29093.00	24558.00	34411.00

B.3 云南康养旅游产业竞争力评价研究

续表

指标	昆明	曲靖	玉溪	保山	昭通	丽江	普洱	临沧	楚雄	红河	文山	西双版纳	大理	德宏	怒江	迪庆
B32	14895.00	12394.00	14264.00	11280.00	9474.00	10385.00	9294.00	10756.00	10988.00	11330.00	10030.00	13079.00	11490.00	10325.00	6449.00	8524.00
C11	3	1	1	2	0	0	0	0	0	0	0	0	0	0	0	0
C21	35.50	55.60	30.10	27.80	32.90	14.10	31.15	44.80	57.80	36.10	31.90	33.30	22.00	23.10	17.06	−7.98
C31	16053.43	3926.87	4290.93	2982.09	3821.33	4643.30	3487.28	2506.14	4460.24	5718.56	2929.86	3973.00	4710.85	2528.02	405.69	2410.20
C32	2180.08	439.79	368.34	336.68	311.90	998.45	354.11	256.73	452.17	699.22	320.22	671.14	795.82	476.25	55.54	275.00
C41	25.98	4.82	2.69	1.90	2.29	1.56	1.87	1.74	3.15	3.50	1.97	1.58	3.07	1.30	0.42	0.52
C42	44.24	25.78	15.16	10.40	15.01	7.14	13.64	10.79	11.49	19.06	13.28	8.00	16.83	8.90	1.87	3.23
D11	168	56	29	27	33	56	23	16	65	36	24	18	63	20	8	17
D12	1.97	0.39	0.20	0.33	0.23	0.51	0.14	0.12	0.24	0.26	0.15	0.26	0.43	0.17	0.04	0.08
D13	36.56	8.02	4.34	4.26	3.40	7.92	1.90	1.92	5.93	4.62	1.89	4.18	7.82	2.77	0.56	1.32
D21	175	62	37	21	21	12	8	16	157	30	15	2	28	19	3	5
D22	1.74	0.30	0.10	0.06	0.09	0.11	0.02	0.05	0.29	0.10	0.06	0.01	0.10	0.06	0.01	0.02
D23	31.45	12.53	2.50	1.18	1.85	2.18	0.47	1.27	7.25	2.20	0.96	0.22	1.54	0.71	0.09	0.27
D31	18	8	20	15	3	18	10	9	16	18	6	18	17	11	3	17
D32	2	2	1	0	0	0	0	0	0	3	0	0	0	1	0	0
D41	376	27	40	68	15	185	22	12	18	42	20	76	77	23	18	43
D42	10123	145	297	1140	77	2161	73	14	52	260	136	617	1401	244	49	834
D51	18	9	9	5	11	4	6	3	9	10	5	1	12	3	1	1
D52	0	0	0	0	0	0	0	0	1	0	0	1	0	0	0	1

续表

指标	昆明	曲靖	玉溪	保山	昭通	丽江	普洱	临沧	楚雄	红河	文山	西双版纳	大理	德宏	怒江	迪庆
E11	8	0	2	2	1	0	3	0	2	2	0	3	0	0	0	0
E12	2	2013	1493	738	890	351	662	630	1024	1594	859	418	1122	381	162	218
F11	5207	32798	62641	28168	15987	27128	25170	24892	37303	33706	23568	35286	31251	29033	29375	52669
F12	76387	3923.56	4290.22	2960.77	3821.13	4523.88	3475.81	2488.11	4454.76	5662.67	2917.47	3914.28	4606.27	2469.42	401.94	2320.20
F21	15911.23	280.11	283.07	258.84	234.64	788.26	266.80	171.17	331.71	491.08	235.57	478.17	613.22	359.65	456.15	271.92
F22	1572.74	3.31	0.71	21.32	0.20	119.42	11.47	18.03	5.48	55.89	12.39	58.72	104.58	58.60	3.75	90.00
F23	142.20	0.21	0.03	0.81	0.01	6.85	0.69	1.31	0.23	4.79	1.06	5.08	6.53	5.01	0.34	4.41
F24	6.84															

资料来源：笔者自制，根据2018年度公开资料整理得出。

三 数据处理与评价分析

(一) 数据标准化处理

本报告使用前沿测算法（极化处理法）对原始数据进行标准化处理，将全部三级指标转化为 0~100 的标准值（指数）。

(二) 评价结果与分析

根据标准化处理后的数据和指标权重，计算得出每一个三级指标的加权后数值，求和加总后得到二级指标、一级指标以及 16 个州市的康养旅游产业竞争力评价指数，同时得出竞争力排名。见图 3 及表 4。

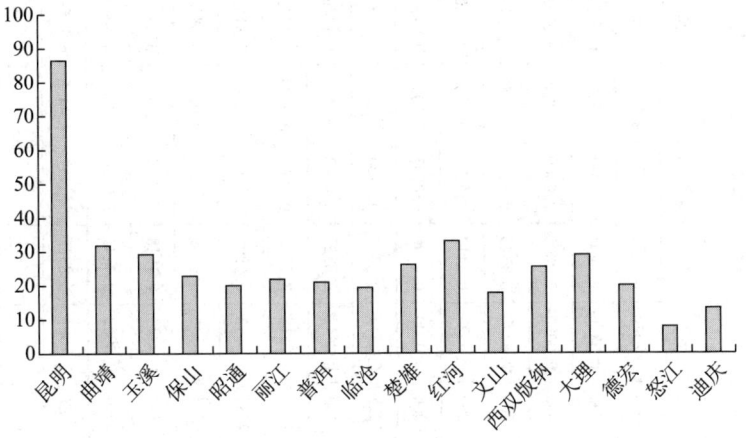

图 3 云南康养旅游产业竞争力总体评价情况

从综合排名的情况来看，昆明市以 86.42 的成绩排名第一，怒江州 7.88 分排名第十六，总体上除了昆明之外的 15 个州市得分较为接近，分值在 7.88~33.03 分。为了便于分析，根据综合评分结果，将云南省 16 个州市划分为四个梯队：第一梯队，昆明（86.42 分）；第二梯队，红河、曲靖（31.68~33.03 分）；第三梯队，玉溪、大理、楚雄、西双版纳、保山、丽江、普洱、昭通（20.02~29.27 分）；第四梯队，德宏、临沧、文山、迪庆、怒江（7.88~19.87 分）。

表4 云南康养旅游产业竞争力评价排名

指标	昆明	曲靖	玉溪	保山	昭通	丽江	普洱	临沧	楚雄	红河	文山	西双版纳	大理	德宏	怒江	迪庆
A1	5.0000	2.9094	2.8797	2.7434	2.2911	3.0475	4.5619	4.0282	3.2018	4.6685	2.0404	4.8931	3.2219	3.8939	1.7048	0.0000
	3.0000	1.8883	1.3879	1.1643	2.2546	0.4372	0.4071	0.8623	0.4605	1.2668	0.9601	0.4297	1.0486	0.9678	0.2030	0.0000
	2.0000	0.1678	0.1236	0.0798	0.0816	0.0454	0.0774	0.0442	0.0825	0.1482	0.0883	0.0314	0.1531	0.0389	0.0000	0.0118
A2	2.0000	0.0000	0.0000	0.0000	0.0000	2.0000	0.0000	0.0000	0.0000	0.0000	0.0000	0.0000	0.0000	0.0000	0.0192	0.0000
	1.0000	0.8651	0.3255	0.3306	0.6790	0.1340	0.3169	0.2984	0.3375	0.5821	0.4536	0.0738	0.4200	0.1271	0.1041	0.0937
A3	3.0000	0.9015	0.6805	0.0000	0.9323	0.2112	0.5573	0.5000	0.6230	1.3295	0.7282	0.3756	0.8186	0.3440	0.0000	0.0000
	3.0000	0.0000	0.0098	0.0000	0.0000	0.0000	0.0103	0.0000	0.0105	0.0000	0.0000	0.0030	0.0113	0.0098	0.0050	0.0023
A4	1.0000	0.7326	0.5829	0.1257	0.0514	0.0309	0.0766	0.0309	0.1531	0.3931	0.2000	0.0366	0.2126	0.0251	0.0000	0.0000
	1.0000	0.8324	0.6243	0.1152	0.0742	0.0324	0.0842	0.0570	0.1346	0.6950	0.1837	0.0333	0.1853	0.0395	0.0059	0.0090
	1.0000	0.4411	0.1908	0.1867	0.2518	0.2204	0.2062	0.1794	0.1543	0.3419	0.2563	0.0887	0.1934	0.1242	0.0000	0.0000
A5	1.0000	0.4874	0.2441	0.2234	0.3832	0.0891	0.0493	0.2252	0.3165	0.4534	0.2306	0.0922	0.3729	0.0554	0.0000	0.0141
	0.3793	0.0162	0.0282	0.0817	0.0336	0.0239	0.2524	0.0097	0.0851	0.1490	0.1352	0.1844	1.0000	0.0142	0.0000	0.0000
	1.0000	0.5455	0.5455	0.1818	0.7273	0.1818	0.6364	0.5455	0.6364	0.9091	0.4545	0.0000	0.9091	0.2727	0.0909	0.2222
A6	0.6667	0.0000	0.6667	0.0000	0.0000	0.4444	2.0000	0.6667	0.0000	0.6667	0.0000	0.0000	0.6667	0.0000	0.4444	0.3532
得分	25.0460	9.7871	8.2894	5.2327	7.7601	6.8982	9.2359	7.4475	6.1959	11.6032	5.7310	6.2417	9.2134	5.9127	2.5773	
排名	1	3	6	14	7	9	4	8	11	2	13	10	5	12	15	16

续表

B.3 云南康养旅游产业竞争力评价研究

指标	昆明	曲靖	玉溪	保山	昭通	丽江	普洱	临沧	楚雄	红河	文山	西双版纳	大理	德宏	怒江	迪庆
B1	2.9081	1.1024	1.5958	1.8362	0.0000	1.1024	1.7680	1.9402	0.7139	1.6819	1.4173	2.7927	2.1522	4.0000	2.7601	3.2735
	4.0000	1.1005	0.6831	0.2790	0.3358	0.0679	0.2316	0.2286	0.4714	0.7146	0.4092	0.1570	0.5371	0.1597	0.0000	0.0358
B2	2.0000	1.1707	0.4501	0.3388	0.7367	0.1553	0.4120	0.3780	0.4534	0.8776	0.5723	0.1745	0.6346	0.1907	0.0140	0.0000
	0.9394	1.7134	0.5199	0.8208	2.0000	0.2982	0.7223	0.7113	0.7287	1.2997	1.0930	0.2072	0.9718	0.2595	0.0619	0.0000
	4.0000	2.5121	3.3190	2.2017	1.3324	2.2481	0.0000	1.2506	2.4654	2.3337	1.7858	1.6262	2.4904	1.5862	0.7984	2.5100
B3	4.0000	2.8155	3.7012	2.2879	1.4326	1.8641	1.3474	2.0398	2.1497	2.3116	1.6960	3.1399	2.3874	1.8357	0.0000	0.9827
得分	17.8475	10.4146	10.2692	7.7645	5.8376	5.7359	4.4813	6.5485	6.9824	9.2192	6.9735	8.0975	9.1735	8.0318	3.6344	6.8021
排名	1	2	3	8	13	14	15	12	9	4	10	6	5	7	16	11
C1	4.0000	1.3333	1.3333	2.6667	0.0000	0.0000	0.0000	0.0000	0.0000	0.0000	0.0000	0.0000	0.0000	0.0000	0.0000	0.0000
C2	1.9830	2.8997	1.7367	1.6318	1.8644	1.0070	1.7846	2.4071	3.0000	2.0103	1.8188	1.8826	1.3673	1.4175	1.1420	0.0000
	3.0000	0.6751	0.7449	0.4939	0.6549	0.8124	0.5908	0.4027	0.7773	1.0186	0.4839	0.6839	0.8254	0.4069	0.0000	0.3843
C3	3.0000	0.5426	0.4417	0.3970	0.3620	1.3315	0.4216	0.2841	0.5601	0.9089	0.3737	0.8693	1.0453	0.5941	0.0000	0.3099
	0.0000	0.3443	0.1776	0.1156	0.1463	0.0894	0.1136	0.1034	0.2132	0.2412	0.1212	0.0906	0.2068	0.0689	0.0000	0.0078
C4	2.0000	1.1286	0.6275	0.4025	0.6203	0.2489	0.5558	0.4213	0.4540	0.8112	0.5384	0.2893	0.7062	0.3321	0.0000	0.0645
得分	15.9830	6.9235	5.0618	5.7075	3.6478	3.4892	3.4664	3.6187	5.0047	4.9902	3.3360	3.8158	4.1510	2.8194	1.1420	0.7665
排名	1	2	4	3	9	11	12	10	5	6	13	8	7	14	15	16

续表

指标		昆明	曲靖	玉溪	保山	昭通	丽江	普洱	临沧	楚雄	红河	文山	西双版纳	大理	德宏	怒江	迪庆
D1		1.0000	0.3000	0.1313	0.1188	0.1563	0.3000	0.0938	0.0500	0.3563	0.1750	0.1000	0.0625	0.3438	0.0750	0.0000	0.0563
		1.0000	0.1801	0.0826	0.1503	0.0973	0.2394	0.0471	0.0371	0.1017	0.1135	0.0524	0.1105	0.2024	0.0653	0.0000	0.0198
		1.0000	0.2071	0.1049	0.1027	0.0788	0.2044	0.0371	0.0377	0.1493	0.1128	0.0370	0.1005	0.2016	0.0614	0.0000	0.0210
		1.0000	0.3468	0.2023	0.1098	0.1098	0.0578	0.0347	0.0809	0.8960	0.1618	0.0751	0.0000	0.1503	0.0983	0.0058	0.0173
		1.0000	0.1665	0.0531	0.0332	0.0463	0.0610	0.0089	0.0256	0.1608	0.0523	0.0285	0.0016	0.0532	0.0279	0.0000	0.0074
D2		0.8824	0.3969	0.0769	0.0348	0.0564	0.0668	0.0123	0.0376	0.2285	0.0676	0.0280	0.0043	0.0464	0.0199	0.0000	0.0059
		0.6667	0.2941	1.0000	0.7059	0.0000	0.8824	0.4118	0.3529	0.7647	0.8824	0.1765	0.8824	0.8235	0.4706	0.0165	0.8235
D3		1.0000	0.6667	0.3333	0.0000	0.0000	0.0000	0.0000	0.0000	0.0000	1.0000	0.0000	0.0000	0.0000	0.3333	0.0000	0.0000
		1.0000	0.0412	0.0769	0.1538	0.0082	0.4753	0.0275	0.0000	0.0165	0.0824	0.0220	0.1758	0.1786	0.0302	0.0035	0.0852
D4		2.0000	0.0130	0.0280	0.1114	0.0062	0.2124	0.0058	0.0000	0.0038	0.0243	0.0121	0.0596	0.1372	0.0228	0.0000	0.0811
		0.0000	0.9412	0.9412	0.4706	1.1765	0.3529	0.5882	0.2353	0.9412	1.0588	0.4706	0.0000	1.2941	0.2353	0.0000	0.0000
D5		0.0000	0.0000	0.0000	0.0000	0.0000	0.0000	0.0000	0.0000	2.0000	0.0000	0.0000	2.0000	0.0000	0.0000	0.0000	2.0000
得分		11.5490	3.5536	3.0304	1.9913	1.7357	2.8523	1.2672	0.8571	5.6187	3.7309	1.0022	3.9973	3.4310	1.4400	0.0257	3.1174
排名		1	4	8	10	11	9	13	15	2	3	14	6	5	12	16	7
E1		5.0000	0.0000	1.2500	1.2500	0.6250	0.0000	1.8750	0.0000	1.2500	1.2500	0.0000	1.8750	0.0000	0.0000	0.0000	0.0000
		5.0000	0.0000	0.0000	0.0000	0.0000	0.0000	0.0000	0.0000	0.0000	0.0000	0.0000	0.0000	0.0000	0.0000	0.0000	0.0000
得分		10.0000	0.0000	1.2500	1.2500	0.6250	0.0000	1.8750	0.0000	1.2500	1.2500	0.0000	1.8750	0.0000	0.0000	0.0000	0.0000
排名		1	9	4	5	8	10	2	11	6	7	12	3	13	14	15	16

B.3 云南康养旅游产业竞争力评价研究

续表

指标	昆明	曲靖	玉溪	保山	昭通	丽江	普洱	临沧	楚雄	红河	文山	西双版纳	大理	德宏	怒江	迪庆
F1	1.0000	0.3670	0.2639	0.1143	0.1443	0.0375	0.0993	0.0929	0.1710	0.2839	0.1382	0.0508	0.1904	0.0435	0.0000	0.0111
	1.0000	0.2783	0.7724	0.2017	0.0000	0.1845	0.1520	0.1474	0.3529	0.2934	0.1255	0.3195	0.2527	0.2160	0.2217	0.6073
	1.0000	0.2271	0.2507	0.1650	0.2205	0.2658	0.1982	0.1345	0.2613	0.3392	0.1622	0.2265	0.2711	0.1333	0.0000	0.1237
F2	1.0000	0.0777	0.0798	0.0626	0.0453	0.4403	0.0682	0.0000	0.1145	0.2283	0.0459	0.2190	0.3154	0.1345	0.2033	0.0719
	1.0000	0.0219	0.0035	0.1487	0.0000	0.8396	0.0793	0.1256	0.0372	0.3922	0.0858	0.4121	0.7350	0.4113	0.0250	0.6324
	0.9981	0.0291	0.0027	0.1171	0.0000	1.0000	0.0993	0.1896	0.0325	0.6987	0.1534	0.7402	0.9527	0.7301	0.0479	0.6425
得分	5.9981	1.0011	1.3731	0.8093	0.4100	2.7676	0.6963	0.6900	0.9695	2.2356	0.7111	1.9681	2.7174	1.6687	0.4979	2.0888
排名	1	9	8	11	16	2	13	14	10	4	12	6	3	7	15	5
综合得分	86.4200	31.6800	29.2700	22.7600	20.0200	21.7400	21.0200	19.1600	26.0200	33.0300	17.7500	25.4000	28.6900	19.8700	7.8800	13.1300
综合排名	1	3	4	8	11	9	10	13	6	2	14	7	5	12	16	15

资料来源：笔者自制，根据公开数据计算得出。

这个结果与云南经济发展现状十分吻合，云南仅有昆明一个经济发展中心，经济发展不平衡。第一梯队的昆明为省会城市，在基础设施、配套设施、政策、资金、人才等方面都拥有得天独厚的条件，为康养旅游产业的发展奠定了坚实的基础。第二梯队中，红河具备非常有利的发展康养旅游产业的康养旅游资源，同时经济发展条件也较好，曲靖也是云南省工业发展较好的地级市，无疑为康养旅游产业发展打下了较好的基础。第三梯队拥有绝大部分康养旅游资源，温泉、湖泊、森林等都是发展康养旅游产业绝佳的自然条件，但是除了玉溪、大理之外的其他6个州市由于受到经济发展水平的制约，康养旅游产业的发展基础还需夯实。第四梯队是云南省森林覆盖率较高、少数民族医药文化最为丰富的区域，发展康养旅游产业的资源条件较好，但基础设施尚需进一步夯实。

其一，生产要素竞争力评价中，排名从高到低依次为昆明、红河、曲靖、普洱、大理、玉溪、昭通、临沧、丽江、西双版纳、楚雄、德宏、文山、保山、怒江、迪庆。最高分为昆明市的25.0460分，最低分为迪庆州的0.3532分，均分为7.9703（见图4）。

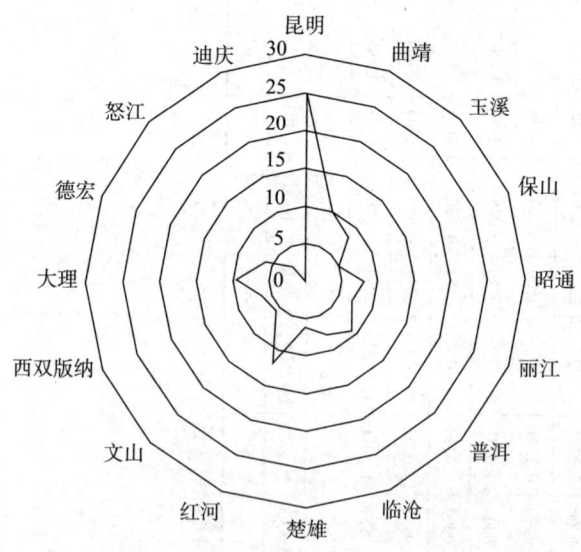

图4　云南康养旅游产业生产要素竞争力评价基本情况

从具体指标来看，除昆明之外15个州市在资本要素、人才要素、技术要素、基础设施、文化环境等方面都还有很大的提升空间。从康养旅游资源综合得分的原始数据来看,最高得分为昆明的65.5分,最低得分为迪庆的27.2分,均分为51.6分,说明康养旅游资源的条件相当,除了迪庆州因海拔较高,空气质量综合指数、主要城市年平均气温及降水量相对低之外,其他15个州市差别并不显著。从资本要素来看,昆明金融机构人民币贷款余额为1.62万亿元,曲靖、红河、大理、玉溪在千亿元以上,其他州市都在百亿元水平。除GDP之外,人民币贷款余额也是衡量一个城市竞争力的重要指标。通过这一指标可以发现,除了上述5个州市相对较好之外,其他11个州市在资金提供的能力方面还非常有限。同时旅游企业的竞争力也较差,旅游上市公司除了昆明、丽江各一个之外,其他州市尚无。从人才要素来看,劳动人口数量不低,但人才质量远远无法满足康养旅游产业发展需要。从技术要素来看,项目研发投入不足,部分州市基础设施还相当薄弱。

其二,需求条件竞争力评价中,排名从高到低依次为昆明、曲靖、玉溪、红河、大理、西双版纳、德宏、保山、楚雄、文山、迪庆、临沧、昭通、丽江、普洱、怒江。最高分为昆明的17.8475分,最低分为怒江的3.6344分,均分为7.9883分(见图5)。

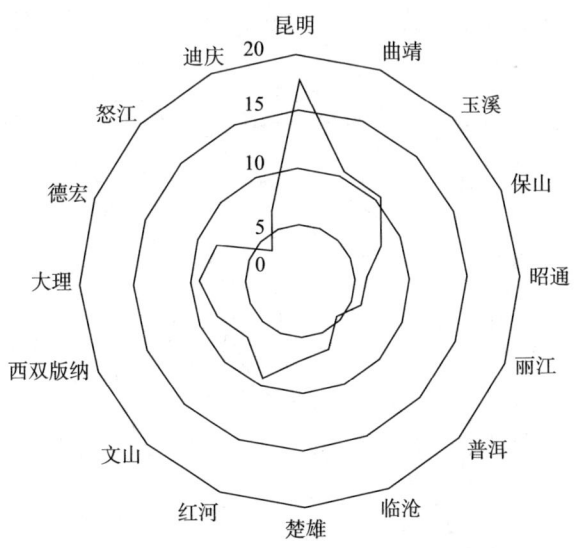

图5 云南康养旅游产业需求条件竞争力评价基本情况

从具体要素指标来看,云南省16个州市的第三产业对GDP贡献率除了德宏、迪庆之外都低于50%,最高的德宏59.70%,最低的昭通21.60%,

加快产业结构优化、升级,加快发展现代服务业迫在眉睫。在人口结构中,除昆明、玉溪之外的其他14个州市农村人口数都超过城镇人口数,由于生存环境、生活方式以及观念的不同,对于定位于养心、养神、养性等精神层面的康养旅游活动,在农村人口中的需求必定小于城镇人口。同时,云南省无论是城镇居民还是农村居民的人均可支配收入都低于全国平均水平。作为旅游活动中更高层次的康养旅游活动对人均可支配收入的要求更高,云南经济发展水平在一定程度上制约了康养旅游的需求,发展康养旅游的本地市场困难较大。

其三,企业发展竞争力评价中,排名从高到低依次是昆明、曲靖、保山、玉溪、楚雄、红河、大理、西双版纳、昭通、临沧、丽江、普洱、文山、德宏、怒江和迪庆(见图6)。企业发展中,目前康养旅游企业实力还非常有限。康养旅游前期投入较大,投资回收期较长,也导致一些有实力的企业采取观望的态度。但企业发展潜力大,昆明、保山、曲靖、玉溪的康养旅游企业实力较强,楚雄、曲靖、临沧的康养企业经营水平在16个州市中相对较高。现阶段参与康养旅游项目开发的企业主要是具有旅游度假(如港中旅、中坤投资、开元旅业、柏联、九华山庄、御温泉、华侨城等)、

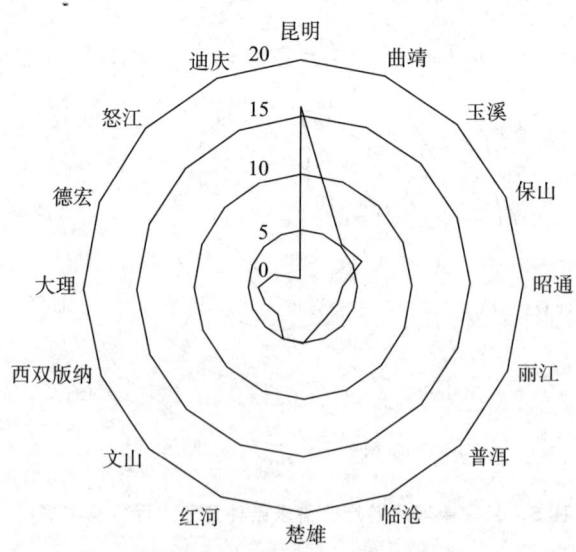

图6 云南康养旅游产业企业发展竞争力评价基本情况

健康医疗（如广药集团、章光101、东阿阿胶集团）、其他（如山东南山）行业背景的企业集团。这些企业集团将成为推动云南康养旅游产业发展的重要力量。应充分发挥龙头企业潜力，提高企业实力，同时扶持本地康养旅游企业成长，从而增强云南康养旅游企业的竞争力。

其四，相关与支持性产业竞争力评价中，排名从高到低依次为昆明、楚雄、红河、曲靖、大理、西双版纳、迪庆、玉溪、丽江、保山、昭通、德宏、普洱、文山、临沧、怒江（见图7）。

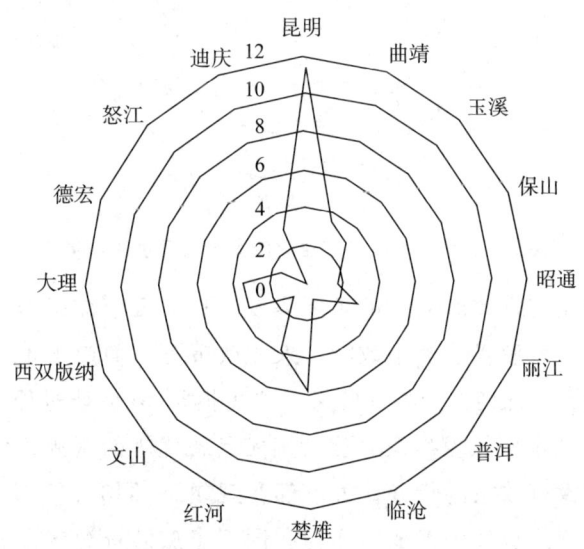

图7 云南康养旅游产业相关与支持性产业竞争力评价基本情况

康养旅游产业的发展离不开相关与支持性产业的支持。通过对云南16个州市的旅游住宿业、旅游餐饮业、旅游景区业、旅行社业以及医疗、保健服务业进行分析发现，云南旅游的相关产业发展基础较好，但康养旅游作为一种特殊的旅游活动，需要在已有的基础之上提供专业化的康养旅游产品和服务，在医疗、保健服务业方面需要加快对民族医医院和中医医院的建设，这是今后需要努力的方向。

其五，政府竞争力评价中，排名从高到低依次为昆明、普洱、西双版纳、玉溪、保山、楚雄、红河、昭通、曲靖、丽江、临沧、文山、大理、德宏、怒江、迪庆（见图8）。

产业的发展离不开政府的支持，有关康养旅游产业的规范性政策和法

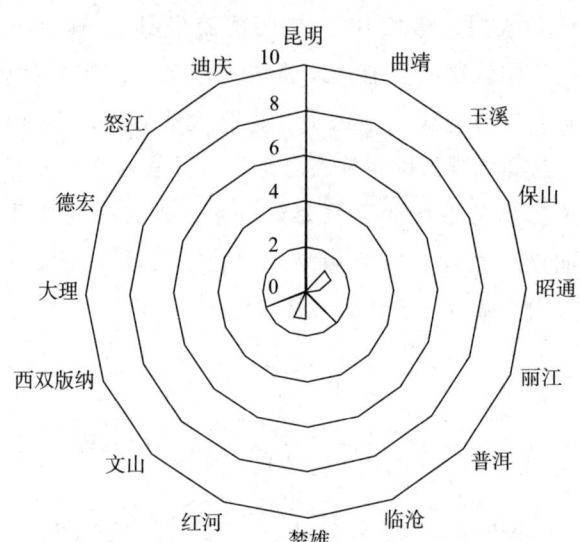

图 8　云南康养旅游产业政府竞争力评价基本情况

规、条例等的制定是政府支持的重要表现。目前云南在康养旅游产业发展的专项政策、土地政策、资金政策、人才政策等方面尚未正式出台相关政策，这是云南康养旅游产业发展的又一"短板"。在调研过程中部分州市的负责人也强调"本区域发展康养旅游确实具备优越的资源条件，但是具体要如何做，并没有政策的指导，大家都在观望"。同时，云南16个州市的康养旅游基地建设也较为薄弱，作为我国温泉旅游资源丰富的大省，目前还没有一个温泉康养旅游基地。仅有23个森林康养旅游基地和2个中医药健康旅游示范基地，与康养旅游资源丰富的大省形象显得格格不入。

其六，机会竞争力评价中，排名从高到低依次是昆明、丽江、大理、红河、迪庆、西双版纳、德宏、玉溪、曲靖、楚雄、保山、文山、普洱、临沧、怒江、昭通（见图9）。

尽管云南16个州市的人均GDP尚未达到全国的平均水平，但是云南旅游产业正在从观光旅游向休闲度假转型，文化旅游的休闲消费需求大幅提升，出现了多元化的趋势。同时，在国家"一带一路"倡议和云南省委省政府"三张牌"的战略布局下，云南省迎来了康养旅游发展的大好机遇。依靠云南秀美的山水，得天独厚的健康食材、药材以及特色民俗资源，打造"健康生活目的地"正是云南旅游高质量发展的终极追求。

B.3 云南康养旅游产业竞争力评价研究

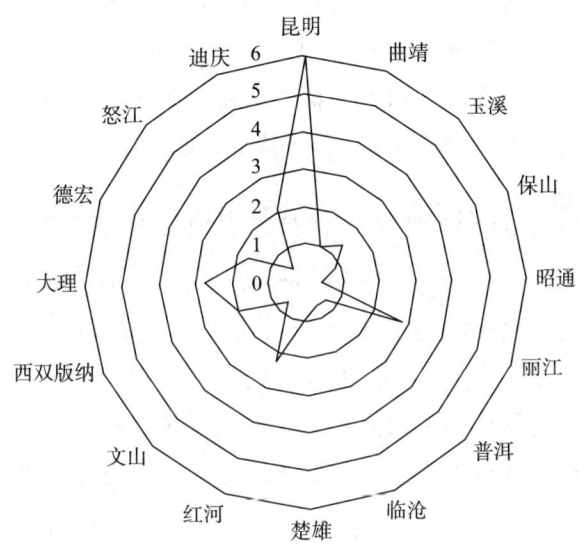

图9 云南康养旅游产业机会竞争力评价基本情况

综上所述，云南省16个州市的康养旅游产业发展存在诸多共性问题，如经济发展水平不高，生产要素竞争力不强，市场需求竞争力偏弱，康养旅游企业小、弱、散，尚未形成康养旅游产业集群等，这些问题在很大程度上都会制约云南省康养旅游产业未来的发展。

四 对策与建议

（一）加强云南康养旅游生产要素资源建设

生产要素是康养旅游产业发展的基础，可考虑从以下几个方面来进行建设。

充分挖掘康养旅游资源的内涵，突出有区域特色的康养旅游资源。在充分挖掘康养旅游资源的基础上，加强康养旅游产业发展的基础设施建设，加速康养旅游基地建设，打造特色康养旅游景区，丰富康养旅游产品，提高康养旅游服务质量，推动康养服务贸易发展。加强既懂康养又懂旅游的康养旅游高级管理和技术人才的培养和引进。加大康养旅游产业的招商力度，吸引社会投资者参与康养旅游产业的建设。积极申报各类型康养旅游示范区、基地，争取国家专项资金和旅游国债的资金投入。鼓励康养旅游企业做大做强，实质性提升康养旅游龙头企业的核心竞争力，通过龙头企业带动一批康养旅游企业的发展，形成康养旅游产业集群。

（二）精准定位云南康养客源旅游市场并强化宣传

从云南省16个州市康养旅游产业发展的现状来看，精准定位应以国内客源市场和东亚、东南亚、南亚客源市场为主。国内市场定位以北、上、广、深等地区的游客为主，其他地区为辅。东南亚、南亚市场以其高端市场为主要目标，为这些国家的高收入人群提供康养旅游产品和服务。可考虑鼓励有条件的中医医院成立涉外健康服务区，为境外消费者提供中医药特色健康服务。同时，还可以推进多层次的中医药国际教育合作，吸引"一带一路"沿线国家和地区的学生来滇留学，接受中医药短期培训、临床实习等教育，参与医疗体验、健康旅游等活动。整合推介云南的优势康养旅游产品，提高境外消费者对云南康养旅游的认知度，拉动境外康养旅游的需求，助推康养旅游服务贸易的健康发展。

（三）发展优化云南康养旅游产业产业集群

康养旅游产业的发展与其他相关产业发展密切相关，云南省16个州市应推动康养旅游产业结构的优化升级，弥补自身薄弱产业，提高康养旅游产业与相关产业的协调度，促进各产业协同发展。可考虑在酒店、景区、旅游度假等场所开设中医药馆，提供针灸、推拿、按摩和药膳等康养服务项目，增加旅游产品中的康养元素。将中医药资源有效融入旅游产业发展范畴，将中医药健康旅游融入养生养老和"治未病"中，鼓励康养旅游企业开发有特色的中医药健康旅游产品。还可以通过建设中医药特色旅游城镇、度假区、文化街、公园绿地和主题酒店等项目，形成一批与中药科技农业、名贵中药材种植、田园风情生态休闲旅游结合的养生体验和观赏基地。

（四）提升政府领导的战略意识和决策能力

康养旅游是一种新的理念，其发展与政府政策引导密切相关，同时企业的管理与运营能力、政府相关部门的战略意识和能力对区域康养旅游产业竞争力的提升具有关键性的作用。因此，负责康养旅游产业发展的政府机构必须认识到康养旅游产业的发展趋势，创造条件挖掘本区域康养旅游资源的内涵，丰富康养旅游产品，切实增强其对于康养旅游产业的管理能力。同时尽快拟定出台促进康养旅游产业发展的相关鼓励及支持性政策，为康养旅游产业的健康发展保驾护航。

（五）建立和落实康养旅游产业发展的协调机制

康养旅游资源的分布受到地质条件的制约，其分布往往与行政区划不一致。不同区域政府的绩效考核和政府职能部门条块分割，体制上的弊端造成区域之间的恶性竞争。因此，要从资源整体性的角度出发，建立和落实强有力的协调机制，实现区域康养旅游的健康发展。通过跨行政区划、跨行政级别的不同政府之间的合作，同时吸纳非政府组织参与，形成多中心、自主治理的协调机制，解决云南康养旅游产业的协调问题。提高综合效益，实现云南康养旅游产业的全局性发展。

本报告的局限性在于：首先，昆明、德宏、保山、大理之外的指标数据主要来源于公开的统计数据，没能全部进行现场实地调研是本报告的一大遗憾。其次，只对云南省内的16个州市进行了对比研究。如果能在全国范围内选择更多的具有可比性的区域进行康养旅游产业竞争力研究，研究结果可能会更加客观、指导性更强。最后，影响康养旅游产业竞争力的相关与支持性产业很多，企业的类型也较多，未能进行具体分析，后续可以深入探讨工业、农业、信息产业等重要产业与康养旅游产业竞争力的关联程度，以进一步揭示康养旅游产业发展的规律性，促进康养旅游产业和相关与支持性产业的高度融合发展。

参考文献

1. 张春香. 基于钻石模型的区域文化旅游产业竞争力评价研究 [J]. 管理学报, 2018, 15 (12): 1781-1788.
2. 迈克尔·波特. 国家竞争优势 [M]. 李明轩, 邱如美, 译. 华夏出版社, 2002: 119.
3. 李后强. 生态康养论 [M]. 四川人民出版社, 2015.
4. 任宣羽. 康养旅游: 内涵解析与发展路径 [J]. 旅游学刊, 2016, 31 (11): 1-4.
5. 陆晓梅, 张鑫, 高淑春. 森林养生旅游开发潜力评价研究 [J]. 林业经济问题, 2017, 37 (1): 44-49+104.
6. 史文文, 张鑫. 基于DHGF算法的养生旅游资源评价研究——以鹞落坪国家级自然保护区为例 [J]. 林业经济问题, 2018, 38 (2): 60-65.
7. 金碚, 李钢. 竞争力研究的理论、方法与应用 [J]. 综合竞争力, 2009 (1): 4-9.
8. Hong W C. Competitiveness in the Tourism Sector [M]. Physica-Verlag HD, 2008.
9. Matias. Quantitative Methods in Tourism Economics [M]. Physica-Verlag, 2013.
10. Pocock N S, Kai H P. Medical Tourism and Policy Implications for Health Systems: A Conceptual Framework from a Comparative Study of Thailand, Singapore and Malaysia [J]. Global Health, 2011, 7 (1): 12-12.
11. Chen Q, Griffith D A, Shen F. The Effects of Interactivity on Cross-Channel Communication Effectiveness [J]. Journal of Interactive Advertising, 2005, 5 (2): 19-28.
12. MoghavvemiS, Ormond M, Musa G, et al. Connecting with Prospective Medical Tourists Online: A Cross-sectional Analysis of Private Hospital Websites Promoting Medical Tourism in India, Malaysia and Thailand [J]. Tourism Management, 2017, 58: 154-163.
13. Bahar O, Kozak M. Advancing Destination Competitiveness Research: Comparison between Tourists and Service Providers. [J]. Journal of Travel & Tourism Marketing, 2007, 22 (2): 61-71.
14. Smith M K, Puczkó L. Health and Wellness Tourism [J]. 2008.
15. Croes R. Measuring and Explaining Competitiveness in the Context of Small Island Destinations [J]. Journal of Travel Research, 2011, 50 (4): 431-442.

16. Lee H K, Fernando Y. The Antecedents and Outcomes of the Medical Tourism Supply Chain [J]. Tourism Management, 2015, 46: 148 – 157.
17. TTCI C I. The Travel & Tourism Competitiveness Index 2013: Contributing to National Growth and Employment [J]. The Travel & Tourism Competitiveness Report, 2013: 3.
18. Pulido-Fernández, Juan Ignacio, Rodríguez-Díaz, Beatriz. Reinterpreting the World Economic Forum's Global Tourism Competitiveness Index [J]. Tourism Management Perspectives, 2016, 20: 131 – 140.
19. Smith M, Puzko M D L. The Role of Health, Wellness and Tourism for Destination Development [J]. Journal of Hospitality & Tourism Management, 2010, 17 (1): 94 – 95.
20. Zhang H, Gu C L, Gu L W, et al. The Evaluation of Tourism Destination Competitiveness by Topsis & Information Entropy-A Case in the Yangtze River Delta of China [J]. Tourism Management, 2011, 32 (2): 443 – 451.

B.4
2020年云南省康养旅游企业融资状况分析

武晓芬　梁安琪　耿溪谣　李祎　潘晶晶*

摘　要： 云南正面临旅游转型升级的重要关口，康养旅游产业的打造是新的突破，有利于云南旅游的横向发展和推进。康养旅游企业是组成康养旅游产业的细胞，支撑着康养旅游产业的各个环节。目前，云南省大型上市公司数量并不多，承办康养项目的企业大多为本土民营企业，资金规模有限，融资渠道单一，这限制了云南康养产业的发展。因此，本报告旨在了解云南省康养旅游企业融资现状，发现云南康养旅游企业融资中存在的问题，并针对康养旅游企业现有融资障碍，从建立健全金融市场体系、发挥政府资金引导作用、加强企业财务预测系统建设等方面提出相应的对策建议，以促进云南康养旅游企业的发展。

关键词： 云南省康养旅游企业；融资现状；融资障碍

Analysis on Financing Barriers and Supporting Policies of Health and Tourism Enterprises in Yunnan Province of 2020

Wu Xiaofen, Liang Anqi, Geng Xiyao, Li Yi, Pan Jingjing

Abstract: Yunnan is facing an important threshold of tourism transformation

---

* 作者简介：武晓芬，博士，云南大学工商管理与旅游管理学院，教授，博士生导师，研究方向为财务会计、公司治理；梁安琪，云南大学工商管理与旅游管理学院，博士研究生，研究方向为财务会计、公司治理；耿溪谣、李祎、潘晶晶，云南大学工商管理与旅游管理学院，硕士研究生，研究方向为财务会计、公司治理。

and upgrading. The establishment of health and tourism industry is a new breakthrough, which is conducive to the horizontal development and promotion of Yunnan tourism. Health and tourism enterprises are the components of health and tourism industry and support every link of the industry. At present, there are not many large listed companies in Yunnan Province, and most of the enterprises undertaking health and tourism projects are local private enterprises with limited capital scale and single financing channels, which limits the development of health and tourism industry in Yunnan province. Therefore, this part aims to understand the financing status and find problems existing in the financing of health and tourism enterprises in Yunnan province. And in view of the existing financing obstacles, offer proposals from the establishment and improvement of financial market system, play the guiding role of government funds, strengthen the construction of financial forecasting system. It is of great significance to promote the development of health and tourism enterprises in Yunnan province.

Keywords: Health and Tourism Enterprises of Yunnan Province; Financing Status; Financing Obstacle

康养旅游产业作为全球性的朝阳产业，具有较强的产业带动作用，对国民经济影响较大。然而，康养项目的投资具有综合性、复杂性及相关利益主体利益诉求不一致等特征，给康养项目投资管理带来了极大的困难。

云南正面临旅游转型升级的重要关口，康养旅游产业的打造是新的突破，有利于云南旅游的横向发展和推进。康养旅游应该满足消费者的体验需求、感知需求，还应增加自身吸引力、亲和力和影响力，丰富旅游体验元素、改善旅游体验环境、提升旅游体验服务、强化旅游互动。云南康养旅游虽处于起步阶段，但发展迅速。随着基础设施完善、交通圈缩短、医疗水平提高等，云南康养旅游将成为朝阳产业，形成以生态环境养生、医疗保健养生、运动健身养生、膳食健康养生等为主题的康养产业链。

云南省大型上市公司数量不多，承办康养项目的多为本土民营企业，资金规模有限、融资渠道单一，这会限制云南康养产业的发展。因此，了解云南康养旅游企业融资现状，发现云南康养旅游企业融资中存在的问题，对改善云南省企业融资环境,促进云南康养旅游企业发展具有重要意义。

一 文献综述和理论分析

(一)文献综述

1. 康养旅游企业融资现状及问题

胡德期认为土地政策限制了康养服务产业发展,地产建设缺乏政策支持。① 舒红兵等认为攀西康养产业最大的问题是缺乏顶层设计,其康养产业承载能力较弱、配套环境差。② 龚三乐等指出,目前广西的康养旅游发展仍存在投资和运营成本高、企业缺乏担保、融资困难等问题。③ 李雪芬、李俊认为云南省旅游文化产业融资需求旺盛,但大部分企业筹资来源以传统渠道为主,筹资成本较高,政府直接投资与补贴占比突出。④

2. 康养产业的主要投资开发模式

全资自筹模式:资金实力雄厚的大型公司利用自身现有资金或通过其他途径融资扩大自有资金后进行康养项目开发。

合作投资模式:投资商与其他机构合作共同开发康养项目。

房地产投资信托基金(REITs)模式:投资者将资金汇集到房地产投资信托基金公司处并得到其发行的收益凭证作为证明,房地产投资信托基金公司利用专业投资技能进行经营,投资方向集中于能够带来稳定租金收入的房地产项目、房地产贷款、购买抵押贷款或者抵押贷款支持证券(MBS),所得收益按投资比例分配。

信托投资模式:一家或多家投资机构集合资金以建立信托的方式交给信托公司,并规定投资方向为康养项目。

---

① 胡德期. 广西康养服务产业发展的财政政策研究 [J]. 改革与战略, 2020, 36 (4): 90 - 102.
② 舒红兵, 陈晓安, 肖亮, 兰玛, 雷应朝. 攀西康养产业价值链金融支持体系研究 [J]. 攀枝花学院学报, 2020, 37 (4): 36 - 47.
③ 龚三乐, 吴定伟, 温雪, 李瑞红. 广西健康养老养生产业投资环境分析 [J]. 改革与战略, 2019, 35 (2): 116 - 124.
④ 李雪芬, 李俊. 资产证券化在大理民族文化旅游产业融资中的应用 [J]. 商业经济, 2020 (1), 84 - 85.

建设—经营—转让模式（BOT模式）：近年来该模式及其衍生模式逐渐成为流行的投资与建设方式，被一些发展中国家用来进行基础设施建设。

3. 康养产业的主要投资开发主体

（1）保险类金融企业。保险公司寿险具备雄厚的资金实力，寿险产品的众多品类，再加上目前市场上尝试推行的"以房养老"的倒按揭产品，都为保险公司提供了量身定做的商业模式。

（2）房地产开发企业。近年来，绿城、万科、保利、绿地等知名房地产开发商纷纷进军养老产业。这些上规模的房企巨头，需要面对当前的市场困局，在房地产领域内，重新寻找新的成规模的高增长市场，而康养产业可能是其为数不多的选择之一。因此，现在房地产开发企业与医疗资源的广泛联姻正成为趋势。

（3）医院等医疗企事业机构。医疗资源是康养产业所需要的核心资源。现在有不少公立医院或者民营医院也在跃跃欲试，试水养老产业。医院在健康养生产品和养老服务方面的核心竞争力毋庸置疑，但医院的级别和专科门类会决定其主打的养老项目的市场吸引力。医疗健康机构的产品在设计、环境营造和硬件开发能力上与专业房地产商相比，有不少差距。因此，医疗机构与房地产企业合作联姻是一个不错的选择，可以取长补短，弥补各自的短板，发挥各自的长处，实现合作共赢。目前，有越来越多的医院设立健康产业集团，将医院的资源与社区养老公寓项目资源打通。老年公寓内的定点医护窗口是往医院输送病人的一个渠道，这也成为医院等医疗健康机构参与打造养老产品的一个动力来源。

（4）轻资产服务企业。康养产业体系构建的核心服务产品主要有两项，一个是专业医疗服务，另一个是专业护理服务。部分轻资产的家政服务公司、养老管理公司、酒店业者和旅游景区经营者，恰能提供养老养生项目所需要的专业护理服务，于是他们占据了专业护理服务这一项核心资源和竞争力。

4. 康养产业的主要融资来源

（1）银行贷款。银行贷款相对操作简单，融资成本低，灵活性强，对于融资的可操作性较强，但由于我国银行对养老服务业的支持仍处于起步阶段，养老机构很少得到银行的信贷支持。

（2）专项债。其受政策扶持，风险小，融资成本低，发行时间灵活，融资期限较长，企业可以通过发行专项债的方式募集资金，用于养老地产开发。但由于目前市场认可度不高，此方式还存在一定限制。

（3）保险资金。保险资金50%以上为寿险资金，而寿险资金以中长期资金为主，针对养老产业投资周期长、回报慢的特性，保险资金成为养老地产项目中最为核心的融资模式。

（4）信托投资基金。信托因风险低、收益稳定、资金充裕、供应时间久、方式灵活等特性，可在养老地产融资中充当直接融资工具和间接融资渠道，但信托投资基金门槛高，目前发展还不够成熟。

（5）PPP模式［私人主动融资（PFI）、BOT］。国家引导和鼓励社会资本通过PPP模式，兴办社区养老网点、地方公办私营养老院和构建现代养老服务新业态。

（6）政府资金支持。当地政府可参考国外养老服务设施投资占政府投资或财政支出的比例，同时按照当地未来一定时期经济和社会发展对养老服务设施发展的需要，预先确定养老服务设施投资占全社会投资或国有投资的相应比例，增加对养老服务设施建设的投入比重。

（7）房地产企业投资。相对而言，老年公寓等经营性养老服务设施具有较好的盈利能力，房地产企业投资建设老年公寓等养老服务设施既有利于其拓宽投资领域，又有助于增加养老服务设施的供应从而缓解养老服务设施不足的压力。

（8）股市融资。上市公司介入了养老地产项目的开发，但股市融资受整体市场环境的影响非常大，养老地产从该渠道获得融资有些难度。

（9）境内外财务投资者的投资。财务投资者在养老产业发展和项目开发上，表现得比较活跃。其中，境外资金的主体常为外国企业或者个人资金。

5. 康养旅游企业融资政策研究

舒红兵等人认为具体到金融业与康养产业结合的研究较少，而从老年金融特别是健康保险角度探讨的比较多。[①] 金融创新通过各种传导效应，成

---

① 舒红兵，陈晓安，肖亮，兰玛，雷应朝．攀西康养产业价值链金融支持体系研究［J］．攀枝花学院学报，2020，37（4）：36-47．

为康养产业发展、落实"健康中国"战略的强大助推器。① 反过来，康养产业的快速发展能够为金融创新提供实践舞台、拓宽发展空间。② 康养产业具有准公共产品属性，投入较大③，民间投资积极性不高④，因此发展康养产业需要创新体制机制⑤，加大财政投入力度⑥，促进政策资金与多种投融资渠道结合⑦。罗忠林认为康养产业项目投资金额大、回报周期长、公益性的特点决定了政策性资金与多种投融资渠道结合是我国康养产业投融资的主要模式。⑧ 李雪芬、李俊针对大理民族文化旅游资源特点，提出可以采用资产证券化的方式，以景区门票收益作为债券还本付息的来源。⑨ 朱晓辉在《云南旅游投融资发展的态势与预判》一文中强调，可以利用大型国企和央企资产重组与并购，为云南旅游大项目开发提供资金。⑩

（二）资本结构理论

1. 早期资本结构理论

杜兰特（D. Durand）将早期的资本结构理论分为净收益理论、净营业收益理论和传统理论（也称"折中理论"）。净收益理论认为，利用债务可以降低企业的综合资金成本。净营业收益理论认为，企业债权资本的多少、

---

① 高妍蕊. 康养产业发展要加强体制机制和信用体系建设 [J]. 中国发展观察, 2017 (17)：41-42+40；姜艳. 康养特色小镇建设发展分析 [J]. 智库时代, 2018 (30)：25-26.

② 李国平, 朱昱玮. 金融业支撑产业价值链构建策略研究 [J]. 现代管理科学, 2018 (7)：3-5.

③ 蒋永穆. 分类推进乡村发展 [N]. 中国社会科学报, 2018-11-14 (4).

④ 卜从哲. 河北省康养产业创新发展的环境分析及其路径选择 [J]. 中国乡镇企业会计, 2018 (8)：11-14.

⑤ 潘家华. 新时代生态文明建设的战略认知、发展范式和战略举措 [J]. 东岳论丛, 2018 (3)：14-21.

⑥ 程臻宇. 区域康养产业内涵、形成要素及发展模式 [J]. 山东社会科学, 2018 (12)：141-145.

⑦ 罗忠林. 我国康养产业发展重点及投融资策略研究 [J]. 黑龙江金融, 2018 (6)：40-42.

⑧ 罗忠林. 我国康养产业发展重点及投融资策略研究 [J]. 黑龙江金融, 2018 (6)：40-42.

⑨ 李雪芬, 李俊. 资产证券化在大理民族文化旅游产业融资中的应用 [J]. 商业经济, 2020 (1)：84-85.

⑩ 朱晓辉. 云南旅游投融资发展的态势与预判 [J]. 旅游研究, 2017, 9 (3)：18-21.

债务比例的高低，与企业的价值没有关系。折中理论介于上述两种极端观点之间，认为增加债权资本对提高企业价值而言是有利的，但债权资本规模必须适度。

2. 现代资本结构理论

现代资本结构理论以 MM 理论为代表。最初的 MM 理论：1958 年莫迪利亚尼（Modigliani）和米勒（Miller）提出 MM 理论，MM 理论是在净营业收益理论发展的基础上提出来的，通过严格的数学推导，该理论证明，在一定条件下，企业的价值与它们所采取的融资方式无关，即不论是发行股票还是发行债券，对企业的价值没有任何影响，故该理论又被称为"资本结构无关论"。修正的 MM 理论：在考虑企业所得税的情况下，由于负债的利息是免税支出，可以降低综合资本成本，增加企业价值，所以，企业要通过财务杠杆利益的不断增加，来不断降低其资本成本。企业的负债越多，杠杆作用越明显，公司价值越大。

3. 新资本结构理论

资本结构的代理理论：债权筹资有很强的激励作用，并将债务视为一种担保机制。这种机制能够促使经理多努力工作，少个人享受，并且做出更好的投资决策，从而降低两权分离产生的代理成本。

资本结构的非对称信息理论：美国经济学家罗斯（Ross）首先将非对称信息论引入资本结构理论。假定企业经营者对企业的未来收益和投资风险享有内部信息，而外部投资者无法得到这些内部信息，出于信息的非对称性，外部投资者只能通过企业经营者输出的信息来间接评价企业的市场价值。

资本结构的控制理论：控制理论从企业经营者对控制权本身的偏好角度探讨了资本结构问题。企业经营者出于对控制权的偏好，会通过资本结构来影响控制权的分配从而影响企业的市场价值。

（三）融资模式

1. 政府财政融资模式

融资主体通过项目向地方政府申请，获得地方政府的投资或者争取政府在财政方面的优惠政策和补贴。① 如各级各类财政补贴、税费减免等优惠政策、国有资本直接投资等。政府政策的引导有利于吸引社会资本的积极参与，增强企业发展康养旅游的信心和动力，但同时也会带来不利于形成市场化的竞争机制、经营效率低等负面影响。

2. 银行贷款融资模式

当内源性融资不足以支撑企业的发展时，银行贷款便成为康养旅游企业主要的外源性融资方式。银行贷款分为政策性银行信贷和商业银行信贷。银行贷款作为最普遍的间接融资方式，具有操作简单、融资成本低等特点。这种模式的缺点是：抵押物要求较为严格，产业投资周期长，银行都不愿意冒风险。

3. 债券融资模式

债券通常被人们称为"金融契约"或"有价证券"，是指企业向社会筹集资金时，向投资者发行的并按承诺支付一定利息到期后连本带息偿还的债务凭证。债券融资发行费用相对较低，筹集的资金规模大，但并不是所有康养旅游企业都适用债务融资。

4. 股权融资模式

股权融资是指企业的股东愿意让出部分企业所有权，通过企业增资的方式引进新的股东，同时使总股本增加的融资方式。其主要有公开发行股票和私募股权基金两种模式。

5. 融资租赁模式

出租人出资向供货商购买承租人选定的设备。同时，出租人与承租人订立一项租赁合同，将设备出租给承租人，并向承租人收取一定的租金。康养旅游企业可以向第三方租入需要的大型设备，定期付给租金。

6. PPP 融资模式

我国将 PPP 定义为政府部门与社会资本在公共领域与服务领域的长久合作关系。PPP 项目运作方式主要有三种：外包类、私有类、特许经营类。该模式引入专业的社会资本，缓解了政府财政压力，可降低和分散风险。

---

① 康养产业项目的九大融资来源［OL］．［2019-09-23］．https：//www.sohu.com/a/342833993_732486．

7. 资产证券化融资模式

发起人将证券化资产出售给一家特殊目的机构（SPV），或者由 SPV 主动购买可证券化的资产，然后 SPV 将这些资产汇集成资产池，再以该资产池所产生的现金流为支撑在金融市场上发行有价证券进行融资，最后用资产池产生的现金流来清偿所发行的有价证券。该模式执行手续简便，但是需要国企或者上市公司提供信用担保。

二 云南省康养旅游企业的融资现状分析

（一）融资政策分析

1. 国家政策分析

（1）增值税优惠：养老机构提供的养老服务免征增值税。

（2）房产税、城镇土地使用税、车船税优惠：对政府部门和企事业单位、社会团体以及个人等社会力量投资兴办的福利性、非营利性的老年服务机构自用的房产、土地、车船暂免征房产税、城镇土地使用税、车船税。

（3）契税优惠：事业单位性质的养老机构承受土地、房屋用于办公的，免征契税。

（4）耕地占用税优惠：养老院占用耕地免征耕地占用税。

（5）社区养老服务税费优惠：①提供社区养老服务取得的收入，免征增值税。②提供社区养老服务取得的收入，计算应纳税所得额时，减按 90% 计入收入总额。③承受房屋、土地用于提供社区养老服务的，免征契税。④用于提供社区养老服务的房产、土地，免征不动产登记费、耕地开垦费、土地复垦费、土地闲置费；用于提供社区养老服务的建设项目，免征城市基础设施配套费。⑤为社区提供养老服务的机构自有或其通过承租、无偿使用等方式取得并用于提供社区养老服务的房产、土地，免征房产税、城镇土地使用税。

2. 云南省政策分析

（1）床位补贴：各级财政安排专项资金或从本级社会福利彩票公益金中给予养老机构适当的床位建设补贴。

（2）运营补贴：鼓励各地建立针对经济困难的高龄、失能老年人的补贴制度，依据各养老机构接收失能老年人等情况合理发放运营补贴。

（3）就业专项资金补助：养老机构及从业人员可以按照规定申请就业专项资金补助。

（4）财政贴息优惠：兴办养老机构的，可以按规定申请小额担保贷款并享受财政贴息。

（5）税费优惠：①非营利养老机构自用房、土地免征房产税、城镇土地使用税、企业所得税，减免行政收费。②对社会力量兴办的福利性、非营利性养老机构，经认定符合非营利组织条件的，免征企业所得税。③对符合国家扶持小微企业有关税收优惠政策的养老服务企业，按有关规定给予增值税、所得税优惠。④养老机构的用电、用水、用气等费用，按照居民使用价格标准收取。⑤养老机构建设项目的征地管理费、市政基础设施配套费、散装水泥专项资金、发展应用新型墙体材料专项费用、工程定额测定费、工程质量监督费等一律免收；对涉及人防工程易地建设费实行减半征收等。

（二）融资渠道分析

云南省康养旅游企业融资来源包括外源性融资和内源性融资，其中外源性融资渠道有政府补贴、债券融资和股权融资，内源性融资渠道主要是股东自有资本和经营收益。云南省康养旅游企业基本都为非上市公司，因此外源性融资渠道受阻，融资来源绝大多数为内源性融资。

（三）融资效率分析

企业的建设规划大多分模块循序渐进完成，通常建设期都在五年以上。这其中大量的资金都无法流通，没有资金支持建设期会进一步延长，导致后续同类项目的融资受阻。

（四）融资成本分析

据了解，目前许多康养旅游企业由于地处昆明周边，交通不便，影响力较小，外资注入较少，只能依靠云南本地企业进行投资。加之云南上市公司较少，政府投入资金有限，因此许多企业只能以股权融资的方式吸引其他企业注入资本。在这种情况下，企业最终很可能被大资本家所控制。

（五）资本周转率分析

由于产业规模大，建设期间占用资金较多，加之目前国内养老观念很难在短时间内转变，消费群体还比较少。一般来看，前期建设往往要投入大量的资本，资金回笼又需要耗费很长的时间。但这其中也有很多企业通过先运营部分模块取得了可观收益，凭借专业的人才和独特的资源吸引了部分高收入群体。

三 云南省康养旅游企业的融资障碍分析

（一）缺乏配套的金融政策支持

目前云南省康养项目的资金来源除少部分争取到了国家项目补助外，其余绝大部分（90%以上）由民营企业自身进行投资，有关康养产业政策、法规的推出往往落后于产业的实际发展速度。现阶段云南省还未出台专门针对康养产业项目的金融扶持等政策。已有政策都只是从宏观的角度进行了一些战略部署与产业发展引导，并没有出台具体的落实方案和实施手段，缺乏与森林康养产业发展配套的金融支持政策，还有与之相关的财税、监管政策。

（二）风险防控体系不足以支撑产业发展

目前，我国康养产业所产生的"蓝海效应"逐渐变大，民间固然有大量资本想要进入该行业，但大多望而却步，其主要原因是产业体系中投资的进入和退出机制还处于相对空白状态，这就导致想投资的企业犹豫并处于观望的状态。除此之外，风险投资是除了银行机构给予贷款以外，对云南康养产业最有力的金融支持手段，所以应大力倡导各大金融机构对森林康养产业进行风险投资，但是从云南风险投资现状看，风险投资市场的规模还不能满足云南康养产业所需的大量资金，且风险投资特别是有关新型产业的投资理论和发展远远滞后于现实需要。

（三）担保资源有限，金融信用体系难以搭建

目前，云南康养产业仍处于发展初期，其相关项目贷款抵押物单一，缺乏足够的担保资源。云南省企业规模普遍较小，大部分担保物依赖于企业资产、土地或房产。对于非房产企业和个体经营农户来说，抵押贷款具有信息不对称、经营权处置困难等特殊性，非上市企业和农村财务信息透明度不高，征信困难、逆向选择和道德风险问题突出，违约风险大，金融信用体系难以搭建。此时，金融机构出于贷款资金安全性的考虑，又往往提出比较高的担保要求，需办理一系列烦琐的手续才能完成资产和土地的抵押贷款。多种因素制约着金融部门参与康养项目贷款的积极性，不利于金融支持云南康养产业的发展。

（四）项目周期长，融资来源单一

目前云南康养项目的承办企业主要为民营企业，由于大部分民营企业未上市，缺乏在资本市场上向社会公众融资的优势，同时由于行业特性，也缺乏向银行借款的担保抵押物，所以融资渠道单一，外源性融资机会较少。从对各项目的调研结果来看，云南康养旅游企业项目投资的主要资金来源为自由资金，融资结构主要为银行负债、自由资金和政府补贴，其中，自由资金在整个项目投资中占比达90%。康养旅游企业项目周期较长，过度依赖单一的融资渠道容易造成资金链断裂，加大经营风险。

四 云南省康养旅游企业融资支持政策分析

（一）建立健全金融市场体系，拓宽融资渠道

1. 整合优质品牌资源，建立基金创投体系

一方面，云南省应整合优质的文旅品牌和资源，开展招商引资合作，以促进云南省文旅产业链的发展。另一方面，云南省应大力推进文旅项目上市融资；积极引导和吸引文旅产业基金投资云南省文旅项目，云南省应

建立总规模40亿元左右的文旅产业引导母基金和创投基金，放大5倍到10倍使用，鼓励国内相关文旅产业的产业基金落户或投资，形成完整的基金创投体系。

2. 构建多层次的康养产业金融体系

构建多层次的房地产金融体系，是建立健全康养产业融资模式的基础。具体而言包括两个方面：（1）创新间接融资担保机制。"银行借贷"是我国房地产企业融资的传统模式和主要渠道。区别于以往房地产融资以房产或土地为主要抵押物，向银行申请贷款，康养项目地产的相关资产抵押受到诸多限制。因此，必须完善直接融资的担保机制，为云南康养产业的发展提供有效担保，从根本上化解康养产业直接融资抵押物缺失的现实障碍。（2）构建多元化直接融资机制。重点是培育房地产金融二级市场、推动住房抵押贷款证券化的同时，鼓励发展房地产投资信托等直接融资工具，在充分利用社会闲散资金的同时，活跃金融市场，分散养老地产的投融资风险。

3. 创新融资模式，拓宽资金募集渠道

积极争取各类银行信贷资金支持，大力发展相应的债券融资，创新"产业生态圈+产业基金"发展模式，推进开展各类股权融资，积极发展PPP项目投融资，拓展资金募集渠道。创新养老地产融资模式，包括以下几个方向：（1）REITs融资模式。REITs融资模式可以在较短时期内大量筹集闲散资金，解决养老地产发展过程中的资金瓶颈问题。（2）BOT融资模式。首先由政府授权私营企业投资建设，允许其在一定期限内经营并享有经营收益。特许经营期满，项目无偿、完整地移交给政府（或相关部门）。（3）PFI模式。首先由政府根据社会需求，提出拟建项目，通过招标引入私营部门投资建设。[①] 项目建成后的特许期内，私营部门向政府指定的特定群体提供服务，并从政府部门收取相关费用（政府购买）；特许期满后，私营部门将项目完整地转移给政府（或相关部门）。（4）"保险+养老"的联动模式。[②] 作为养老地产融资的创新模式，"保险+养老"是由保

[①] 康养产业项目的十大融资来源［OL］.［2019-07-18］. https://m.sohu.com/a/327789347_100020178.

[②] 康养产业的5种投资模式［OL］.［2019-11-21］. https://wenku.baidu.com/view/25020a01900ef12d2af90242a8956bec0875a5d1.html.

险公司（部分或全部）投资建设养老地产，并提供给符合条件的老年人（购买相应保险并达到规定的缴费年限者）使用。其中，保险公司可以全资入股，也可以与私营企业合资开发养老地产项目，最终实现"保险"与"养老"的共赢。

（二）发挥政府资金引导作用，加大政策支持力度

1. 政府要加大对企业的资金支持

企业要积极争取各路国家财政资金支持，使政府对投融资的引导支持发挥作用。鼓励康养旅游企业熟悉国家层面、省级层面的税收优惠政策，享受相应的税收优惠，减少企业的自有资金流出，缓解融资困境。企业可运用床位补贴、运营补贴、就业专项补助等政府补助合理融资。政府应加大对中小企业和民营企业的政策补贴，对满足条件的民营企业，可提供小额担保贷款并使其享受财政贴息优惠，以降低企业融资难度。

2. 发挥政府对社会资金的引导作用

云南康养旅游产业的资金主要依靠政府扶持，引入社会资本。通过借鉴其他省份的康养产业园融资方式，云南省政府可在以下几个方面降低企业资金负担：（1）低价划拨土地；（2）采取"土地入股"方式；（3）增加当地相关企业的税收优惠政策，如免征减征、即征即返等；（4）加强PPP合作运营，招商引资吸引优质社会资本参与产业运营。

（三）加强企业财务预测系统建设，制订具体清晰的融资计划

1. 建立健全财务预测和趋势分析系统

除了改善外部金融环境和争取政府资金扶持以外，企业自身也要加强对投融资体系的建设。在企业层面，云南康养旅游企业应建立健全财务预测和趋势分析系统。企业可在融资项目考察阶段，基于未来销售收入和资产增长量，建立外部融资需求模型，对项目资金需求量做出合理预测，从而针对融资规模提前做出相应的规划。同时，利用财务预测和趋势分析系统，测算企业投资、筹资各项方案的经济效益，为康养旅游企业的投融资决策提供依据，预计财务收支（现金流量）的发展变化情况，为编制企业项目融资计划打下基础。

2. 制订具体清晰的融资计划

企业通过制订具体清晰的融资计划,结合本企业的商业模式、产品和服务模式、市场分析、融资需求、运作计划、竞争分析、财务分析、风险分析等多个方面,提前对融资项目的可行性和项目的收益率进行论证,选择合适的融资途径,降低融资成本,提高融资效率。同时,对整个融资期间的资金使用进行严格把控,做到专款专用,以保证项目实施的连续性和资金归还的及时性。

参考文献

1. 奚康.REITs融资模式应用分析——以绿地康养为例[J]财会通讯,2021(6):151-154+158.
2. 杨建春,施若.金融支持旅游产业发展的动态效应比较——以贵州、浙江两省为例[J]社会科学家,2014(6):88-92.
3. 张茂林.金融支持农村地区康养产业发展问题研究——以贵州省为例[J]经济研究导刊,2021(30):22-24.
4. 高晓燕,赵晓卉,张帆.共享经济背景下乡村旅游企业融资模式——以澧县华诚彭山旅游度假庄园有限公司为例[J]华侨大学学报(哲学社会科学版),2021(2):87-98.
5. 杨荣海,李亚波.中国旅游产业发展的金融支持区域差异分析——基于东部、中部和西部面板数据的检验[J]经济与管理,2013(7):86-91.
6. 房红.健康中国战略下健康养老产业投融资机制优化研究[J]攀枝花学院学报,2022,39(1):1-11.
7. 邹晓峰.基于产业特征的民族地区投融资平台建设方向——结合国内的制度演变和成功经验[J]贵州民族研究,2012(6):115-118.
8. 吴倩.民族地区旅游产业发展的融资"瓶颈"研究[J]湖南社会科学,2012,(6):136-140.

B.5 我国康养旅游人才的开发与利用

杨红英 俞 锦[*]

摘 要： 我国康养旅游快速扩张，这一过程中需要大量人力资源支撑产业发展。然而，关于我国康养旅游专业人才开发方面的研究和理论规范远远落后于市场需求和企业实践。据此，本报告通过对七个省份十八家康养旅游企业进行实地调研，走访两个省份康养旅游相关行业主管部门及一家康养旅游协会组织，采用深度访谈及扎根理论研究范式中编码的质性研究方法，归纳了我国现阶段康养旅游人才开发中出现的普遍问题，并根据对成功案例的实践探索，提出政府、学校、企业和科研机构多方联动，从人才规划、人才培养及师资力量三个方面助力我国康养旅游人才开发的对策建议。

关键词： 康养旅游；人才开发；质性研究

Multi-party Linkage: Critical Issues, Practical Exploration and Optimization Strategies in the Development of Health Tourism Talents in China

Yang Hongyin, Yu Jin

Abstract: During the rapid expansion of China's health tourism, a large number of human resources are needed to support industrial development. However, the researches and theoretical norms in the field of health tourism in China are far

---

[*] 作者简介：杨红英，博士，云南大学工商管理与旅游管理学院，教授、博士生导师，研究方向为人力资源开发与管理；俞锦，博士研究生，云南大学工商管理与旅游管理学院，研究方向为人力资源开发与管理。

behind market demand and corporate practices. Accordingly, this study conducted field surveys on 18 health and wellness tourism companies in 7 provinces, visited 2 provincial tourism-related authorities and 1 tourism association, and adopted qualitative research methods such as in-depth interviews and codings for grounded theory research. The research summarizes the common problems in the development of health tourism talents in China at this stage and based on the practical exploration of successful cases, proposes the multi-party linkage of the government, schools, enterprises, and scientific research institutions, from talent planning, talent training, and faculty. Three countermeasures and suggestions are provided for the development of health tourism talents in China.

Keywords: Health Tourism; Talent Development; Qualitative Research

随着我国经济社会的发展和人民生活水平的不断提高，国民对于提升健康水平和身体素质的需求不断增强。一方面，随着我国步入老龄化社会和老龄化问题的日益突出，亚健康、慢性病人群也在不断增加，他们将成为对健康服务需求较强烈的群体。另一方面，康养旅游的发展已更多地关注到全龄人群的不同需求，包括我国超过1.09亿的中产阶级人群对高品质健康生活的需求和追求。近年来发生的新冠肺炎疫情更是催生了民众对于健康生活的需求，并使康养旅游成为新产业、新业态和新模式，为满足不同消费者对健康养生旅游的多元化、个性化需求，提供了更广阔的市场空间。在"健康中国"战略背景下，大健康产业将成为新常态下我国经济增长的重要引擎。以养老产业为例，到2024年，我国养老产业规模预计将达到14万亿元，2030年将增加至22.3万亿元，养老产业将以井喷式的速度增长，并将成为我国未来10年内最大的经济增长点之一。①

康养旅游人才指涉足康养旅游，具有一定的专业知识或专门技能，能够胜任岗位能力要求，为产业发展提供智力、体力支持的各种人才。对康养旅游人才的关注和大力开发既基于国家和地方社会经济发展的需要，也

---

① 前瞻产业研究院.2021—2026年中国养老产业发展前景与投资战略规划分析报告[R].深圳前瞻产业研究院，2021.

基于行业、企业和个人发展的需要。十九大报告号召"全党同志一定要永远与人民同呼吸、共命运、心连心，永远把人民对美好生活的向往作为奋斗目标"。2019年，国家发展改革委、民政部、国家卫生健康委共同修订形成了《城企联动普惠养老专项行动实施方案（试行）》，对康养旅游人才队伍建设提出了五条支持性意见。《"健康中国2030"规划纲要》中进一步强调，要加强健康人力资源建设，加强康养人才培训，创新人才使用评价激励机制。

然而，无论是在研究方面还是在实践方面，我国对康养旅游人才的关注和重视还远远不够。本报告在文献梳理和实地调研后发现，在康养旅游的快速发展过程中，现有文献对康养旅游人才的探讨和研究还比较有限，对康养旅游人才的分类分层研判较少，上升到模式、理论的较少，通过多案例、多主体综合调研构建模型非常匮乏；在企业实践和社会现实中，"重招商和投资，轻人才"的现象较为突出，人力资本在产业发展中应该起到的关键作用明显没有受到企业和社会的重视。

一　质性研究

（一）样本数据

为了解康养旅游人才现状，探索康养旅游人才开发的有效路径，笔者于2019年7月至12月赴云南、贵州、广西、广东、海南、福建、浙江等多地康养旅游企业及相关管理部门进行了实地调研，包括对十八家康养旅游企业的相关代表进行一对一深度访谈，以及对两个省份康养旅游相关行业主管部门及一家康养旅游协会组织围绕当地康养旅游人才主题进行焦点小组讨论，涉及样本36人，样本情况如表1所示。将这些对康养旅游有一定了解的人员作为本报告的访谈对象，具有一定的说服力，能带来更多的思考和启发。样本采集直至出现同质性观点，确认达到饱和，才进入研究分析环节。

表 1　受访者基本信息

编号	单位性质	职位/职务	性别	访谈方式
S0101	国有企业	总负责人	男	一对一深度访谈
S0201	国有企业	项目代表	男	一对一深度访谈
P0302	民营企业	总负责人	男	一对一深度访谈
P0402	民营企业	项目代表	男	一对一深度访谈
P0502	民营企业	项目代表	男	一对一深度访谈
P0603	民营企业	总负责人	男	一对一深度访谈
P0703	民营企业	项目代表	男	一对一深度访谈
P0803	民营企业	项目代表	男	一对一深度访谈
P0904	民营企业	总负责人	男	一对一深度访谈
P1004	民营企业	项目代表	男	一对一深度访谈
P1105	民营企业	总负责人	男	一对一深度访谈
P1205	民营企业	项目代表	男	一对一深度访谈
P1306	民营企业	总负责人	男	一对一深度访谈
P1406	民营企业	项目代表	男	一对一深度访谈
P1507	民营企业	总负责人	男	一对一深度访谈
P1608	民营企业	总负责人	男	一对一深度访谈
P1709	民营企业	项目代表	男	一对一深度访谈
P1810	民营企业	项目代表	男	一对一深度访谈
P1911	民营企业	项目代表	男	一对一深度访谈
P2012	民营企业	项目代表	男	一对一深度访谈
P2113	民营企业	项目代表	男	一对一深度访谈
P2214	民营企业	项目代表	男	一对一深度访谈
P2315	民营企业	项目代表	女	一对一深度访谈
P2416	民营企业	项目代表	女	一对一深度访谈
M2517	混合制企业	项目代表	男	一对一深度访谈
M2618	混合制企业	项目代表	男	一对一深度访谈
G2719	政府单位	部门主管	男	焦点小组讨论1
G2819	政府单位	部门代表	男	焦点小组讨论1
G2919	政府单位	部门代表	男	焦点小组讨论1
G3019	政府单位	部门代表	男	焦点小组讨论1

续表

编号	单位性质	职位/职务	性别	访谈方式
A3120	协会组织	会长	男	焦点小组讨论1
G3221	政府单位	部门主管	男	焦点小组讨论2
G3321	政府单位	部门代表	男	焦点小组讨论2
G3421	政府单位	部门代表	男	焦点小组讨论2
G3521	政府单位	部门代表	男	焦点小组讨论2
G3621	政府单位	部门代表	女	焦点小组讨论2

注：编码字母S、P、M、G、A表示单位性质，即国有企业（State-Owned Enterprise）、民营企业（Private Enterprise）、混合制企业（Mixed Enterprise）、政府单位（Government）及协会组织（Association）。编号数字前两位（01~36）表示自然序列号；数字后两位（01~21）表示单位编号，数字后两位相同代表所在单位相同。

资料来源：本报告所有数据、资料均为笔者调查获得，图表均为笔者自制。

（二）研究过程

1. 深度访谈

此次访谈采用的是半结构式深度访谈。具体做法是：根据提前设置的提纲开展访谈，根据被访者的回答跟进延伸，以求获得丰富的访谈资料。访谈提纲包括如下问题：

（1）请谈谈您对康养旅游人才开发的认识。

（2）您所从事的行业康养旅游人才现状如何？

（3）您所就职的单位康养旅游人才现状如何？

（4）您所了解到的康养旅游人才开发方面最严重的问题有哪些？

（5）就这些问题，您所在的行业/企业/部门采取了哪些应对措施？效果如何？

（6）就这些问题，您是否认为还有其他解决方案和政策建议？

访谈时间最短1.5小时，最长3小时。访谈资料的收集以录音为主，笔记及访谈后的材料分享为辅。访谈结束后，研究小组将录音转化梳理为文字稿，方便进行材料分析。

2. 编码

本报告依据扎根理论研究范式中编码的方法，借助Nvivo 12软件对深度访谈获取的一手资料和搜集到的政策、措施等二手资料进行三级编码。三级编码指开放式编码、主轴编码和选择性编码。开放式编码是将资料逐字逐句地切割、分解，删除与本报告无关的内容，对关键内容概念化，并进一步界定概念、发现概念类属的一个过程；主轴编码是按照因果关系、语义关系、功能关系等将梳理出的概念类属进行关联，将凸显的问题和主题的范畴挑选出来形成主范畴，为理论建构做好铺垫工作；选择性编码是将多个主范畴建立系统性的联系，从而构建出一个新的抽象化理论框架的过程，以"故事线"的形式描述某个现象和现象背后的条件、过程或规律。

（三）研究结果

在Nvivo 12软件的辅助下，本报告对研究材料的三级编码结果如表2所示。其中，节点是Nvivo中对概念类属的表现，本报告存在三个概念类属，每个类属下都有受访者提出的问题和分享的建议。

在研究的理论饱和方面，本报告遵循搜集一份材料，研究一份材料的原则，在后期继续抽样编码发现不再产生新的概念类属，也不会产生新的理论；并采用另外四份访谈材料进行理论饱和度检验，发现频率超过四次的概念已全部包含于现有的三个主类属中，且未发现新增的类属因果关系，因此认为研究样本已饱和。

表2 康养旅游人才开发相关材料编码结果

节点	子节点	出现的访谈人次	参考点	编码示例
人才规划	问题	12	37	我们文旅的管不了人，要人社这边统一规划
	建议	9	14	通过政府平台，促成企业和职业技术学校合作，搞订单式培养
人才培养	问题	36	101	现在这帮学生基本还是在学校里面
	建议	31	76	要帮他们（学生）走出去，多实习多点经验

B.5　我国康养旅游人才的开发与利用

续表

节点	子节点	出现的访谈人次	参考点	编码示例
师资力量	问题	19	47	现在来教书的老师自己也不是这个专业的
	建议	17	60	有会（旅游相关的学术会议）都给他们（老师）去的

总体而言，访谈对象针对政府、学校、企业及科研机构（含研究所、医院、养老院、公园等）多个主体在康养旅游人才开发中存在的责权利以及应该发挥的作用，围绕人才规划、人才培养及师资力量等现状，发现问题，提出建议。由此构建康养旅游人才开发影响因素及作用机制模型，如图1所示。

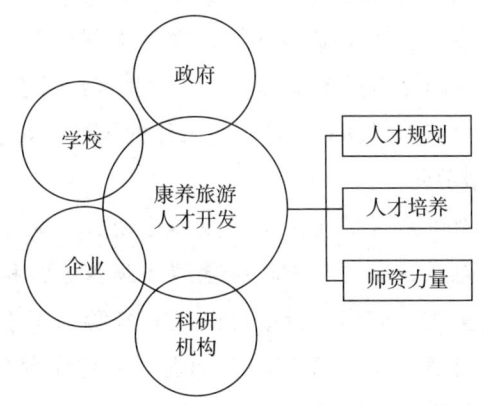

图1　康养旅游人才开发影响因素及作用机制模型

二　探讨与结论

（一）问题归纳

1. 人才规划不明确

人才开发是一个系统工程，要充分发挥市场的导向作用和政府的宏观管理、引导、协调和支持等作用。康养旅游还处于发展初期，正是对其人才开发方向、培养目标和培养要求进行全面统筹规划的最好时机。然而，康养旅游人才涉及医疗、运动、文化、旅游等多个领域，目前还没有一个独立的政府部门可以全权对康养旅游从业人员进行统一管理。监管部门责权不清，康养旅游院校和企业对市场整体信息无法全盘掌握，在此情况下，盲目地打造企业人才队伍或实施院校教学改革，容易导致康养旅游人才开发层次混乱、目标不实际、要求不清晰等问题，还可能进一步导致康养旅游人才开发结构与市场需求失衡、滞后，就业困难等社会隐患。

2. 人才培养偏离市场需求

康养旅游专业人才极度缺乏、"医养"结合的步伐较慢、教育与培训滞后、标准与监管不完善等问题，导致从业人员提供的康养旅游服务总体水平较低。特别在学历教育和技能培养环节，中职教育偏多、课程设置偏多、单一模式较多。虽然有研究表明，现场工作是对旅游专业学生最有效的教学方法之一，但受传统教育体制和硬件条件的限制，目前旅游专业学生的受教方式还是以传统的书本授课方式为主。学生经历社会实践的机会很少，对康养旅游知识的总体掌握没有经过实际工作的检验，效果大打折扣。

3. 现有师资力量薄弱

康养旅游师资力量是否优质优量是康养旅游人才队伍建设的关键。康养旅游现有人才库总量较小，目前教授旅游和康养旅游相关专业的教师普遍存在重理论、轻实践的弊病，所掌握的康养旅游知识素养也存在知识体系老化、片面，专业性、认可性不够等问题。一些康养旅游方面的专家，如医生、健康师、营养师、复健师等具备专业技能和知识的人才，以及掌握民族民间技艺、非物质文化传承的特色康养旅游人才，散落在各行各业，难以进行人力资源集聚和吸引。

（二）对策建议

1. 统一人才政策管理平台

围绕服务国家发展战略，政府应积极向服务型政府转变。例如，韩国通过法令批准实施医疗观光，政府通过法案，促进韩国医学研究所（KMI）与韩国旅游局和韩国国际医疗协会合作，加强康养旅游科研人员、医疗专家和旅游服务人员的相互交流，探索提升国内和国际健康服务产业。又如，印度旅游局牵头成立国家医学与健康旅游促进委员会，开通了专门宣传印度医疗旅游的政府网站，为医学专家和健康旅游专家搭建了畅通的人才沟通平台，为共同推动印度医疗旅游产业完成了人才合并。政府在加快营造法制化、国际化、便利化的营商环境的同时，应不断深化人才机制改革，破除阻碍人才体制机制发展的障碍。全面推进政务公开，发挥各类资源融合的最大效益，为企业、关联企业或相关机构积极搭建吸引人才、培育人才的通道和平台。

首先，组织建立统一的康养旅游行业管理平台。可由文化和旅游部门牵头，教育、卫生、林业、农业及体育多部门通力协作，清楚界定康养旅游涉及的各方面监管工作，为康养旅游企业及从业人员提供一站式政府管理平台，做好地方康养旅游人才现状盘点、人才需求调查及人才统筹规划，与人力资源和社会保障部门通力协作，为康养旅游人才的吸引和开发，制定和落实相关法律法规。

其次，对当地未来康养旅游发展对应的人才需求做出精准预判。在康养旅游人才开发方向、目标和要求的整体规划和战略制定上，需要各级政府掌握当地特色康养旅游资源、人才开发潜力、未来就业趋势、劳动力输出方向等综合市场信息，更好地统筹地方教育资源，加大相关专业扩招的力度，打造康养旅游专业群，引导高等院校和职业学校科学合理地推进康养旅游学科建设。

最后，应继续健全康养旅游专长人员资格考核办法。可以借鉴日本和韩国设立的森林疗养服务人员等级培训和资格认证体系，在我国现阶段产业需求上，完善原有职业标准与证书类别，从法律法规层面加强康养旅游相关专业证书的规范度、专业度和认可度；以考促学，督促用人单位提高对康养旅游相关资格认定和学历认证的重视程度，鼓励广大康养旅游从业者积极参与相关资格认证考试和学历学习，提高从业人员自身知识素养，推动康养旅游向高质量发展。

2. 丰富院校人才培养路径

一方面，倡导各类型单位、企业、机构积极参与省内高校人才培养工作，根据用人单位需求，与高校、职业院校合作，制定订单式批次人才培养计划，以实现人才需求的对接，保障人才培养的质量。在办学理念上应鼓励多种社会资本投入康养旅游人才队伍建设，建立政产学协作保障机制，积极协调各方，深化校企合作，允许康养旅游教育机构与医院、养老院等用人单位合作，强化高等院校和职业院校的市场观念和服务意识。一方面在省内成立康养旅游学院，推进产学研合作，鼓励社会资本和民间资本投资办学，面向国内外招生，支持南亚、东南亚学生来滇学习，增进与周边国家的交流与合作，助力云南区域性国际康养旅游中心建设。可单独设立全日制康养旅游学院（如攀枝花国际康养学院），也可在综合性高校和职业院校开设康养旅游二级学院（如西南财经大学天府学院的康养护理学院），亦可在高校开设康养旅游人才研修班（如北京大学政府管理学院开设的康养产业领军人才研修班）；在相关康养旅游院校中开设康养旅游专业课程，以医学护理专业为基础，可涵盖中医养生保健、医学美容技术、护理、康复理疗、康养旅游、老年照护等与健康、养生、养老、旅游相关的专业，致力于为康养旅游发展培养专业服务人才。另一方面，选择、确定一批有条件的高等学校和职业院校，加强对康养旅游专业设置以及相关专业设置的整体研判和分析。如设置康养旅游、健康管理、老年照护、医务护理、物业管理等专业的同时，加强农学、医学、林学、管理、商业、法学、经济、人力、食品等专业与康养旅游专业的关联性研究，增设国际语言课程，增强学生的国际交流能力，拓宽学生的国际视野，提升学科和专业发展的国际竞争力。构建应用型本科、研究生教育、职业教育相互衔接的培养模式，推进学历教育、非学历教育和职业培训并重的人才开发体系建设，使专业型、复合型、应用型、管理型、创新型等多层次、多类型康养旅游人才梯队尽快形成。此外，也可整合各院校现有的康养旅游相关专业，组建康养旅游国际学院。

在教学模式上，可以鼓励向产学研结合、订单式、工学交替、双证制度等多种人才培育方式转型升级。同时，为学生创造更多产教融合、暑期实践、3+1校企合作等机会，注重教育的实用性，通过专家讲授和实地操练，帮助学生在在校就读期间就开始接触社会，更快更好地与市场需求接轨，实现学生与用人单位的双赢。通过构建多形式、多层次的协同创新机制和平台，在产学紧密结合中努力提高康养旅游人才培养质量。比如，依托产业发展建立人才发挥作用的平台，支持企业技术创新，鼓励企业建立生物医药研究中心或技术成果转化中心,围绕省内的高原特色农业、生物医药业、地产旅居业、旅游业等主导产业,实行"人才+产业""人才+企业""人才+项目"等服务模式,鼓励康养旅游人才服务主导产业和龙头企业,积极为康养旅游的发展提供人才支撑。又如,鼓励康养旅游企业与高校、职业技术院校合作开展人才培养,给予合作双方相关资金补贴,促进产业发展与人才开发联动,合作培养康养旅游人才,让产业发展为大众提供更多的就业创业机会,而人才开发又为产业发展提供强力的人才支撑,实现产业发展与人才培养双向互动和共同发展。可借鉴四川等地的经验,建立立体的多层次人才开发体系:设有医学、旅游等专业的本科院校应将康养旅游作为相关专业的一个方向,充分发挥高层次人才培养优势,重点培养研究生和本科层次的康养旅游规划人才、经营管理人才和产品开发人才;高职高专院校应在旅游管理、酒店管理等专业中增加康养旅游方向,增设康养旅游课程,着力培养高素质应用型一线专业服务人才,同时打造康养旅游专业群,为产业发展提供全方位支撑;中职院校应加强与高职院校的衔接与合作,为康养旅游企业提供基层一线服务人员。医学院校可以为康养旅游产业提供中医养生、老年护理、医疗康复、中医药与食品营养方面的专业人才。此外,各院校可以尝试跨专业领域的合作,如中职医学院校的护理专业可以尝试与高职旅游院校的旅游管理专业开展"X+X"合作招生,采取共享师资的方式,合作开展康养旅游方面的课程、讲座等,提高学生的综合能力,培养兼具护理技能和旅游服务技能的复合型康养旅游人才。

3. 开放人才队伍建设渠道

一是本地康养旅游人才开发的"走出去""引进来""留得住"。"走出去"是指重视本土康养旅游高层次人才的培养。选拔具有较高学历、工作经验丰富和具有较大发展潜力的康养旅游教师;鼓励康养旅游专业教师尽可能到康养旅游企业实践锻炼;提供更多参与康养旅游方面的国际会议和出国深造的机会,帮助康养旅游教师快速拓宽视野,吸纳前沿康养旅游知识和教育理念,成为具有行业一线经验和学校授课技能的"双师型"教师。建立政府部门人才开发联动机制,选拔培养一批康养旅游高素质管理服务人才,到东部沿海地区康养旅游发展较快的部门挂职锻炼,健全省内康养旅游人才内部造血机制。"引进来"是指借鉴浙江、四川等地的经验，定期开展产业和行业领域人才需求调查和供给分析，构建更加开放、灵活的人才引进和使用机制。在引进高层次康养旅游人才（如康养旅游顾问）方面，应明确引进标准并给予相应的政策支持和保障。比如，可引进国内外具有5年以上在旅游、康体、养老等相关领域从事专业研究，或能够把握康养旅游业前沿动态，具有丰富经验和较强创新能力，且在康养旅游相关领域具有较高知名度和影响力的专家，以及所从事的康养旅游课题研究或旅游项目（产品）开发达到国内先进水平或取得显著经济社会效益的专家等，聘请他们为康养旅游常年顾问或康养旅游专业导师，为云南的康养旅游人才开发和政府政策制定提供决策咨询、理论支撑和智力支持。"留得住"是指制订并落实高层次人才激励计划：一方面，借鉴浙江等地经验，积极为"引进来"的高层次康养旅游人才提供补助、津贴，提供相关保障服务，事业留人、感情留人与待遇留人相结合，确保康养旅游发展需要的高端康养旅游人才"引得进，留得住"。另一方面，有效落实康养旅游人才开发的政策措施，制定相应的人才开发管理制度和从业标准，对应进行高等教育和职业教育，并提供系列激励政策，促进人才参与康养旅游发展的积极性。如需改善相关从业人员的工作条件和薪资待遇，制定行业执业资格和注册考核制度，进一步提升专业技术人员的技能水平等。

二是鼓励医疗机构及协会组织参与。加强医疗机构、企业、学校间的产学研合作，依托省内有条件的医疗机构，推动资源和信息的互通与共享，开展老年病诊断治疗和临床研究，推广适宜有效的高水平诊疗技术，培训高层次老年医学人才。医疗机构也应在市场需求下，不断拓展医疗康养旅游业务，为学校学生、企业员工等提供实习实训基地和场所；定期开展专业培训活动；选送医务人员外出学习与交流；为学校、企业选送医学康养旅游专家，定期为学校和企业开展培训教育。加强协会组织在康养旅游产业发展中的积极作用。一些包含康养旅游人才的社会组织如民族民间医药协会、中医药国药协会、非物质文化传承人协会等，在康养旅游萌生前就吸纳了大量康养旅游专家型人才。在康养旅游人才队伍建设中，除了联合学校和用人机构，也可以充分利用相关专家协会的人才库资源，在举办专业会议、成立产学研机构、扩充师资力量等方面，与政府和学校充分沟通，相互帮助。

三是引进国际化优秀专家。通过国际人才集聚相关政策的制定，引进国外高校优秀旅游专业教师以及国际企业复合型人才充实康养旅游师资队伍。通过引进康养旅游国际化人才，向康养旅游发达国家借鉴先进的康养旅游教育理念，这有利于按照国际标准对国内康养旅游人才开展更高效科学的教育，为我国康养旅游国际化人才的培育与开发添砖加瓦。例如，我国台湾地区在医疗、医护方面拥有较好的医务人力资源，包括医疗人才、护理人才、医院经营管理人才、康养旅游人才等，因而多家受访企业表示曾与台湾地区的医疗康养旅游机构合作，并招募医护人才，以提高康养旅游企业人才质量。针对康养旅游专科特色，许多企业的做法是引进国外医疗、康养旅游专家组成创新团队。例如，有受访企业表示，从瑞士招募高端人才，专门从事睡眠治疗与研究；从日本引进老人陪护专业人才或派遣国内相关从业人员赴日本参加老人陪护培训等。

三　结语

人才资源作为第一资本，已成为任何创新型国家建设和发展最重要的驱动力资源。康养旅游是多业态融合发展衍生的新业态，人才开发也需要多主体融合共同推进。产业对康养旅游人才的需求是多方面、长线型和复合型的，不仅需要高层次的理论研究、景点规划、经营管理和产品开发人才，也需要一线技能服务型人才；不仅需要医药、康复、护理人才，也需要文化、旅游、地产等方面的管理人才；不仅需要单一技能专业人才，更需要复合型人才。

完善的政策是人才发展的重要保证。因此，有必要对康养旅游人才进行分层、分类开发，推进"高端人才引进+本地多渠道培养"的模式，只有政府加强引导、多方通力协作，实现人才开发的针对性和有效性，才能攻克我国现阶段康养旅游人才开发面临的问题，为产业发展提供人力资源支撑。

参考文献

1. 陈向明. 扎根理论的思路和方法 [J]. 教育研究与实验, 1999 (4): 58-63.
2. Li Z, Zhao Z, Xin S, et al. The Barriers in Organizing Fieldwork-based Learning Trips in China: The Tourism Academics' Perspective [J]. Journal of Hospitality, Leisure, Sport & Tourism Education, 2020 (26): 100-240.
3. 陈欣, 胡坚达. 高职国际化旅游人才培养对策研究 [J]. 中国大学教学, 2016 (7): 44-47.
4. Stainton H. The Commodification of English Language Teaching in Tourism: A Sustainable Solution? [J]. Tourism Management Perspectives, 2018, 25: 123-130.
5. 成宏峰, 马兆兴. 山西康养旅游人才供给体系构建研究 [J]. 太原学院学报 (社会科学版), 2018, 19 (2): 26-29.

B.6
2020年云南省康养旅游游客满意度研究报告

杜靖川　朱永明　李亚文　郭倩倩　吴万莹　洪湾湾[*]

摘　要：本报告以云南省16个州市为研究对象，采用线上、线下相结合的方式，对2020年前往云南省的康养旅游游客进行满意度调查，并与2019年的满意度调查结果进行比较，发现云南省的康养旅游游客满意度整体呈现良好的态势，总体上增长了0.46分，较多因子呈现增长趋势，其中环境感知方面满意度排名第一，旅游设施的满意度也大幅提升，但游客对消费价值的满意度较低；同时从空间上来看，各州市的康养旅游满意度呈现满意与不满意并存的现象，丽江、昆明、大理、西双版纳的游客满意度较高，而其他地区相对较低。为此，本报告从环境感知、旅游设施、景区服务、康养旅游体验和消费价值等方面提出了相应的改进建议。

关键词：康养旅游；满意度；云南省

2020 Yunnan Health Care Tourism Tourist Satisfaction Research Report

Du Jingchuan，Zhu Yongming，Li Yawen，Guo Qianqian，
Wu Wanying，Hong Wanwan

Abstract：Only by improving the satisfaction of tourists can the sustainable and healthy development of Yunnan's health tourism industry be better realized. To

---

[*] 作者简介：杜靖川，硕士，云南大学商旅学院，教授，研究方向为旅游经济管理；朱永明，博士，云南大学商旅学院，副教授，研究方向为产业经济；李亚文、郭倩倩、吴万莹、洪湾湾，云南大学商旅学院硕士研究生。

this end, 16 prefectures and cities in Yunnan Province were selected as the research objects, and the online and offline methods were used to conduct a satisfaction survey on health tourism tourists going to Yunnan Province in 2020, and compare the results of the satisfaction survey in 2019. The comparison found that the overall satisfaction of health tourism tourists in Yunnan Province showed a good trend, with an overall increase of 0.46 points, and many factors showed an increasing trend. Among them, the satisfaction of environmental perception ranked first, and the satisfaction of tourist facilities was also Significantly higher, but the shopping product prices and accommodation prices in the Kangyang tourism process brought low satisfaction to tourists. At the same time, from the spatial point of view, the Kangyang tourism satisfaction of each city shows both satisfaction and dissatisfaction. Lijiang, Kunming, Dali, and Xishuangbanna have the highest tourist satisfaction, while other regions are relatively low. In response to the main problems, corresponding improvement suggestions were put forward in terms of environmental perception, scenic spot services, health and wellness experience, tourist facilities and consumption value.

Keywords: Health Tourism; Satisfaction; Yunnan Province

云南省与全国一样，经济持续、稳定发展，综合实力不断增强，广大人民生活水平逐渐提高，越来越多的人群意识到身体健康的重要性。同时人口老龄化特征日益突出，康养旅游得到越来越多人群的关注，加之新冠肺炎疫情让人们更加关注健康养生类产品，许多人开始认识到强身健体的重要性，因此康养旅游势必会成为今后旅游业发展的蓝海。尤为重要的是，云南省旅游业在升级转型中顺应市场发展要求，着力打造健康生活目的地，为发展康养旅游创造了有利的条件。但不可否认的是，康养旅游起步较晚，开发建设经验较少，往往会产生一些难以避免的问题。一些地区旅游市场秩序失范，不良风气可能会波及康养旅游市场。为此，云南省康养旅游在起步之初就要引入游客满意度的监测方法，从游客的角度对康养旅游发展的动态进行定期跟踪、了解，以便及时发现问题，及时处置，积极消除问题隐患，使游客满意度的监测成为康养旅游发展的有力保障和支撑。

一 文献回顾

随着体验经济时代的到来，游客体验感和满意度在旅游产品开发的过程中起着重大作用。国外学者 Kevin Nield 等较早以罗马尼亚为例，研究了餐饮服务在游客满意度中的重要程度，并且得出了影响罗马尼亚餐饮服务的因素。[①] James Wong 和 Rob Law 研究了具有文化差异的旅游群体对在香港购物的满意程度，提出七个旅游群体的满意度分别在服务质量、商品质量、商品种类、商品价格等方面存在显著差异。[②] 国内学者生延超、吴昕阳认为游客满意度会对目的地选择产生直接影响，会影响旅游经济效益和社会效益。[③]

在旅游研究方面，针对游客满意度的研究从多个角度出发，包括不同的旅游业态、不同的旅游目的地、不同的旅游交通出行方式等。不同学者对文化旅游、红色旅游、乡村旅游、养生旅游等不同旅游业态进行了研究；从旅游目的地的角度看，有学者对主题公园、中国历史文化名城、智慧旅游景区进行了研究；此外，还有学者对旅游交通出行方式、餐饮、住宿、旅游演艺产品等旅游要素及产品进行了研究。从研究方法上看，多数学者通过建立数学模型对影响旅游满意度的因素进行研究，包括 Logistic 回归模型、ACSI 模型、结构方程模型（SEM），还运用网络文本分析、模糊综合评价法、IPA 分析法等进行相关的研究。满意度评价指标体系包括旅游景观、旅游交通、旅游餐饮、旅游购物、旅游娱乐、其他旅游基础设施、旅游服务与管理和景区环境等。[④]

虽有学者从游客的角度出发进行研究，但是有关康养旅游游客满意度

---

① Kevin Nield, Metin Kozak, Geoffrey LeGrys. The Role of Food Service in Tourist Satisfaction [J]. International Journal of Hospitality Management, 2000, 19 (4).
② James Wong, Rob Law. Difference in Shopping Satisfaction Levels: A Study of Tourists in Hong Kong [J]. Tourism Management, 2003, 24 (4).
③ 生延超，吴昕阳. 游客满意度的网络关注度演变及空间差异 [J]. 经济地理, 2019, 39 (2): 232-240.
④ 王文静，杨晓霞，陶春梅. 基于 PCI_2 的网红旅游景区游客满意度差异研究——以重庆洪崖洞为例 [J]. 资源开发与市场, 2020, 36 (8): 895-902+928.

的文献目前尚不多见。2018年，沈万年以黄山地区为研究范围，采用IPA分析法，并运用旅游体验与产品生命周期等理论，构建了康养旅游游客满意度评价指标体系，并将其分成三级指标，二级指标主要是资源条件、康养功能、公共配套、产品开发和效果感知，三级指标共23项，沈万年以这些指标对康养旅游游客满意度进行了实证研究。① 刘玮构建了以旅游资源、社会环境、服务接待、康养功能、后续情感五方面为游客体验要素的指标体系。② 王立红提出温泉资源价值等五大类评价指标体系。③

从整体来看，国内外学者对游客满意度研究从不同视角出发，已形成一定的成果。这些研究涉及文化旅游、休闲旅游、度假旅游等多种业态，但是涉及康养旅游游客满意度的研究文献较少。本研究将针对游客满意度要求，从环境感知、旅游设施、景区服务、康养旅游体验、消费价值、满意度评价等方面构建康养旅游游客满意度指标体系，分析影响赴云南省的康养游客满意度的主要因素，并提出相应的策略，以期为云南省开发康养旅游产品和服务提供积极的引导。

二 研究设计

（一）研究地区

经过近些年来的努力培育，再加上本身具有的资源基础以及区位环境优势，云南省在康养旅游方面取得了积极的进展，客源市场不断扩展，旅游吸引力持续增强。为了更好地对云南省康养旅游的游客满意度进行跟踪调查，本研究选择与前一阶段相一致的目的地来进行对比研究。云南省16个州市均已在不同程度上开展了康养旅游，并且取得了一定的成效，因而本研究就以州市行政区划来搜集云南省16个州市的游客反馈，以更好地反映各地的发展状况。

---

① 沈万年．基于IPA分析的黄山市康养旅游满意度研究［D］．广西大学，2018．
② 刘玮．基于游客体验的明月山康养旅游提升策略研究［D］．江西财经大学，2020．
③ 王立红．基于扎根理论的温泉康养旅游体验价值评价研究——以营口御景山温泉为例［D］．沈阳师范大学，2019．

（二）研究方法

1. 文献分析法

对现有有关游客满意度的文献进行查阅，收集有关康养旅游游客满意度的参考文献，通过梳理文献，了解康养旅游游客满意度研究现状，发现研究薄弱点，寻找本研究的立足点与突破口；同时查阅有关健康养生旅游的书籍，建立项目的理论框架依据，为后期的持续研究奠定基础。

2. 实地调查法

应用客观的态度和科学的方法。运用观察法对云南省的康养旅游区域进行实地考察，运用访谈法搜集大量访谈记录用以统计分析，同时对当地游客进行问卷调查，从而探讨游客对康养旅游景区的满意度情况以及游客对康养旅游景区产生不满的原因。

3. 调查问卷法

本研究以线上调查问卷与线下调查问卷相结合的方式进行。进行线上调查时，选择将调查问卷挂于网站或以邮件的方式进行数据收集。在设计调查问卷时，设置一些检验选项，以检验受访者填写问卷时是否认真阅读。发放调查问卷时，样本须符合随机抽样调查的特征，发放时尽可能覆盖面广且均匀，以获得充足数量样本。在线上发放调查问卷的过程中，随时保持在线状态，保证受访者存在疑惑时及时进行解释，以提高问卷回收率及问卷质量。

在进行问卷设计时，考虑到两个方面的研究维度，一是受访者的基本情况分析与总体描述；二是基于受访者感知的 17 个观测变量。对每一个指标均以李克特五级量表来计分、衡量，表示游客对该因素的满意程度。满意程度分别设有"非常满意""比较满意""一般""比较不满""不满意"五个选项，不同的满意程度分值分别对应 5 分、4 分、3 分、2 分和 1 分。

三 研究分析

此次调研采用问卷调查法，由于涉及面较广，故以线下和线上相结合的形式发放，共计发放调查问卷 400 份，回收有效问卷 353 份，有效率为

88.25%，符合问卷调查的要求。

（一）调查对象的社会人口统计学特征

本研究的样本对象是曾于2019~2020年前往云南省康养旅游目的地的游客。从样本统计数据来看（见表1），此次调研的样本中男女比例较为均衡，男性和女性调查对象的占比均接近于50%。如图1所示，在年龄分布方面，26~35岁的年龄阶层在此次调研中所占比例最多，占比达到48%，是此次调研的云南省康养旅游的主要占比人员，其他各个年龄层也均有分布，25岁及以下占比20%，36~45岁占17%，46~60岁占12%，60岁以上占比较少，仅占3%。从被调研人员的职业分布来看，如图2所示，教师或其他事业单位人员、民营或者国有企业职工以及自由职业这三大类职业占比排名较为靠前，分别为21%、21%、20%，三者构成了此次调研的主要人员，超过了60%。学生的占比也相对较多，达到18%。以上表明云南省丰富的旅游业态对于不同年龄阶层、不同职业的人员均有吸引力。

表1　社会人口统计学特征

社会人口统计学变量		数量（人）	百分比（%）
性别	女性	166	47
	男性	187	53
年龄	25岁及以下	71	20
	26~35岁	170	48
	36~45岁	60	17
	46~60岁	41	12
	60岁以上	11	3
职业	学生	64	18
	教师或其他事业单位人员	75	21
	民营或者国有企业职工	74	21
	个体经营	24	7
	自由职业	69	20
	离退休人员	23	7
	其他	24	7

B.6 2020年云南省康养旅游游客满意度研究报告

续表

社会人口统计学变量		数量（人）	百分比（%）
来源地	云南省内	62	18
	云南省外	291	82
	境外	0	0

资料来源：问卷调查整理所得。

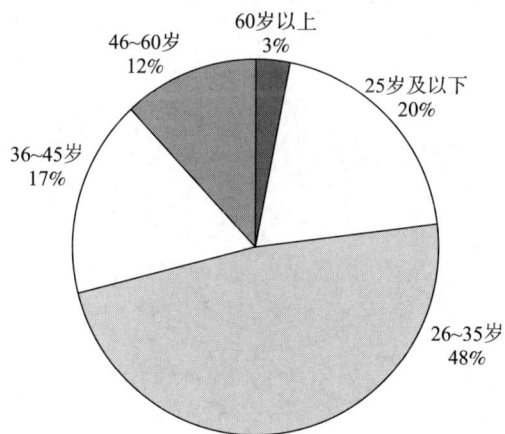

图1 被调研人员的年龄分布情况

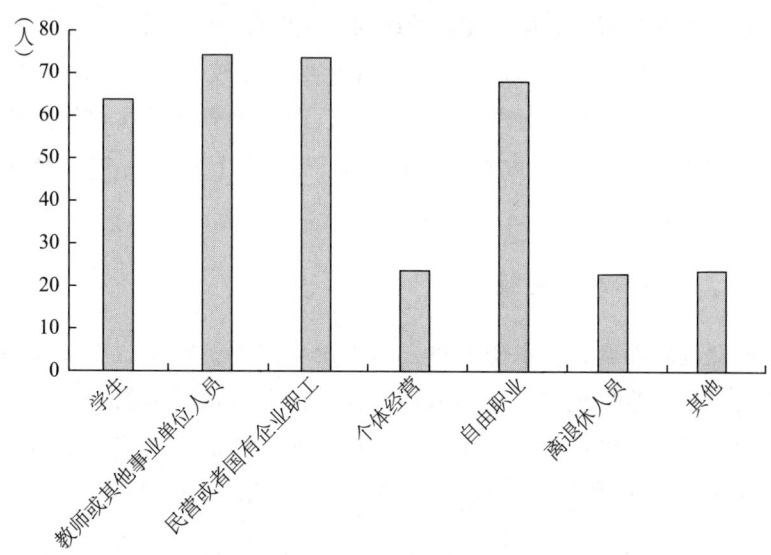

图2 被调研人员的职业分布情况

从被调研人员的来源地看，仅有18%的人员来自云南省内，其余82%的康养游客来自云南省外，由于新冠肺炎疫情的影响，此次调研对象未涉及境外游客。

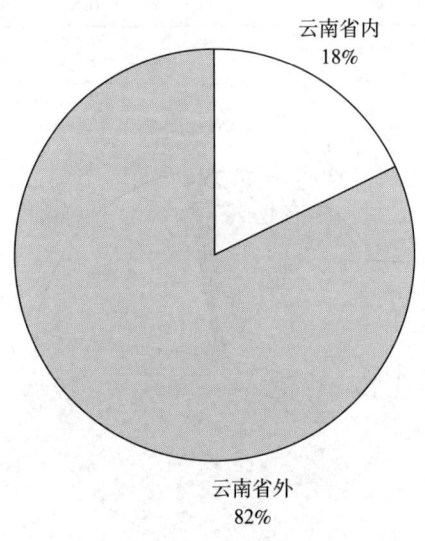

图3　被调研人员的来源地分布情况

此外，根据调研的结果，此次调研的353份有效问卷中，人们从朋友推荐、互联网平台搜索两大渠道了解康养旅游的占比较大，而通过其他平台、传统媒体等渠道了解的占比较小。因此，云南省康养旅游在保持互联网平台的宣传之外，还应当扩大在自媒体与传统媒体上对云南省康养旅游的宣传。

（二）各因素满意度统计

根据此次问卷调查，本研究将云南省康养旅游游客满意度分成环境感知、旅游设施、景区服务、康养旅游体验、消费价值、满意度评价六大部分，按照李克特五级量表进行设计，以得分的平均值代表该要素的满意度指数。2020年云南省康养旅游游客满意度测量结果如表2所示。

B.6　2020年云南省康养旅游游客满意度研究报告

表2　2020年云南省康养旅游游客满意度测量结果

目标层	因子层	要素层	2020满意度	因子层得分
康养旅游游客满意度	A. 环境感知	温度舒适度	4.20	4.23
		海拔感受	3.89	
		空气质量	4.47	
		植被情况	4.35	
	B. 旅游设施	旅游厕所的卫生及数量	3.95	4.00
		公共休息设施水平	3.97	
		安全设施及引导标志物设置	4.08	
	C. 景区服务	景区服务方式	4.11	4.06
		服务效率	4.09	
		咨询与投诉	3.97	
	D. 康养旅游体验	养生疗养活动种类	3.91	3.98
		康养旅游运动项目种类	3.88	
		康养旅游安全性	4.10	
		康养旅游购物产品种类	4.02	
	E. 消费价值	康养旅游购物产品价格	3.41	3.69
		住宿价格	3.54	
		餐饮价格	4.12	
	F. 满意度评价	总体评价	4.11	—
		重游意愿	3.62	
		停留时间	3.62	

资料来源：问卷调查结果整理所得。

根据表2可以发现，目前，云南省康养旅游游客满意度整体呈现良好的态势，各个要素层的满意度得分均在4分左右，其中空气质量这一要素层的满意度得分最高，表明康养旅游游客对云南省的空气质量十分肯定，但康养旅游购物产品价格的满意度得分排名居于末位，结合游客的问卷反馈，表明在云南省旅游产品价格方面还需要做进一步的监管工作。

从因子层来看，满意度得分最高的因子层是环境感知，表明康养旅游游客在云南省旅游的过程中，对于云南省的旅游环境是比较满意的，对于整体气候、植被覆盖等方面表现出肯定的状态；但相较而言，在消费价值方面的感知则处于一般的状态,游客对于康养旅游购物产品价格与住宿价格不太满意,认为这两方面的性价比还有待提高。

(三)云南省康养旅游各州市的满意度情况

问卷以多选的形式让游客自己对认为满意的州市与不满意的州市进行选择,分析有效问卷可以发现,2020年云南省16个州市的满意度情况如表3所示。

表3 2020年云南省16个州市的满意度情况

单位:次

州市	满意度获取次数	满意度排序	不满意度获取次数	不满意度排序
丽江	168	1	53	2
昆明	157	2	76	1
大理	136	3	53	3
西双版纳	76	4	36	4
红河	48	5	32	8
曲靖	42	6	30	10
玉溪	37	7	17	15
保山	33	8	35	5
怒江	30	9	27	11
德宏	28	10	18	14
普洱	28	11	14	16
昭通	17	12	35	6
迪庆	17	13	32	9
文山	14	14	23	12
临沧	14	15	21	13
楚雄	13	16	33	7

资料来源:问卷调查整理所得。

如表3所示,在云南省各州市的康养旅游满意度中,丽江市、昆明市、大理州和西双版纳州四个热门旅游目的地的游客满意度最高,满意度次数远远高于其他州市,相较而言,文山、临沧、楚雄的满意度情况不太理想。

而从不满意度情况来看，昆明市、丽江市、大理州和西双版纳州也赫然位居前列，这似乎是一矛盾，但其实反映出康养旅游热点地区由于游客的数量较大，需求的多样性也就更为突出，而这些目的地的供给往往还以大多数游客的需要为指引，忽略了部分游客的需求，从而导致高满意度与高不满意度并存的现象。

总的来看，热门的旅游目的地呈现满意度与不满意度并存的现象，这要求热门旅游州市在旅游设施、旅游服务方面继续改进；而对于一些知名度还不够高的州市而言，以红河、曲靖、玉溪、怒江、德宏和普洱为例，其满意度排名要略高于不满意度排名，表明还需要努力克服困难，改进不足，提升其满意度；对于保山、昭通、迪庆、文山、临沧、楚雄等而言，应积极找出游客不满意之处，努力改善，这是目前康养旅游发展中需要着重关注的薄弱环节。

四 跟踪对比研究

（一）各影响要素的变化情况

各影响要素变化对比如表4所示，每一项对应满意度评分均以平均值代表该要素的满意度指数。研究表明：平均值在 1~2.4 表示"反对"，2.5~3.4 表示"中立"，3.5~5 表示"赞同"。

表 4 各影响要素变化对比

目标层	因子层	要素层	2020年满意度	2019年满意度	变化值
康养旅游游客满意度	A. 环境感知	温度舒适度	4.20	3.76	0.44
		海拔感受	3.89	3.64	0.25
		空气质量	4.47	4.03	0.44
		植被情况	4.35	4.01	0.34
	B. 旅游设施	旅游厕所的卫生及数量	3.95	3.07	0.88
		公共休息设施水平	3.97	3.34	0.63
		安全设施及引导标志物设置	4.08	3.05	1.03

续表

目标层	因子层	要素层	2020年满意度	2019年满意度	变化值
康养旅游游客满意度	C. 景区服务	景区服务方式	4.11	3.10	1.01
		服务效率	4.09	3.59	0.50
		咨询与投诉	3.97	3.10	0.87
	D. 康养旅游体验	养生疗养活动种类	3.91	3.26	0.65
		康养旅游运动项目种类	3.88	3.44	0.44
		康养旅游安全性	4.10	3.65	0.45
		康养旅游购物产品种类	4.02	3.69	0.33
	E. 消费价值	康养旅游购物产品价格	3.41	3.62	-0.21
		住宿价格	3.54	3.52	0.02
		餐饮价格	4.12	3.49	0.63
	F. 满意度评价	总体评价	4.11	3.67	0.44
		重游意愿	3.62	3.83	-0.21
		停留时间	3.62	3.38	0.24
全省平均			3.97	3.51	0.46

资料来源：问卷调查整理所得。

从全省平均水平来看，2020年较2019年的游客满意度有所提高，增加了0.46，但总体上提高幅度尚为有限。

对2020年满意度数据进行排列，排在第一位的是空气质量，满意度达4.47，其次为植被情况，满意度指数为4.35。对比2019年的数据可以看出，2020年的满意度数据总体呈上升的趋势且绝大部分要素的满意度在3.5以上。其中环境感知因子层所包含的五个要素满意度均处于赞同阶段，云南省所拥有的独具特色的自然资源获得游客的一致好评，游客对云南省康养旅游目的地环境感知满意度较高。

2019年，旅游设施因子层所包含的三个要素，旅游厕所的卫生及数量（3.07）、公共休息设施水平（3.34）、安全设施及引导标志物设置（3.05）未使游客评价为赞同，均处于中立阶段，但在2020年的数据中可以发现，旅游设施因子层的三个要素均处于赞同阶段，由此可以看出，云南省康养旅游设施正在不断完善且取得了良好的成果。

景区服务方面，2019年服务效率（3.59）获得了游客的赞同，但其他两个要素景区服务方式、咨询与投诉满意度得分均为3.10，未获得游客的赞同。根据2020年的数据，景区服务三个要素层的满意度指数均已超过3.5，获得了游客的赞同，说明云南省康养旅游服务水平正在不断提升并获得游客认可。

康养旅游体验方面，相较于2019年，2020年养生疗养活动种类以及康养旅游运动项目种类的满意度指数明显上升，这在一定程度上表明游客需求得到了较好的满足。康养旅游安全性2020年为4.10，游客满意度较高，表明康养旅游安全性得到游客的进一步认可。康养旅游购物产品种类的满意度更是从2019年的3.69提高到2020年的4.02，表明产品种类逐渐丰富，可满足游客购物需求。

消费价值方面，2019年和2020年，消费者对云南省的康养旅游住宿价格均感到满意，但对于云南省的康养旅游购物产品价格由2019年的满意（3.62）变为2020年的中立（3.41），反映出游客对旅游购物产品价格上涨的不满，当然，值得高兴的是云南省康养旅游的餐饮价格由2019年的中立（3.49）提升为2020年的满意（4.12）。

根据表5可知，首先，2019~2020年五因子满意度排在第一位的均是环境感知，云南良好的资源优势获得游客的一致好评，发展康养旅游具有良好的自然条件。其次，云南省的康养旅游满意度指数得到了明显提高，2020年五因子均已达到赞同阶段，说明云南省康养旅游的基础设施在不断完善，康养旅游景区服务水平、康养旅游游客的旅游体验和消费价值都在逐渐提高。最后，五因子中除了环境感知的排名未发生变化外，其余四个因子的排名都发生了变化，说明云南省康养旅游的水平提升不同步、不均衡。

表5 各因子的满意度

	环境感知	旅游设施	景区服务	康养旅游体验	消费价值
2019年满意度	3.85	3.15	3.26	3.51	3.54
2020年满意度	4.23	4.00	4.06	3.98	3.69

资料来源：问卷调查结果整理所得。

（二）各州市满意度变化

相比2019年，2020年游客对云南各州市康养旅游的满意度发生了如下变化（见表6）：大理、西双版纳、普洱、保山、临沧、怒江满意度排序上升；而玉溪、昆明、迪庆、曲靖、德宏、红河、楚雄、文山、昭通满意度排序下降；丽江仍然稳居第一。部分州市满意度排序在全省范围内上升的原因可能是这些地区中大部分地区交通通达性较高，游客可以乘坐飞机直接到达；一些地区如大理、怒江、保山、西双版纳具有独特的资源景观——苍山洱海、怒江大峡谷、腾冲火山热海、热带雨林；普洱、临沧、西双版纳等地具有气候资源优势，很好地支持了康养旅游的发展。部分州市满意度排序下降，如玉溪、昆明、德宏、曲靖、红河，这些州市排序小幅度变动的原因主要是康养旅游设施、服务的配套性不足以及重大康养旅游产品开发的力度较弱、市场秩序混乱等；虽小幅下降，但这些州市依然名列前茅。它们都具备良好的区位优势，尤其是昆明作为省会城市，交通便利，玉溪、曲靖紧邻昆明，而德宏紧邻云南省边境线，设有民用机场；随着高铁开通，昆明与红河的时空距离大大缩短。此外，这些地区大部分都具有良好的资源优势，除了具有世界闻名的元阳梯田外，玉溪抚仙湖景区水质良好，德宏具有少数民族风情，这都为康养旅游的发展创造了有利的条件。迪庆、楚雄、文山、昭通几地游客满意度大幅下降且排序靠后，可能的原因有：这些地区康养旅游产品和景观较为单一、丰富程度不够，且同质化现象明显；旅游配套设施不完善，旅游服务水平有待提高；旅游吸引力不足，交通通达性低或仅作为中转站。虽然大部分州市排序都有不同程度的变动，但是丽江仍然稳居第一。丽江具有较好的资源禀赋，自20世纪90年代以来得到较好的开发，具有较高的知名度，康养旅游依托玉龙雪山、丽江古城、束河古镇等吸引了较多中外游客，而且使传统景区的康养旅游功能得到展现。借助已有的配套设施，其交通便利性也不断改善。

表6　各州市满意度变化汇总

单位：次

州市	2020年满意度获取次数	2020年满意度频率	2020年满意度排序	2020年不满意度获取次数	2020年不满意度频率	2019年满意度排序
丽江	168	0.76	1	53	0.24	丽江
大理	136	0.72	2	53	0.28	玉溪
玉溪	37	0.69	3	17	0.31	昆明
西双版纳	76	0.68	4	36	0.32	迪庆
昆明	157	0.67	5	76	0.33	曲靖
普洱	28	0.67	6	14	0.33	德宏
德宏	28	0.61	7	18	0.39	红河
红河	48	0.60	8	32	0.40	大理
曲靖	42	0.58	9	30	0.42	楚雄
怒江	30	0.53	10	27	0.47	西双版纳
保山	33	0.49	11	35	0.51	文山
临沧	14	0.40	12	21	0.60	昭通
文山	14	0.38	13	23	0.62	普洱
迪庆	17	0.35	14	32	0.65	保山
昭通	17	0.33	15	35	0.67	临沧
楚雄	13	0.28	16	33	0.72	怒江

资料来源：问卷调查结果整理所得。

五　结论及建议

（一）结论

经追踪调查对比分析发现，目前，云南省的康养旅游游客满意度整体呈现良好的态势，各个要素层的满意度得分均在4分左右。其中环境感知在五因子中满意度排名第一，说明云南省的先天自然资源禀赋较好，游客对环境的满意度较高，该因子层下辖的空气质量以及植被情况两个要素获得较高的满意度，体现出云南省自然资源空气质量高、植被覆盖率高的特点。而另一方面，在康养旅游过程中，游客对消费价值的满意度较低，其中康养旅游购物产品价格的满意度排名最低，住宿价格方面，游客也感到价格偏高，表明云南省在康养旅游购物产品价格以及住宿价格方面还需要做进一步的监管工作。

2019～2020年，五因子满意度均呈现增长趋势。其中，上升幅度最大的为旅游设施因子，满意度增加了0.85，在该因子层中，安全设施及引导标志物设置为变化最大的要素，满意度上升1.03，其他两个要素均呈较大幅度上升趋势，说明云南省的旅游设施在不断完善，给游客带来的体验也在逐渐趋于满意情绪。上升幅度第二的为景区服务，满意度上涨0.80，在该因子层中，景区服务方式、服务效率、咨询与投诉的进步均在一定程度上得到了肯定，表明云南省的景区服务水平在不断提高，给游客带来较好的康养体验。

云南省各州市的康养旅游满意度呈现满意与不满意并存的现象，丽江、昆明、大理、西双版纳四个热门旅游目的地的游客满意度最高，其对应的不满意度也为前四名，一定程度上表现出了四个城市在使游客感到满意的同时仍存在做得不足的地方。康养旅游目的地满意度排名首先受到当地康养旅游开发程度的影响，其次为性价比的影响，同时也会考虑到交通的通达性，因此一些州市的排名在一定程度上出现波动，但丽江大多评价项处于优势地位，因此其排名具有一定的稳定性。

（二）建议

在环境感知方面，保持现有的康养旅游游客满意度较高的优势，促进环境的可持续发展，利用好环境资源禀赋，充分发挥环境资源优势，同时制定与各州市一致的环境保护相关规则，在开发利用中保护，关注生态环境，构建可持续的生态圈，形成良性循环发展。

在旅游设施方面，需要注意的是交通的通达性能够较大程度地影响游客的体验，对游客的满意度产生正向影响。满意度较高的城市或景区，多数具有一定的区位优势，交通方便，可达性高。同时景区基础设施（如厕所）、公共休息设施、安全设施等的完善对于满意度提高具有正向促进作用，有些州市该方面依旧薄弱，因此，云南省还应进一步加强基础设施建设力度，积极改善旅游景区的基础设施。

在景区服务方面，其改进取得了一定的成效，服务方式的规范化程度得到较大的提高，这在一定程度上有利于安抚康养旅游游客的情绪，提高康养旅游体验的满意度。健全监督与管理体制，保障景区服务规范化执行的稳定性，建立可量化考核标准，采取横向及纵向的考核机制，促进服务方面的规范化完善发展。

在康养旅游体验方面，满意度相对较低的是康养旅游运动项目种类，为改善这一现象，当地或景区可与室外体育项目公司或活动主办方进行合作，举行相关有益身心健康的体育户外活动，一方面可丰富游客的康养旅游体验，另一方面可扩大康养旅游目的地的知名度，吸引来更多的康养游客。保证活动的安全性，在安全的前提下开展各类体育活动，消除康养游客的安全顾虑。同时继续保持康养旅游购物产品种类的丰富程度，以此来满足游客的需要，提高满意度。

在消费价值方面，需做较多努力。各州市在健全价格监管体制的同时，要注意准确无误的执行也是关键，遵从的奖励与违反的惩罚均以条例的形式规定，以此来形成规范化的流程，促进价格方面的满意度提升。

参考文献

1. Kevin Nield, Metin Kozak, Geoffrey LeGrys. The Role of Food Service in Tourist Satisfaction [J]. International Journal of Hospitality Management, 2000, 19 (4).

2. James Wong, Rob Law. Difference in Shopping Satisfaction Levels: A Study of Tourists in Hong Kong [J]. Tourism Management, 2003, 24 (4).

3. 谢晓红，郭倩，吴玉鸣．我国区域性特色小镇康养旅游模式探究 [J]．生态经济，2018，34 (9)：150–154．

4. 黄子璇，孔艺丹，曹雨薇．基于旅游质量中介变量的体育旅游中动机、期望与游客满意度关系研究 [J]．地域研究与开发，2018 (6)：82–87．

5. 谢灯明，何彪，蔡江莹．森林康养潜在游客的行为意向研究——基于计划行为理论视角 [J]．林业经济，2019 (3)：33–39．

6. 马天．旅游体验质量与满意度：内涵、关系与测量 [J]．旅游学刊，2019，34 (11)：29–40．

7. 李春晓，李辉，刘艳笋，等．多彩华夏：大数据视角的入境游客体验感知差异深描［J］．南开管理评论，2020，23（1）：28－39．

8. 李崇伦，吕剑平，杨婕妤．基于模糊评价法的鄠邑区旅游景点游客满意度评价［J］．生产力研究，2020（3）：95－97．

9. 相洪贵，胡慧君．门票价格感知对旅游满意度的影响研究——以张家界风景区为例［J］．价格理论与实践，2020（3）：139－142．

10. 周卫，洪昕晨，修新田，等．森林公园游憩者恢复性知觉对休闲满意度的影响［J］．林业经济问题，2021，41（1）：97－104．

Ⅲ 产业篇
Industrial Reports

B.7
云南省康养旅游住宿业发展研究

成　竹　陈　伟　刘洋洋　凌　灵　汪熠杰[*]

摘　要：康养旅游住宿业是康养旅游产业链中的主要依托领域和重要盈利环节，有别于传统住宿业，它是一个多维度复合概念。云南省是发展康养旅游住宿的重点区域，除省会城市昆明外，可以在全省范围内开展多点布局。康养旅游住宿的主要消费群体为65岁及以上的老年慢性病群体、30~50岁的中青年亚健康群体、存在健康隐患的少年儿童群体、存在心理健康隐患的各年龄段群体。未来这一产业的发展将随着社会经济的发展不断呈现新的趋势。

关键词：住宿业；康养旅游；云南

---

[*] 作者简介：成竹，管理学博士，云南大学工商管理与旅游管理学院旅游管理系副教授，研究方向为国际旅游合作、康养旅游、国家公园；陈伟，管理学博士，云南大学工商管理学院旅游管理系讲师，研究方向为旅游资源开发与管理、区域旅游发展、文旅融合发展；刘洋洋，硕士研究生，云南大学工商管理与旅游管理学院，研究方向为旅游者行为；凌灵，硕士研究生，云南大学工商管理与旅游管理学院，研究方向为旅游管理；汪熠杰，博士研究生，云南大学工商管理与旅游管理学院，研究方向为民族旅游。

Research Report on the Development of Accommodation Industry of KangYang Toursim in Yunnan Province

Cheng Zhu, *Chen Wei*, *Liu Yangyang*, *Ling Ling*, *Wang Yijie*

Abstract:Accommodation industry of KangYang tourism is the main supporting place and important profit link in the KangYang tourism industry chain. It is different from the traditional accommodation industry. It is a multi-dimensional composite concept. Yunnan Province is a key area for developing accommodation industry of KangYang tourism. In addition to Kunming, the provincial capital, multi-point layout can be carried out throughout the province. The main consumer groups of KangYang tourism accommodation are the elderly over 65, the middle-aged and young sub-health groups aged 30 – 50, and the children with potential health hazards. In the future, the development of this industry will continue to show a new trend with the development of social economy.

Keywords:Accommodation Industry;KangYang Toursim;Yunnan Province

一 康养旅游住宿业的界定

（一）什么是康养旅游住宿？

根据《国家康养旅游示范基地标准》，康养旅游被定义为：通过养颜健体、营养膳食、修心养性、关爱环境等各种手段，使人在身体、心智和精神上都达到自然和谐的优良状态的各种旅游活动的总和。而旅游住宿业则是指为旅游者提供住宿、餐饮及多种综合服务的行业。在旅游业的食、住、行、游、购、娱六大要素中，旅游住宿业是一个十分重要的环节，与旅行社业、旅游交通业并称为旅游业的三大支柱，是人们在旅行游览活动中必不可少的"驿站"。

由上述两大定义可以知晓，康养旅游需要借助各类康养旅游资源，在开展康养旅游活动的过程中，通过旅游体验，达到身体健康、心智愉悦、行为和谐、增寿益智的目的。简而言之，就是既要满足"康"，又要做到

"养",因此,我们认为,康养旅游住宿是一个复合概念,结合康养旅游的目的,这个复合概念在传统旅游住宿业的基础上至少可以拓展出4个维度,用"住宿+X"的形式表示。

1. 维度一:住宿+环境

康养旅游住宿业的选址需要结合一定的自然环境和人文环境,自然环境的选择条件包括纬度、海拔、气候、土壤、自然风光等,人文环境的选择条件包括社会安定和谐、治安良好、文化兼容性强、通信发达、出行便利等。基于以上条件,康养旅游住宿业建议在社会经济发展水平相对较高的中心城市,或可进入性较好、生态环境宜人、文化兼容性较强、旅游资源富集的旅游业发展较成熟的地区选址。

2. 维度二:住宿+有机农产品

传统意义上的旅游住宿业具有提供餐饮服务的功能,而在康养旅游住宿业中,餐饮服务尤为重要,饮食健康是康养最基本的保障,因此康养住宿业的第二个维度可以定义为专供有机农产品的住宿单位。

按照国家普遍认可的标准,有机农产品是指纯天然、无污染、高品质、高质量、安全营养的高级食品,也可称为"AA级绿色食品"。它是根据有机农业原则和有机农产品生产方式及标准生产、加工出来,并通过有机食品认证机构认证的农产品。作为康养旅游产业链的重要环节,康养旅游住宿必须具备能够满足康养旅游消费者日常饮食所需的有机农产品的生产场所,或者具有长期稳定的有机农产品货源供应基地。

3. 维度三:住宿+康体

康体的本意是消除疲劳,锻炼身体。要维系个体基本的生理健康,需要保证每天能够正确地参与适量的运动,这就要求康养旅游住宿设施具备康体健身的功能,既要配备一定的运动设施和场地,还要能够为消费者的正常锻炼提供指导。例如提供户外运动场地、游泳池、各类球馆以及专业康体顾问等。

4. 维度四:住宿+医疗

世界卫生组织提出,人的健康通常包括生理健康、心理健康和道德健康,而康养旅游的目的正是满足人们达到真正意义上的健康的要求。现代养生的概念主要是指以中、西医学理论为指导,用健康科学的图文、音乐、行为、活动、药械、饮食等，通过调节个人生活习惯、生活环境及心理状态，来调理身心，达到未病先防、不适消除、已病促愈、病后复原的保健目的。

因此，康养旅游住宿设施需要具备相应的药物和医疗设施、设备，能够提供预防、促愈、康复等保健服务，同时能够为处于亚健康状态、身患慢性病，以及需要长期辅助治疗的康养旅游人群提供一定的医疗服务，也要具备能够解决个体在认知、情绪、行为等方面的轻度心理障碍问题的心理辅助设施设备和相关专业人士。城市人群常见的认知、情绪、行为等方面的心理障碍通常包括抑郁心理、强迫心理、焦虑心理、分裂心理、恐婚心理、适应障碍、社交恐惧、选择困难、习惯性否定、应激性创伤等。

（二）康养旅游住宿与度假旅游住宿比较

1. 相同之处

传统意义上的度假旅游住宿一般分为两种，一种是观光度假型，一种是休闲度假型。度假旅游住宿一般都要求地理位置比较独特：多位于海滨、草原、海岛、森林、雪山等拥有独特旅游资源的地方，或者相对安静、舒适、自然环境较好的地方。同时能够提供多种休闲娱乐旅游活动设施，如健身房、游泳池、棋牌室、影院、阅览室等。康养旅游住宿与度假旅游住宿的相同之处在于：第一，同样强调环境的重要性，包括外部环境和内部环境；第二，要求具备一定的休闲康体设施，能够在住宿期间为住宿群体提供辅助放松身心、消除疲劳等服务；第三，住宿空间的营造以休闲、放松身心、释放压力为目的。

2. 不同之处

第一，康养旅游住宿强调的环境，不仅仅是风景优美、景观质量高，更重要的是要有利于身体健康，所以更强调海拔、温度、干湿度、空气质量等要素。

第二，在饮食方面，比起特色来说，康养旅游住宿更强调有机、生态、健康的食材和烹饪方法，以及科学的饮食搭配，因为这是康养内调的重要手段。

第三，康养旅游住宿必须具备医疗功能，不仅仅是自发的、简单意义上的休闲放松,是基于生理和心理健康方面,有针对性地发挥预防、消除、促愈等保健养生功能。

第四,也是最重要的区别,在主观旅游动机上,二者有显著的差异,选择度假旅游住宿的群体旅游动机以观光、度假为主,而选择康养旅游住宿的群体,其旅游动机是康体和养生。

二 云南省康养旅游住宿业发展布局

(一)云南康养旅游住宿业布局原则

1. 自然环境优势突出

自然环境优势包括气候、温度、湿度、海拔等方面,好的自然环境本身就有利于身心健康和疾病的预防、恢复,因此是康养旅游住宿首要考虑的因素。

2. 旅游区位优势突出

常规意义上的旅游区位包括客源区位、交通区位、资源区位,即康养旅游住宿业的选点需要在全省范围内具有一定的游客接待规模、交通便利、可进入性强、旅游资源丰富、景观品质较高的区域。

3. 医养特色优势突出

康养旅游消费者的主要动机是健康养生,因此,住宿设施的选点需要考虑当地是否具备发达的医疗条件,或者有特色的传统健康养生方法,如少数民族地区独具特色的医养方式。

(二)云南康养旅游住宿业选点考虑

根据以上原则,结合项目组实地考察情况,建议云南康养旅游住宿业的示范选点以昆明市、大理州大理市、红河州弥勒市、西双版纳州勐海县、腾冲市为主。

1. 昆明市

昆明市作为云南省省会,自然环境优势突出、旅游区位优势突出、传统中医医养特色优势集中,作为云南康养旅游住宿业首选的位置不容置疑。

2. 大理州大理市

大理市地处云南省西部，位于洱海平原，苍山之麓，洱海之滨，是国家历史文化名城之一、中国首批十大魅力城市之首、云南省知名度最高的旅游城市之一。属北亚热带高原季风气候类型，年温差小，年均气温14.9℃，年降雨量1051毫米。大理市区海拔不到2000米，在低纬度、高海拔地理条件的综合影响下，形成了年温差小、四季不明显的气候特点，四季温差不大。"四时之气，常如初春，寒止于凉，暑止于温"是大理市气候的写照。大理市交通便利，旅游业发达，2017年至今，国内旅游接待人次数年均4000万以上，位居全省第三。2019年大理市省级全域旅游示范区通过验收，被评为"云南省特色旅游城市"。由此可见，大理市是适合发展康养旅游住宿业的区域。

3. 红河州弥勒市

弥勒市地处云南省东南部，红河州北部，境内东西多山，中部低凹，地势北高南低，在群山环抱中，形成一狭长的平坝及丘陵地带。弥勒市属亚热带季风气候区，市区海拔1500米左右，年平均气温18.8℃，降雨量835.4毫米，光照充足，有效温期长，霜雪日短。整个红河州2017年接待国内游客4700多万人次，2018年、2019年接待国内游客数量均超过5500万人次，位居全省第二。弥勒市是红河州旅游资源比较丰富的地方，旅游业发展较为成熟，交通便利，是主要的旅游目的地。2019年弥勒市省级全域旅游示范区通过验收，被评为"云南省特色旅游城市"。同时，弥勒市内温泉富集，红河州弥勒湖泉·水乡是新获批的省级旅游度假区，区域内红河水乡、可邑小镇、东风韵艺术小镇、太平湖森林小镇均为非常适合开发康养旅游住宿业的区域。

4. 西双版纳州勐海县

勐海县位于云南省西南部，西双版纳傣族自治州西部，距景洪45公里，地处横断山系纵谷区南段，怒江山脉向南延伸的余脉部分。境内地势四周高峻，中部平缓，山峰、丘陵、平坝相互交错。勐海县四季适宜水稻生长，盛产优质米，自古有"滇南粮仓"之称，是国家级粮食生产基地和糖料基地，也是普洱茶的故乡和中国最早的产茶之地，有着1700年前的野生"茶树王"以及星罗棋布的古茶树群。属热带、亚热带西南季风气候，冬无严寒、夏无酷暑，年温差小，日温差大，依海拔高低可分为北热带、南亚热带、中亚热带气候区，年平均气温18.7℃，年均降雨量1341毫米。

勐海旅游西线是西双版纳旅游片区两个次中心、三大旅游区、五条旅游主线之一，以边境游、跨境游和茶文化旅游为特色旅游品牌。旅游资源比较丰富，旅游业发展较为成熟，交通便利。勐海镇2019年通过云南旅游名镇验收，下辖两个村寨通过云南旅游民村验收，其中，打洛镇勐景来村被评为"全国乡村旅游重点村"。同时，勐海县所在的西双版纳州2019年接待国内游客4704万人次，位于全省第七，是中国四大民族医药之一傣医的重要传承地，建有傣医院、傣御宫·国荣傣医民族研究传习院等专门传承傣医的机构，是医养结合、发展康养旅游的一个亮点区域。现已建成的勐巴拉国际旅游度假区、金链温泉度假村均为非常适合开发康养旅游住宿业的区域。

5. 腾冲市

腾冲市位于云南省西南部，是由保山市代管的县级市，地处保山市西部，距省会昆明606公里。由于地处亚欧板块与印度板块交界处，地质史年代发生过激烈的火山运动，腾冲拥有世界罕见并且是最典型的火山地热并存区，方圆1000平方公里，有99座火山、88处温泉。属热带季风气候，集大陆气候和海洋性气候的优点于一体，冬春天气晴朗，气候暖和，夏秋晴雨相兼，气候凉爽宜人，年平均降雨量为1531毫米，年平均相对湿度为77%，冬季最低气温不低于0℃，可避寒，夏季最高气温不超过30℃，可避暑，被评为"最适宜人类居住的地方之一"。境内空气质量良好，负氧离子平均含量每立方厘米3827个，最高达38000个，PM2.5小于10，被称为"天然大氧吧"。

腾冲市历史悠久，旅游资源丰富，旅游业发展较为成熟，交通便利，保山地区2017~2019年分别接待国内游客2492.28、2960.77、3579.46万人次，位于全省第十二、十一和十二位。腾冲是该地区95%以上的旅游者到访的旅游目的地，拥有中国第一魅力名镇和顺镇，2019年新增3个4A级旅游景区，顺利通过国家级全域旅游示范区验收，被评为"云南省特色旅游城市"，下辖5个镇被评为"云南旅游名镇"，目前拥有成熟的温泉旅游业态，是适合发展康养旅游住宿业的区域。

三 云南省康养旅游住宿业市场需求分析

(一)住宿业传统产业链分析

住宿产业链通常由三部分组成:产业链上游是市场参与者,由房源供应商、装修设计供应商、酒店用品供应商和信息系统供应商构成;产业链中游的主体是酒店;产业链下游涉及线上销售渠道(OTA)、在线旅游营销平台(UGC)、传统线下旅行社和自营销售平台/会员体系。

1. 产业链上游分析

(1)房源供应商

为酒店提供经营场地,参与者包括房地产商和酒店本体。酒店获取房源的方式一般包括:租赁物业、自建自持物业、与房地产商采取"地产+酒店"的合作模式。

(2)装修设计供应商

除了选择合理的商业物业之外,装修设计是酒店前期筹建过程中投入较大的一部分。每间客房的装修成本根据酒店的档次定位具有较大的差异(如经济型酒店的单房装修成本在7万元左右,高端酒店的单房装修成本则在50万元左右),因此装修的质量和成本控制对酒店的效益影响较大。中国装修设计行业集中度低,呈现"大市场、小企业"的市场格局,酒店的规模越大,装修设计供应商议价能力越弱。

(3)酒店用品供应商

酒店用品包括客房用品、客房一次性用品、厨房餐厅用具等,是酒店日常运营中不可缺少的部分和酒店品牌建设的关键,酒店用品的品质将影响客户的住宿体验和再消费意愿。酒店通过ODM定制方式向酒店用品供应商采购产品。

(4)信息系统供应商

酒店信息系统包括中央预订、前台接待、门店收银、客房管家、后台管理等功能模块。随着科技的进步和营销方式的变革,酒店营销方式不仅是单纯的运营和维护,更主要的是利用数字营销和人工智能技术创造与客户连接的机会，形成一个"引导客户线上预订客房—住宿体验—评价—再次入住"的闭环。

2. 产业链下游分析

（1）分销渠道——线上销售渠道

OTA平台是为消费者提供线上预订旅游产品或服务的网络平台。酒店借助OTA平台的资源和流量优势进行酒店产品销售，以提高酒店的曝光量，为酒店带来更多客源。酒店与OTA平台方主要采用代理合作模式。2019年上半年，中国OTA平台行业集中度较高（CR3＝86.2%），携程＋去哪儿、飞猪、同程艺龙三大OTA平台企业分别以55.7%、18.4%、12.1%的市场份额占领市场，导致大部分缺乏引流能力或直销平台的酒店对OTA平台依赖度高，且议价能力较弱。

（2）分销渠道——在线旅游营销平台

利用用户的旅游攻略、游记、住宿体验点评等原创内容，为终端客户提供丰富的旅游内容和帮助客户完成消费决策，进而积累平台流量。UGC平台企业通过为OTA平台企业、酒店企业或其他旅游运营商提供精准客户群体引流或广告展示服务的方式实现盈利。现阶段，中国UGC企业数量不多，市场集中度高，代表企业包括马蜂窝、穷游、携程等。

（3）分销渠道——传统线下旅行社

线下旅行社通过与酒店签订协议价格合作条款，采用批发模式进行酒店产品销售，可促进酒店获得稳定的客源和提升入住率。目前，中国线下旅行社市场集中度低，行业创新不足，产品同质化严重，致使行业出现低价竞争现象。加之受到OTA平台快速发展的冲击，中国线下旅行社的发展正遭遇瓶颈，不具备规模订单的线下旅行社对酒店的议价能力较弱。

（4）直销渠道——自营销售平台/会员体系

直销渠道指酒店不经过中间商，而是通过自营销售平台/会员体系直接获取客源。随着OTA的强势崛起，OTA平台收取的高额佣金挤压着上游酒店的利润空间，对酒店行业的发展造成巨大压力。因此，酒店集团通过建立和不断优化自营销售平台/会员体系，提升会员忠诚度、降低酒店获客成本和对OTA渠道的依赖。例如，华住集团建立"华住会"会员俱乐部，截至2018年底，会员数目高达1.26亿人，形成了一个拥有上亿会员的酒店网络平台，运营效率大大提升。

（二）云南康养旅游住宿业用户画像

1. 65岁及以上的老年慢性病群体

根据世界卫生组织（WHO）的定义，慢性病又称"非传染性疾病"，这类疾病的病程较长，不会在人与人之间传播，并且通常情况下病程发展缓慢，慢性病的四种主要类型为心血管疾病、癌症、慢性呼吸系统疾病以及糖尿病。国家统计局公布的数据显示，2019年我国65岁及以上人口占比已高达12.6%，根据WHO所公布的国际标准，中国已步入老龄化社会，伴随而来的是这部分人群的日常健康维护问题，在未来很长时期内，这一群体都是康养旅游市场的主体人群。

2. 30~50岁的中青年亚健康群体

亚健康这一概念目前没有权威的界定，20世纪80年代由布赫曼提出，一般认为是介于健康和疾病之间的一种生理功能低下的状态，WHO曾在相关报告中使用过这一概念，特指体检大部分指标正常，但常容易感到疲劳，出现记忆力下降、注意力不集中等状态的人群。

中国中青年群体由于社会关系、工作强度、家庭负担、子女教育等方面的压力，以及不良的行为生活习惯，对自身的健康状况重视不足，以至于普遍处于亚健康状态，同时慢性病在中青年群体中逐年增加。调查显示，30~50岁人群的"三高"问题都处于较高水平。以中青年高血压为例，虽然2002~2017年中青年群体对高血压的知晓、治疗、控制都有了一定的提高，但仍处于较低水平。中国心脏病学会调查显示，我国高血压病例中有67.5%的患者都属于中青年群体，且国内中青年群体对高血压的"知晓、治疗、控制"三率都低于发达国家中青年群体，甚至远低于国内老年患者群体。这一类人群，有稳定的收入、充沛的精力，更容易接受新事物，是康养旅游市场的另一大主体人群。

3. 存在健康隐患的少年儿童群体

中国的少年儿童在自身缺乏生活经验和家长无微不至地关心的双重因素影响下，部分缺乏自主意识，存在健康隐患。以肥胖为例，由于不合理的膳食、缺乏运动以及生活中越来越多节省体力设备的应用，2010年至

2020年十年间，肥胖率在中国中小学生中几乎翻了一番。这种情况在生活优渥的地区表现得更加明显。一项关于上海小学生超重现状的调查研究表明，上海学生的肥胖率远高于全国平均水平，肥胖将增加孩子未来患高血压、糖尿病等疾病的概率，同时还容易诱发心理问题，这类群体将是未来康养旅游市场的第三大主体人群。

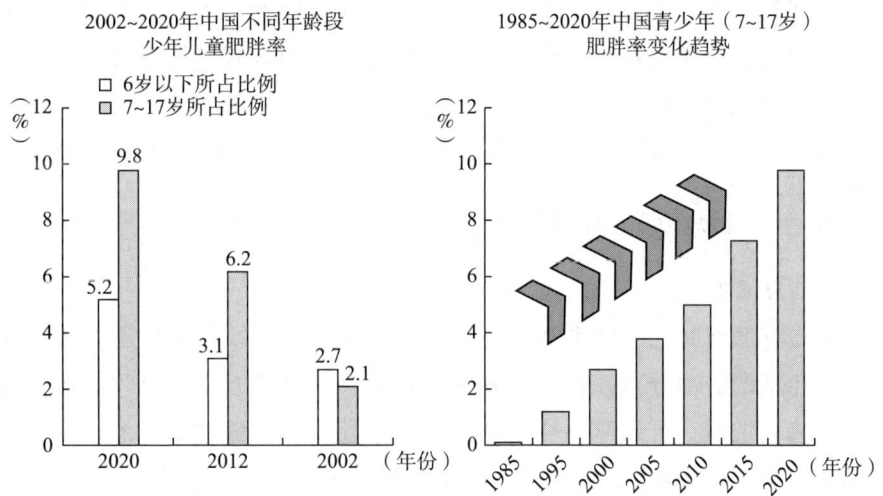

图1 中国少年儿童肥胖趋势变化

资料来源：《艾瑞咨询：2020年中国家庭医疗健康服务消费白皮书》。

4. 存在心理健康隐患的各年龄段群体

城市人群常见的认知、情绪、行为等方面的心理障碍通常包括抑郁心理、强迫心理、焦虑心理、分裂心理、恐婚心理、适应障碍、社交恐惧、选择困难、习惯性否定、应激性创伤等。

四 云南省康养旅游住宿业未来趋势预测

中国酒店业在经过2000～2012年"黄金十年"的快速发展之后，酒店市场需求趋向饱和、运营成本上行，行业进入微利时代。中国酒店行业进入了存量整合和创新发展阶段（2013年至今）。

为了提高品牌竞争优势，中国本土连锁酒店集团以并购方式实现资源整合，如2016年首旅酒店集团与如家酒店集团合并；锦江集团在2016年和

2018年分别收购维也纳酒店和铂涛集团；华住集团在2017年收购桔子水晶酒店集团。单体酒店的发展空间逐步被挤压，连锁酒店集团以加盟模式快速整合单体酒店。另外，在酒店行业同质化竞争日趋激烈的环境下，酒店经营者开始探索创新经营模式，打造具有个性化、差异化、体验化的酒店产品，如主题酒店、精品酒店、跨界合作的IP酒店，开拓细分市场，突破当前酒店行业的竞争格局。这一阶段，酒店大众消费市场兴起，业内竞争加剧，酒店通过存量整合、开发创新型酒店产品的方式，提升自身核心竞争力和盈利能力，促进行业从"量"向"质"的方向升级发展。

在这样的大背景下，云南省康养旅游住宿业在未来将呈现以下趋势。

（一）信息透明+非标准化

1. 信息透明

随着互联网时代的到来和人们消费观念的变化，社交媒体已经成为大多数人生活的一部分，频繁的互联网信息分享和网络互动，导致旅游行业信息越来越透明，可以毫不夸张地说，没有什么是能够被隐藏的，任何一个消费者都可以很轻易地在住宿产业链下游的OTA、UGC平台，甚至微博、微信朋友圈等社交平台上找到想要的信息，行业利用信息不对称来获取优势的时代已经一去不复返了。

2. 非标准化

住宿业的非标准化是相对传统的标准化而言的。传统标准化住宿设施是指具有统一化酒店设计、配套设备及标准化服务的住宿场所，其特点是标准化、程序化、规范化，这类酒店主要包含星级酒店、连锁酒店等类型。随着消费市场需求的多样化和市场细分程度的深入，非标准化的趋势在住宿业中已经明显体现出来，这类非标准化的住宿设施通常指通过人文、自然、IP等资源，打造具有差异化设计、设施、服务的住宿场所，这类住宿设施的特征是多样化、个性化、体验化，主要包含当下流行的主题酒店、精品酒店、IP酒店等。

（二）绿色化+智能化

在住宿业市场逐渐饱和及消费升级的冲击下，业内竞争压力和消费者的需求转变促使酒店产品升级转型提速,酒店产品未来将往绿色化、多元化、智能化方向发展,在符合行业发展标准的同时,满足消费者多样化和个性化的需求。

1. 绿色化

住宿行业绿色化指的是酒店在规划、建设和经营过程中,以节约资源、保护环境、安全健康为理念,通过采用环保低碳材料、科学化技术管理等手段,实现资源效率最大化、环境影响最小化,为客户提供安全健康的住宿环境。发展绿色酒店主要有三大原因:一是发展绿色酒店符合国家鼓励发展的行业政策方向。2018年3月,国务院办公厅发布了《关于促进全域旅游发展的指导意见》,倡导绿色旅游消费,实施旅游能效提升计划,降低资源消耗,推广使用节水节能产品和技术,推进节水节能型景区、酒店和旅游村镇建设。该政策有助于加速绿色酒店的落地和发展。二是绿色酒店是行业可持续发展的核心。环境质量与酒店行业发展是相互影响的,环境质量下降将不利于酒店行业的发展。三是发展绿色酒店可降低酒店的运营成本,获得消费者的认可及提升酒店自身的品牌形象。因此,绿色酒店产品将会是未来行业发展的趋势。

2. 智能化

住宿行业智能化指的是酒店利用大数据、人工智能、物联网等创新科技,从营销、客房预订、登记入住、服务、退房等多方面提供优质服务,为客户提供个性化、智能化的住宿环境。智慧酒店产品的出现不仅满足了消费者对科技化、体验化、个性化酒店产品的需求,更帮助酒店提升效率、降低人力和能耗成本、捕捉客户需求、提升客户体验,构建核心竞争力,因此随着科技的日新月异,智能化将是住宿行业不可避免的升级趋势。

(三)超级App+小程序闭环生态

所谓超级App,是指那些拥有庞大的用户数,成为用户手机上"装机必备"的基础应用。最熟悉的比如腾讯旗下的QQ和微信,这些形成于移动互联网初期的程序,凭借"简单直接、专注于解决用户的一个问题"的理念,积累了庞大的用户群。在住宿产业链的上游,利用超级App+小程序的模式完美摆脱OTA和UGC的强大制约,实现"引导客户线上预订客房—住宿体验—评价—再次入住"的闭环生态系统。

五 小结

第一，康养旅游业是伴随大众旅游时代人们对生活品质的关注、对健康的关注而诞生的旅游新业态，住宿业是康养旅游产业链中的主要依托场所和重要盈利环节。

第二，康养旅游住宿是一个多维度复合概念，以"住宿+X"的形式可以将其定义为"住宿+环境""住宿+有机农产品""住宿+康体""住宿+医疗"，其与传统意义上的住宿业最大的不同在于旅游消费者的旅游动机是康体和养生。

第三，随着云南旅游业的深度发展和客流空间布局的变化，云南康养旅游住宿业试点展开区域除省会城市昆明外，建议布局在大理州大理市、红河州弥勒市、西双版纳州勐海县、腾冲市。

第四，康养旅游住宿的主要消费群体为65岁及以上的老年慢性病群体、30~50岁的中青年亚健康群体、存在健康隐患的少年儿童群体、存在心理健康隐患的各年龄段群体。

第五，在中国住宿业全面进入存量整合和创新发展阶段之后，康养旅游住宿业未来将呈现信息透明+非标准化、绿色化+智能化、超级App+小程序闭环生态三大趋势。

参考文献

1. 头豹研究院：2019年中国酒店行业白皮书．
2. 2015~2019年云南统计年鉴．
3. 艾瑞咨询：2019年中国在线住宿预订行业研究报告．
4. 艾瑞咨询：疫情观察：2020年中国酒店及旅游行业复苏展望报告．
5. 艾瑞咨询：2020年中国家庭医疗健康服务消费白皮书．
6. 艾瑞咨询：2019年中国在线旅游度假行业研究报告．

B.8 云南康养旅游产业创业生态系统中的创业影响与创业环境研究

张建民 顾春节 周南瑾 余 虹[*]

摘 要：成熟的创业生态系统是区域内创业兴盛的重要前提。调研发现，目前云南省康养旅游产业创业生态系统在创业影响与创业环境两方面主要表现如下：其一，云南省康养旅游创业可以有效促进当地就业，提升当地企业区域扩张能力，但是缺乏创新性；其二，云南省康养旅游产业的创业环境并不理想。其中，社会文化具有一定促进效应，内部市场与创业融资作用较为负面，其他诸如创业政策、政府扶持、创业教育、产研协同、基础设施等方面均属于一般水平，无明显促进效果。据此，本报告建议相关机构进一步鼓励创新、升级环境，并积极打造康养旅游创业典型标杆，推动全省康养旅游创业迈上一个新台阶。

关键词：云南省康养旅游；创业生态系统；创业影响；创业环境

---

[*] 作者简介：张建民，男，河南济源人，云南大学工商管理与旅游管理学院教授，博士生导师，研究方向为人力资源管理与创新创业；顾春节、周南瑾、余虹，云南大学工商管理与旅游管理学院企业管理专业博士研究生，研究方向为人力资源管理与创新创业管理。

Research on the Development of the Ecosystem Development of the Health and Wellness Tourism Industry Entrepreneurship in Yunnan Province from the Perspective of Entrepreneurship Impact and Entrepreneurship Environment

Zhang Jianmin, Gu Chunjie, Zhou Nanjin, Yu Hong

Abstract: A mature entrepreneurial ecosystem is an important prerequisite for the prosperity of local entrepreneurship. The survey found that the current Yunnan health and wellness tourism industry entrepreneurial ecosystem has the following characteristics in terms of entrepreneurial impact and entrepreneurial environment: (1) Yunnan health and wellness tourism entrepreneurship can effectively promote local employment and foster regional business expansion, but shows a lack of innovation; (2) The entrepreneurial environment of the health and wellness tourism industry in Yunnan Province is not ideal. Among them, the aspect of social culture has certain promotion effect; the aspects of internal market and entrepreneurial financing are relatively negative; and other aspects such as entrepreneurial policies, government support, entrepreneurial education, industry-research collaboration, infrastructure and services are neither positive nor negative, having no obvious promotion effect. Accordingly, we recommend that relevant institutions further encourage innovation and upgrade the entrprenurial environment, and actively build a model benchmark for health and wellness tourism entrepreneurship, so as to promote the province's health and wellness tourism entrepreneurship to a new level.

Keywords: Health and Wellness Tourism in Yunnan Province; Entrepreneurial Ecosystem; Entrepreneurial Impact; Entrepreneurial Environment

健康成熟的创业生态系统对区域内创业发展至关重要。为充分了解云南省康养旅游产业的创业生态系统发展情况，调研团队于2019年8月至2020年2月，对云南省康养旅游产业创业生态系统各主体与要素进行了广泛调研。调研内容包括创业态度、创业活动、创业影响以及创业环境四个部分。共计发放个人问卷1500份，回收1102份，回收率73.5%；发放专家问卷40份，回收33份，回收率82.5%。囿于篇幅限制，本报告仅对创业影响与创业环境两个维度的调研结果进行汇报。其中，创业影响内容由个人问卷采集所得，创业环境内容由专家问卷采集所得。

分析过程中针对重要指标做了两点尝试：其一，将康养旅游产业创业情况与云南省整体创业情况进行对比；其二，结合《全球创业观察2018/2019年报告》与《全球创业观察2019/2020年报告》[①] 相关数据，将云南省创业整体情况与全国创业情况进行对比。

一 样本简介

对回收回来的1102份个人问卷进行初步整理。如表1所示，样本中，男女比例基本相当；年龄主要分布在55岁以下，占了全部样本的97.0%；样本教育背景多集中在大专及以上，占总样本的88.4%。

表1 个人问卷人口统计学指标描述

单位：%

指标		占比
性别	男	46.1
	女	51.3
年龄	18－24岁	20.0
	25－34岁	43.6
	35－44岁	23.2
	45－54岁	10.2
	55－64岁	2.8

---

① 全球创业观察报告（Global Entrepreneurship Monitor，GEM）是由美国百森商学院（Babson College）和英国伦敦商学院（London Business School）共同组建的一项创业调查项目，每年在全球范围内对各个国家和地区的创业情况进行调研。该项目现已成为了解全球创业情况最为可靠也最为丰富的信息来源。

续表

指标		占比
教育背景	高中及以下	11.2
	大专及本科	58.3
	硕士及以上	30.1

注：样本量为1102人。表中各项指标占比加总小于100%是因为个别被访者在填写问卷时未对相关项进行选择，相差部分即为缺失值所占比例。考虑到不存在被访者随意乱填情况，未选择仅因为被访者在这一项上不愿意作答，本报告未对这些存在缺失的样本进行删除。下同。

资料来源：笔者根据本次调研数据整理。

如表2所示，本次调研的专家中，男性多于女性，以45岁以下中青年为主，教育背景集中在大专及以上。专家的专业领域覆盖了问卷中所调研的7项内容，每个领域4~6人，分布较为合理。

表2 专家问卷人口统计学指标描述

单位：%，人

指标		占比/人数
性别	男	63.6
	女	36.4
年龄	18~24岁	12.1
	25~34岁	30.3
	35~44岁	48.5
	45~54岁	6.1
	55~64岁	3.0
教育背景	高中及以下	6.1
	大专及本科	72.7
	硕士及以上	21.2
专业领域	创业投融资及相关金融服务	4
	政府创业政策及扶持项目	4
	创业技能培训	5
	新技术开发及应用	5
	基础设施及辅助服务	6

续表

指标		占比/人数
专业领域	社会文化	4
	内部市场专家	5

注：样本量为33人。
资料来源：笔者根据本次调研数据整理。

二 分项分析

关注创业影响与创业环境这两个维度实质上是关注创业与社会之间的关系，前者考察创业活动对社会发展的促进，后者考察社会因素对创业的作用。

（一）创业影响

创业影响是指创业活动所带来的社会影响，包括为社会创造工作岗位（岗位创造）、提升地区和国家的创新水平（创新提升）、增强地区和国家的竞争力（区域扩张）等。

1. 岗位创造

创业长期以来都被视为提升就业率的一个有力手段。调研数据显示，云南康养旅游创业企业与云南整体创业企业未来五年内每个新创企业平均可以创造的岗位数量分别为69个与313个。这一结果显示了创业活动出色的就业带动能力。

具体来说，如图1所示，在处于早期创业活动[①]期的云南康养旅游创业企业中，有53.3%在未来五年内预计可以创造6个及以上的工作岗位。云南整体创业企业中，有49.6%的企业未来五年内可以创造6个及以上的工作岗位，而该指标在全国的比例为20.4%。可见，康养旅游产业的岗位创造能力略高于省内整体平均水平，远高于全国水平。这一差异可能与本次调研未将农村样本纳入有关。农村居民更可能进行生存型创业，这种类型

---

① 早期创业活动（Total Early-stage Entrepreneurial Activity，TEA）指新手创业者与初创企业拥有者两个群体的总体企业活动。其中，新手创业者是指目前正在创业，但创业企业尚未支付工资或已支付工资但未满3个月的人；初创企业拥有者是指目前拥有一家创业企业，且支付工资超过3个月但未超过42个月的人。

的创业投入资金有限，规模小，不易带动就业。

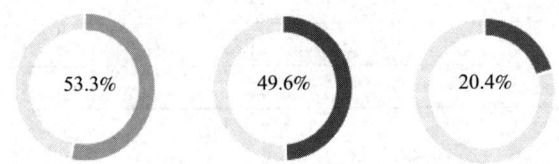

图1　未来五年内可以创造6个及以上岗位的创业企业比例

资料来源：笔者根据本次调研数据整理，全国数据来自《全球创业观察2018/2019年报告》。

2. 创新提升

创业有助于推动国家和地区创新水平的提升。本调研采用产品前沿性、产品同质性、技术领先性、创新率四个指标来考察创业活动在创新提升方面的潜力。

（1）产品前沿性

产品前沿性考察创业企业的产品或服务在现有市场上，不熟悉的顾客的占比。如图2所示，云南康养旅游创业企业中，约五分之四（80.6%）的产品或服务在现有市场上至少是有部分顾客所不熟悉的。可见云南康养旅游创业企业的产品前沿性较高。从图2还可以看出，云南整体创业企业的产品前沿性情况与云南康养旅游创业企业大致相同。云南康养旅游创业企业的产品前沿性在云南整体创业企业中并不突出。

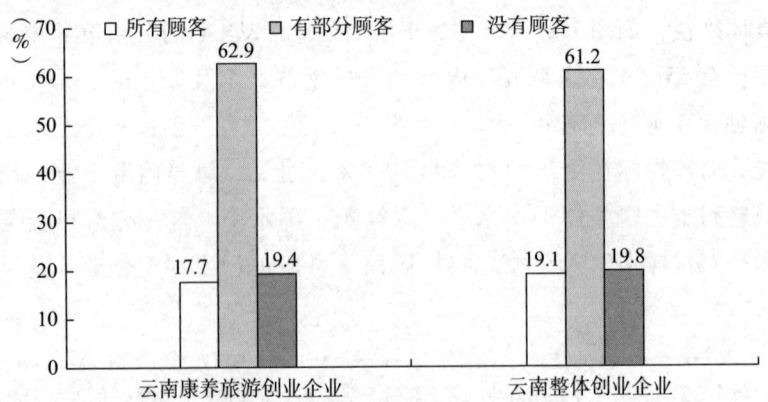

图2　产品前沿性

资料来源：笔者根据本次调研数据整理。

（2）产品同质性

产品同质性考察现有市场上，有多少竞争者提供与创业企业相同或相近的产品或服务。如图3所示，在云南康养旅游创业企业中，超过五分之三（61.3%）的企业拥有很多竞争者。可见，康养旅游产品的同质性较高。与云南整体情况相比，康养旅游产品的同质性水平相对略好一点，但差距并不明显。

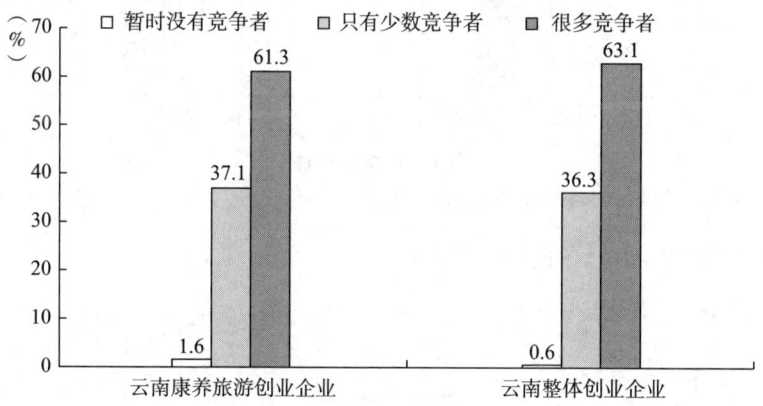

图3 产品同质性

资料来源：笔者根据本次调研数据整理。

（3）技术领先性

技术领先性这一指标主要考察创业企业的产品或服务在多大程度上是新开发的。如图4所示，云南康养旅游创业企业中在一年以内开发完成的产品或服务较少，更多的产品或服务是在一年（含）以上开发完成的。可见，与云南整体创业企业相比，云南康养旅游创业企业的技术领先性不够。

（4）创新率

创新率是指创业企业中，产品被部分或所有顾客认为是不熟悉的，并且市场上只有少数竞争者或暂没有竞争者提供相同产品的这部分企业所占的比例。

经计算可以发现（见图5），云南整体创业企业的创新率与云南康养旅游创业企业的创新率基本相当，前者略低于后者，二者均低于全国水平。考虑到本次针对云南省的调研没有选取农村样本，创新率相对真实情况已经偏高，在此情形下，最终数据依然低于全国水平，可见云南整体创业企

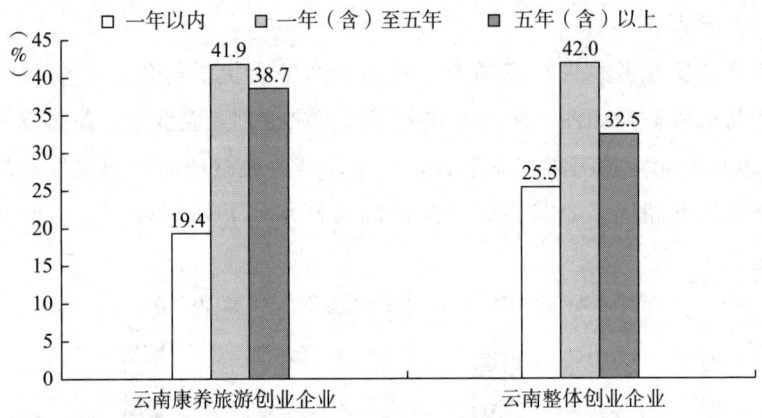

图 4　技术领先性

资料来源：笔者根据本次调研数据整理。

业创新率与全国水平存在一定差距。

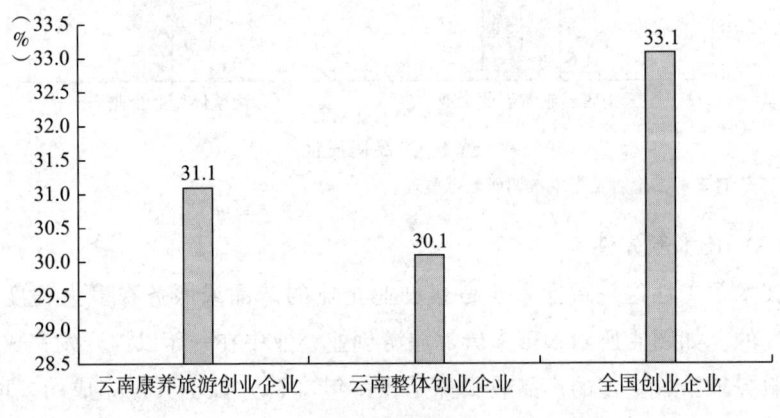

图 5　创新率

资料来源：笔者根据本次调研数据整理。

3. 区域扩张

区域扩张这一指标考察的是创业企业的产品向地区外扩张的能力。如图 6 所示，在云南康养旅游创业企业中，有 8.1% 的创业企业，75%（含）以上的客户是外地人（非本市或非本州人），有 27.5% 的创业企业，客户中50%（含）以上是外地人。在云南整体创业企业中，有 5.1% 的企业，75%（含）以上的客户是外地人，该比例低于云南康养旅游创业企业。共有 23.5% 的创业企业，客户中 50%（含）以上是外地人，这个比例也明显小于云南康养旅游创业企业。可见,与云南整体创业企业相比,云南康养旅游创业企业的区域竞争性更强。

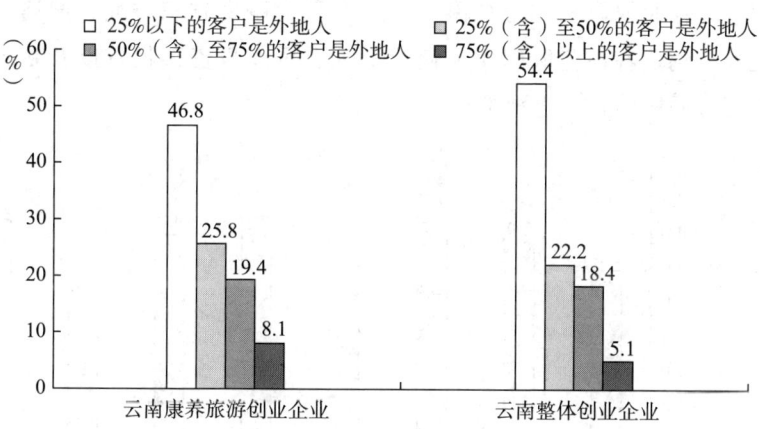

图6 区域扩张

资料来源:笔者根据本次调研数据整理。

(二)创业环境

本调研采用专家评估法对创业环境进行评估,在GEM历年概念框架基础上,共设计了8项要素内容:创业融资、创业政策、政府扶持、创业教育、产研协同、基础设施、内部市场、社会文化。评估中采用李克特7点量表形式请专家为各项内容逐一进行打分(1="完全不符合"、2="相当不符合"、3="部分不符合"、4="一般"、5="部分符合"、6="相当符合"、7="完全符合")。

1. 创业融资

创业融资考察在创业生态系统中,各种创业资本(包括股权融资、债务融资、政府补贴、非正式投资等多种形式)的可获得性。

如图7所示,所有问题的平均分都没有到达数值5("部分符合",正向评价中的最低水平)。显然,所有这些有关创业企业融资形式的有利描述,都没有得到专家充分认可。其中,有三项描述的分值连4("一般")都没有达到,分别是第1项["新创业企业能够很方便地进行股权融资(出让资产、经营决策权或部分股东权益而获得资金)"]、第2项["新创企业能够很方便地进行债务融资（不出让资产或权益，需到期偿还）"]、第7项["新创企业能有机会通过公开募股（IPOs）进行融资"]。可见，康养旅游产业创业者在股权融资、债务融资、公开募股融资这三方面，遭遇困难最多。此外，创业者在获取职业天使投资人、风险投资人投资以及私人借债投资方面，同样面临一定困难。

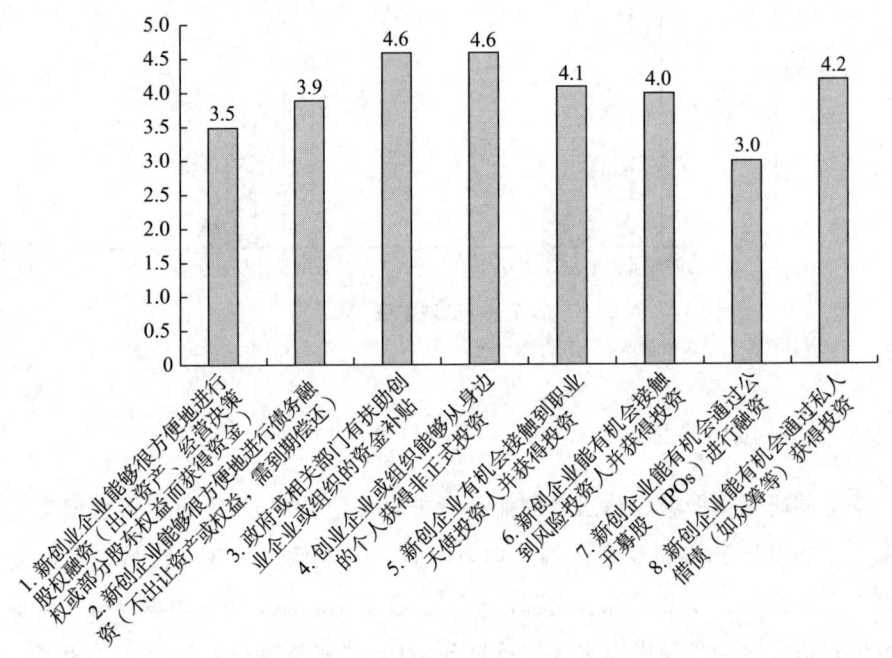

图7　创业融资各项问题得分

资料来源：笔者根据本次调研数据整理。

2. 创业政策

创业政策主要是针对政府而言，考察的是政府政策在多大程度上鼓励和支持创业行为。如图8所示，创业政策这一要素的各项得分虽大部分依然没有达到5（"部分符合"），但均超过4（"一般"），比创业融资方面略好。最高分是第4项（"新创企业能在一周内办理好所需的营业资质"），得分5.0，说明云南省内康养旅游产业创业者相对来说享受到了比较快速的营业资质办理服务。最低分是第5项（"在现行政策下，税收并不是新创企业的一大负担"）。税收的问题还表现在第6项（"政府对新创企业实行的税收或

B.8 云南康养旅游产业创业生态系统中的创业影响与创业环境研究

其他治理政策具有相当的稳定性和持续性"),该项得分未达到5分("部分符合"),说明税收政策稳定性与持续性有待进一步加强。

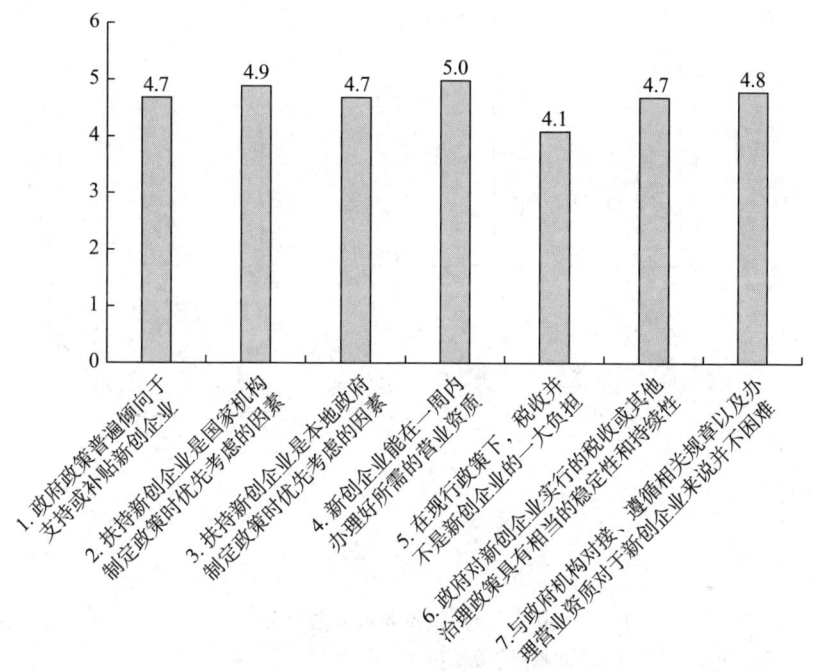

图8 创业政策各项问题得分

资料来源:笔者根据本次调研数据整理。

3. 政府扶持

政府扶持主要针对具体的扶持项目而言,考察的是不同层次政府部门(国家、省级、市州级等)是否针对创业提供了直接扶持项目,以及这些项目的质量如何。如图9所示,政府扶持各项描述的得分都较低。得分最低项为第1项("新创企业可以通过单一机构便利地享受到大部分的政府扶助措施"),仅3.9分,连"一般"水平都未达到,说明当前非常缺乏一个专门的机构来高效、便捷地推行政府的扶助政策。其他各项得分虽超过"一般"水平,但均低于5分,没有达到"部分符合"的程度。

4. 创业教育

创业教育考察的是创业者能够在多大程度上接受到有关创建和管理新创企业的专业学习课程教学或培训,以及这些课程的质量与可获得性如何。

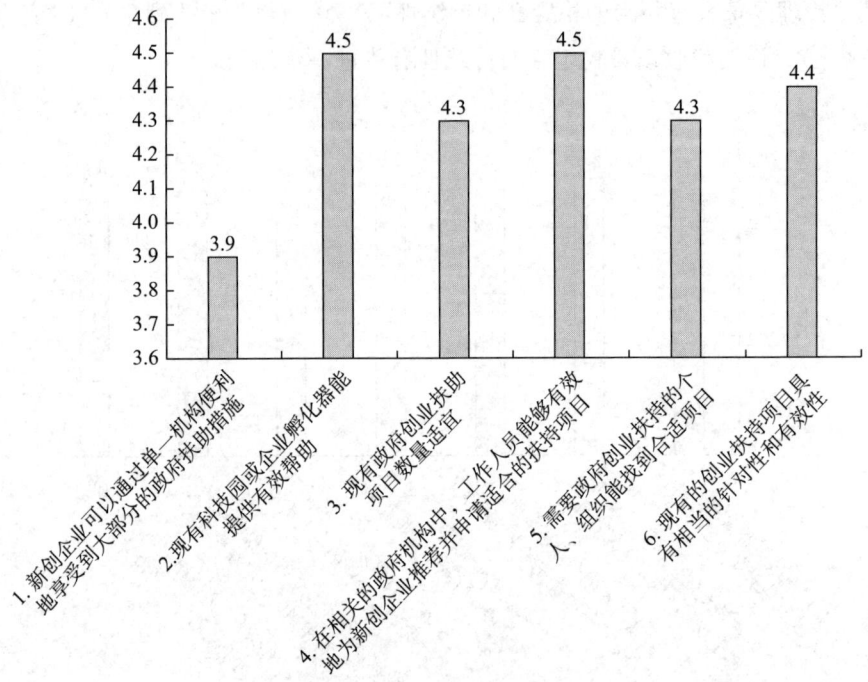

图 9 政府扶持各项问题得分

资料来源：笔者根据本次调研数据整理。

该指标共有6个问题，其中第3题（"大专院校内所设的创业课程内容陈旧，无法满足当代背景下的创业需要"）属于负面描述，得分越低越好。如图10所示，有两个问题的得分超过"一般"水平，达到了"部分符合"，分别是问题1（"大专院校设有与创业相关的学习课程或实践活动"）与问题4（"除大专院校外，社会培训机构同样设置有与创业相关的培训项目"）。此外，第3题有关大专院校课程内容陈旧的描述，得分为4.5，没有达到"一般"，即没有得到专家认同。

5. 产研协同

产研协同考察国家或地区内的研究开发在多大程度上会转移为新的商业机会，这些研发成果多大程度上对新创企业来说是可获得的，以及新创企业在多大程度上愿意去使用这些成果等问题。如图11所示，所有题项得分都不算高，大多分布在数值4（"一般"）左右。其中有三项，分数达到了5（"部分符合"），分别是第4项（"大多数新创企业有意愿将所在产

B.8 云南康养旅游产业创业生态系统中的创业影响与创业环境研究

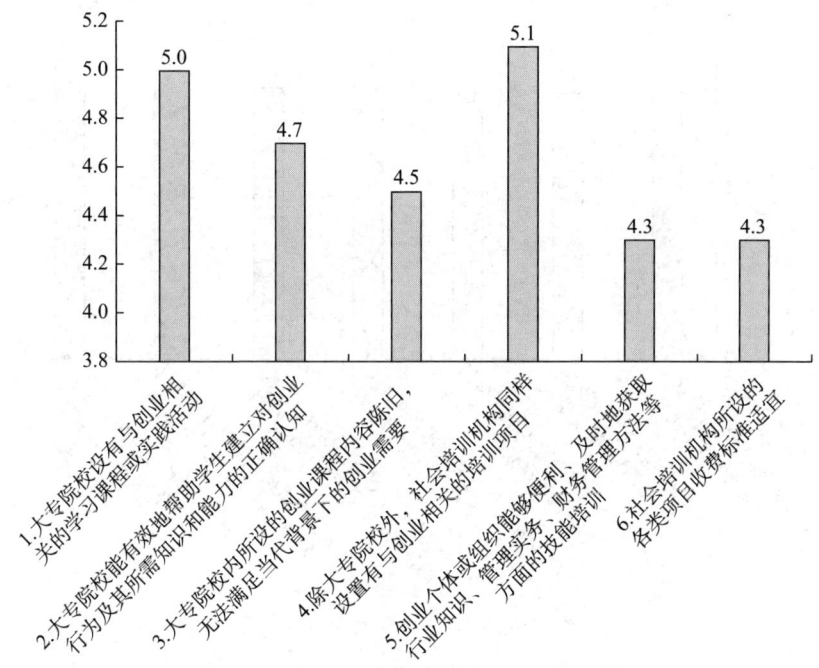

图 10 创业教育各项问题得分

资料来源：笔者根据本次调研数据整理。

内的最新技术或成果进行应用或市场推广")、第 6 项（"研究机构或院校有意愿与领域内新创企业进行合作"）和第 7 项（"目前，已有一定的产研合作的成功创业案例"）。

尽管企业与高校（包括研究机构）相互合作意愿较高，也出现了一定的产研协同成功案例，但结合其他不足 5 分的几项描述，不难发现新创企业存在研发意愿不高、研发投入不足的问题，同时现有政策对成果转移、转化的支持也还不够。

6. 基础设施

基础设施考察创业过程中以下两个方面资源对于创业者的可获得性与易用性：物质基础设施、商业与法律服务。如图 12 所示，大部分得分都分布在数值 4（"一般"）左右，表明基础设施部分整体水平较为一般。除了创业园区的办公场地以及水电供应差强人意之外，无论是这几年发展比较迅速的互联网、云计算等基础设施建设，还是各类市场调研、公共关系、

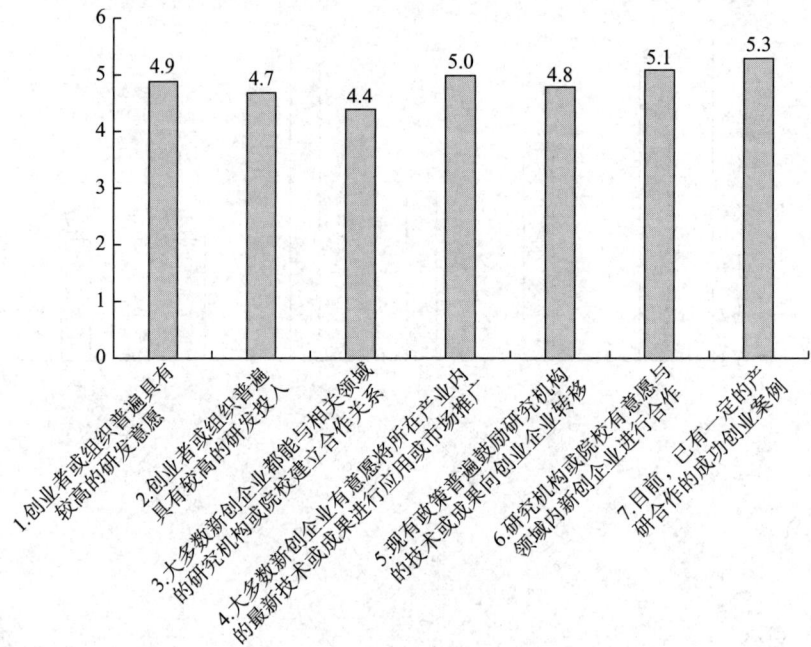

图 11　产研协同各项问题得分

资料来源：笔者根据本次调研数据整理。

企业管理、法律咨询等第三方服务，又或是新创企业在基础设施方面的支出水平，目前都远没有达到让人满意的程度。

7. 内部市场

内部市场主要考察区域内部新创企业获取和使用区域外投资资金的容易程度。如图13所示，前两项正向描述的得分较低，均分布在数值4（"一般"）附近，没有达到"部分符合"的水平。这表明云南省区域内部缺乏足够数量的创业投资机构和项目，不管是区域内还是区域外，省内新创企业都较难获得资金。而三个负向描述的问题均得到了正面的肯定（得分均在5以上），可见区域内的康养旅游新创企业在获取和使用外部投资时，面临较大压力和困难，包括题中所说的"较高的门槛""需付出很多时间及精力成本""有较为严格的管理制度"。

8. 社会文化

社会文化这一系统要素考察的是当地的文化习俗在多大程度上鼓励和

B.8　云南康养旅游产业创业生态系统中的创业影响与创业环境研究

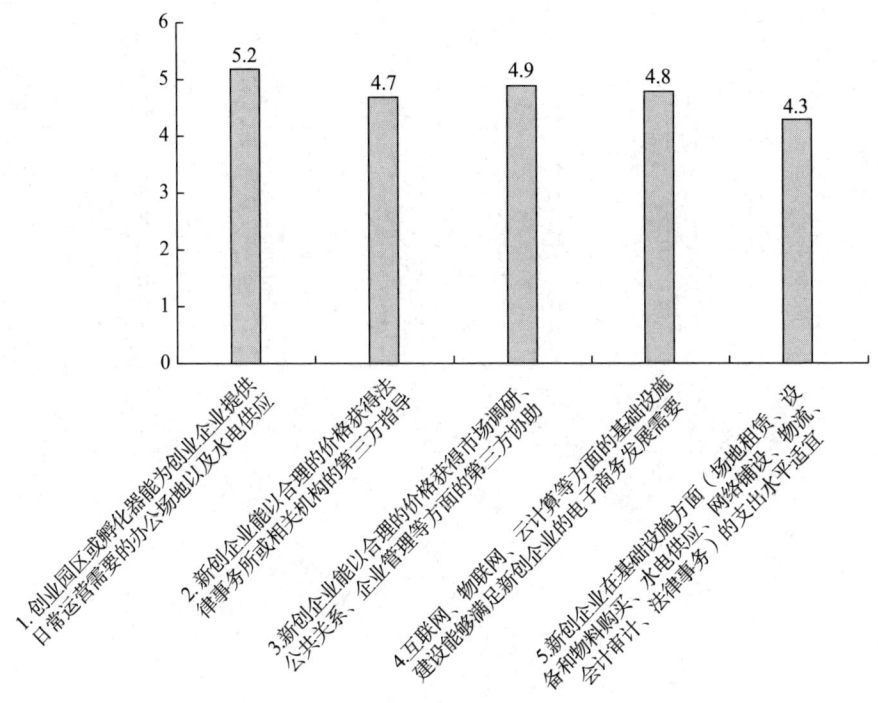

图 12　基础设施各项问题得分

资料来源：笔者根据本次调研数据整理。

支持创业行为。如图 14 所示，得分最高的是第 1 题（"当地文化观念中经商并不是低级的行业"），分值为 5.6。另外超过 5 分的两题分别是第 4 题（"当地民众对于创业者的认可度较高"）和第 5 题（"当地有广为人知的创业者代表或创业成功故事"）。显然，这几项得到了专家较为有限的肯定评价。

其他各题得分均在 4~5 分。其中，第 3 题的结果（"当地文化认为在经商方面男女平等"这一观念并没有得到专家正面支持），与个人问卷中的性别差异结论一致。第 6 题 4.3 分的结果表明目前云南省有关创业政策的宣传还远远不够。第 2 题 4.6 分的结果表明云南文化并不推崇追逐经济利益。

对各要素的指标得分进行汇总取均值，进而绘制出整体环境的专家评分图。如图 15 所示，云南省康养旅游产业创业生态系统中的各系统要素整体水平都比较一般。其中，社会文化相对好一些，具有一定程度的促进作

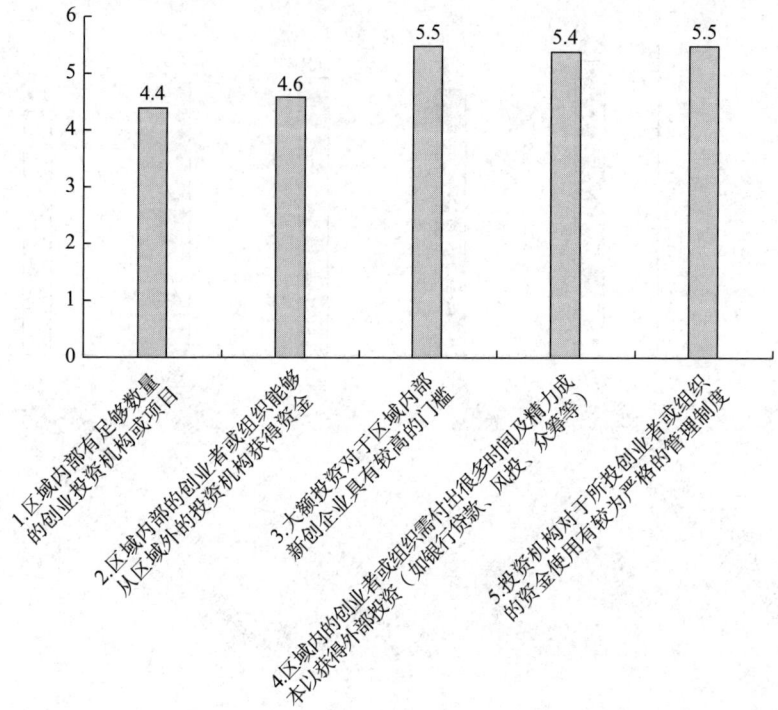

图 13　内部市场各项问题得分

资料来源：笔者根据本次调研数据整理。

用，内部市场与创业融资未达到"一般"水平，作用较为负面，其他几项均属于"一般"水平，尚无明显促进效果。

（三）调研结论

1. 创业影响：有效促进就业与地域扩张，但不擅长创新

调研发现，云南康养旅游创业企业的就业带动能力强。处于早期创业活动期的云南康养旅游创业企业中，有53.3%在未来五年内预计可以创造6个及以上工作岗位，而全国的这一比例仅有20.4%。此外，云南康养旅游创业企业的区域扩张能力强，与云南整体创业企业相比，云南康养旅游业企业可以吸引更多的外市/州客户。

然而，云南康养旅游创业企业的创新提升能力弱。其产品前沿性虽较高，但是与云南整体创业企业相比，区别不大，仅表现为平均水平，相较

B.8 云南康养旅游产业创业生态系统中的创业影响与创业环境研究

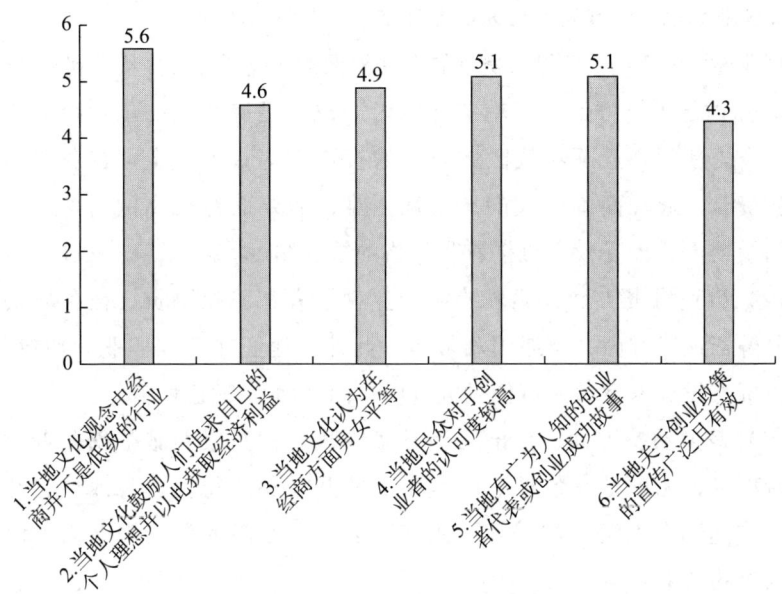

图 14 社会文化各项问题得分

资料来源：笔者根据本次调研数据整理。

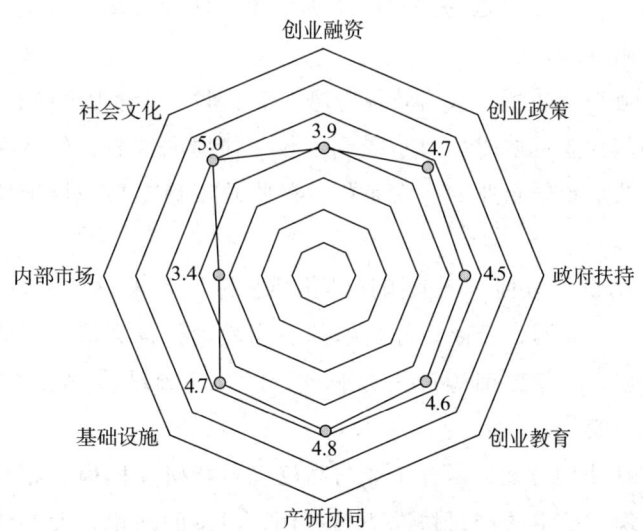

图 15 云南省康养旅游产业创业环境专家评分

资料来源：笔者根据本次调研数据整理。

于其他产业并没有优势；产品同质性强；技术领先性不够；创新率与全国水平存在一定差距。

2. 创业环境：各方面均有大量提升空间，现亟须改善

创业环境中突出的问题可概括如下（根据各环境要素得分从小到大排列）。

（1）内部市场方面，云南省区域内部缺乏足够数量的创业投资机构和项目，省内新创企业不易从区域内外的投资机构获得资金。在获取和使用外部投资时，通常面临较大的压力和困难，需要面对较高的门槛、付出很多时间及精力、接受投资机构较为严格的管理制度。

（2）创业融资方面，康养旅游产业创业者在股权融资、债务融资、公开募股融资这三方面，遭遇困难最多。此外，他们在获取职业天使投资人、风险投资人投资以及私人借债投资方面，同样面临一定困难。

（3）政府扶持方面，目前云南省各级政府针对康养旅游创业者所提供的扶持项目，无论是在数量上还是在质量上（易获得性、有效性、针对性等）均未达到令人满意的程度，尤其缺乏一个专门的机构来高效、便捷地推行政府的扶助政策。

（4）创业教育方面，云南省学校内外都有创业相关的学习课程或培训项目可供选择，但是，这些课程的培训效果、便利程度、收费标准，都没有达到让人满意的程度。

（5）创业政策方面，政府政策普遍支持创业（尽管力度尚有不够），新创企业在办理营业资质时相对享受到了较为便捷的服务，但是在现行政策下，税收依然是新创企业的一大负担，税收政策稳定性与持续性有待进一步加强。

（6）基础设施方面，创业园区的物质保障（水电供应、办公场地等）差强人意，但互联网、云计算等技术的应用程度，各类市场调研、公共关系、企业管理、法律咨询等第三方服务，以及基础设施方面的支出水平，目前都表现一般。

（7）产研协同方面，尽管企业与高校（包括研究机构）相互合作意愿较高，也出现了一定的产研协同成功案例，但总的来说，大多数新创企业都较难与研究机构或院校建立合作关系。新创企业存在研发意愿不高、研发投入不足的问题，同时现有政策缺乏对成果转移、转化的足够支持。

（8）社会文化方面，云南当地文化观念对经商行为相对较为认可。但是，部分人群并不认为在经商方面男女平等，也并不推崇追逐经济利益。

此外，目前云南省有关创业政策的宣传尚不够广泛、到位。

三 政策建议

（一）树立标杆：着力打造云南省康养旅游创业典型

云南省康养旅游创业具有创业水平活跃、带动就业能力强、区域扩张能力强等特征。相关部门应顺势而为，充分发挥这些优势，打造云南省康养旅游创业典型（包括小镇、园区、企业、产品、商业开发模式等），如此不仅可以提升康养旅游产业知名度、吸引更多优秀人才参与，还可以扩散成功模式与经验，推动全省康养旅游创业迈上一个新台阶。

1. 提升招商引资实效，通过龙头企业带动引领产业转型升级

加强中介招商，制定奖励标准，对符合奖励标准的引资项目，按实际外来投资到位资金的一定比例给予招商引资中介人奖励。加大康养旅游产业招商引资优惠政策力度，引进世界500强、中国500强等企业到云南投资，充分发挥龙头企业技术水平先进、市场号召力强的引领带头作用。

2. 着力打造康养旅游创业典型，创建一批康养旅游示范区

结合云南气候和生态环境好、生物资源多样性丰富、民族文化绚丽多彩、开放门户地位突出等特点，按产品类型分步骤、分阶段创建一批森林康养示范区、休闲度假康养示范区、少数民族医药疗养示范区、温泉康养示范区、康养小镇示范区等。打造康养旅游产品的"云南模式"。

3. 做好创新创业经验推广，加大对创业典型人物、成功故事的宣传力度

充分利用新闻媒体和网络平台宣传康养旅游创业的典型成功经验。支持举办各种形式的经验交流会和现场观摩会，加强先进经验和典型做法的推广应用。加强宣传，进一步提升创业在社会公众心目中的形象，吸引更多人才进入创业队伍。

（二）创新产品：大力开发养生养老旅游产品和市场

云南省康养旅游新创企业的创新提升能力较弱，产品同质化较严重，技术领先性不够。该问题从遍布全省的"康养小镇"、大同小异的"傣医傣药""彝医彝药"项目中便可见一斑。对此建议如下。

1. 鼓励创业企业差异化、集中化竞争发展

云南省康养旅游资源丰富、独特，非常适合差异化与集中化发展战略。差异化强调产品的独特性，集中化强调细分市场的独特性，二者都更倾向于寻找尚未被完全开发的新兴领域。比起"硬碰硬"的"红海战略"，这种创新驱动的"蓝海战略"更适合中小规模新创企业的生存和发展。

2. 支持新创企业做好市场调研，充分了解客户需求与行业现状

云南是一个旅游大省，独特的自然生态环境、少数民族医药、少数民族文化和传统工艺品等资源为开发养生养老旅游产品提供了大量创新"素材"。但产品创新必须建立在充分了解客户需求与行业现状的基础上。政府应通过各种措施做好数据库、智库、平台等的建设，为创业企业决策提供信息支持、智力支持、平台支持。

（三）升级环境：促进康养旅游业创新创业环境升级

云南省康养旅游的创业环境存在大量提升空间。政府和相关部门应高度重视对环境要素的升级建设。

1. 完善投资融资政策

首先，积极培育投资机构。目前云南省缺乏足够数量的本地投资机构和项目，这在很大程度上导致新创企业只能向省外寻求投资。省内相关部门应该重视培育本地投资机构，给予适当支持，帮助其成长，以便康养旅游创业者在未来能够更加便捷地、更多地获得来自省内的创业投资。

其次，建立差异化金融支持政策。应加大政策创新力度，提供更多差异化金融政策。事实上，有关部门已经开始做出相关尝试。2020年发布的《云南省人民政府关于推动创新创业高质量发展打造"双创"升级版的实施意见》中便提出了一系列建立差异化金融支持政策的建议，包括"落实企业重大装备首台（套）、新材料首批次应用保险支持政策""探索'贷款+保险保障+财政风险补偿'的专利权质押融资模式，总结推广'科创贷+风险金池'经验，完善中小微企业贷款风险补偿金政策"等。下一步要做好政策落地工作，激活政策效应。

再次，拓宽直接融资渠道。2018年《云南省人民政府关于强化实施创新驱动发展战略进一步推进大众创业万众创新深入发展的实施意见》中针对拓宽直接融资渠道做出了诸如"建立风险补偿制度，引导银行等金融机构适当降低融资门槛"等一系列安排。但调研却显示，创业者融资之路依然困难重重。这或许是因为政策出台不久，尚未推行开来，又或者是因为相关措施未能涵盖不同类型创业者的融资需求。无论是哪一种情况，都表明拓宽直接融资渠道是一项"纷繁复杂的工程"，绝非一蹴而就。有关部门应该充分做好准备，有条不紊地做好相关规划与安排，实现稳步推进。

最后，加大外资引进力度。可以利用云南省面向南亚、东南亚辐射中心的优势，鼓励省内优秀创业企业与境外相关机构合作，寻求共赢，将康养旅游共同推向国际化平台。

2. 加强政府扶持力度

首先，加大政府扶持力度。建议设立更多扶持项目并提高扶持项目的针对性。可以针对不同创业规模（大、中、小）、不同创业类型（生存型、高科技型、高增长型等）以及不同创业群体（退伍军人、返乡农民工、女性、少数民族群体等）提供不同的扶持项目；提高扶持信息的可获得性，定期汇总更新国家及各级政府出台的创新创业政策措施，在各种媒体渠道上广为宣传；将扶持项目落到实处，及时出台和落实有关配套政策，简化项目申报和审批流程，并对相关人员进行培训，提高创业服务能力。

其次，强化税收优惠政策落实。重点关注那些业务规模较小、处于初创期的创业企业。同时，按照国家有关规定，继续对高校毕业生、就业困难人员、退役军人等重点群体创业，按照规定以最高上限比例扣减增值税、城市建设维护税、教育费附加、地方教育附加和个人（企业）所得税等。此外，继续落实对投资企业和天使投资人的税收优惠政策，鼓励其对康养旅游创业项目进行持续性投资。

最后，加大基础设施建设力度，建立创新创业第三方支持服务体系。扶持软件和信息技术服务业重点企业发展，促进产业不断集聚壮大。在高科技创业园区做好互联网、云计算等基础设施建设；重点支持与康养旅游创业有关的市场调研、公共关系、企业管理、法律咨询等第三方服务机构。

3. 加快科技成果转化

首先，进一步完善知识产权保护环境。相关部门应加大知识产权保护的执法力度，鼓励更多研发成果申请知识产权，切实维护创新创业者权益。同时加强知识产权法律法规、典型案例的宣传和培训，增强中小微企业知识产权意识和管理能力。

其次，鼓励科研人员创业。采用多种激励方式提升科研人员创业热情，鼓励科研人员离岗创业。进一步完善创新型中小企业上市股权激励和员工持股计划制度规则。引导各种学会、协会、研究会等科技社团为科研人员创业提供咨询服务。

最后，打通科研与产业互动通道，加快科技成果转移转化。引导创建产研合作项目，鼓励各种形式的产研合作。建立有利于提升创新创业效率的科研管理、资产管理和破产清算等制度体系。通过股权、期权及其他激励措施，确保科研创新人才能够在科技成果转化中得到合理回报，激发各类人才的创新创业活力。

参考文献

1. Bosma N，Hill S，Ionescu-Somers A，Kelly D，Levie J，Tarnawa A. 全球创业观察 2018/2019 年报告．https：//www. gemconsortium. org/report.
2. Bosma N，Kelly D. 全球创业观察 2019/2020 年报告．https：//www. gemconsortium. org/report.

B.9
彝族医药助力楚雄康养旅游产业发展的战略思考

余 虹 孔 莉 高 丽 段圆媛*

摘 要: 近年来,康养旅游作为旅游与健康养生融合发展的新业态,呈现蓬勃发展的态势。彝族医药是楚雄州一项重要的非物质文化遗产,不仅历史悠久,而且资源丰富,在促进地方经济发展中扮演着非常重要的角色。本报告结合大健康产业发展的背景及机遇,深入挖掘楚雄彝族医药的开发价值,从彝族医药产业与康养旅游产业融合发展的角度,探索彝族医药助力康养旅游产业发展的思路。

关键词: 彝族医药;康养旅游;产业融合

Strategic Thinking of Yi Medicine Helping the Development of the Health Tourism Industry

Yu Hong, Kong Li, Gao Li, Duan Yuanyuan

Abstract: In recent years, as a new business form integrating tourism and health preservation, Health Tourism has shown a trend of vigorous development. Yi medicine is an important intangible cultural heritage in Chuxiong, it has a long history and rich resources, and plays a very important role in promoting local eco-

---

* 作者简介:余虹,博士在读,讲师,研究方向为创新创业与区域经济;孔莉,博士,教授,研究方向为创新创业与区域经济;高丽,博士,讲师,主要研究方向为创新创业与公司财务;段圆媛,硕士研究生,研究方向为创新创业与人力资源管理。

nomic development. Based on the background and opportunities of the development of the Big Health Industry, the article deeply explores the development value of the Yi medicine in Chuxiong, and explores the idea of Yi medicine helping the development of the Health Tourism Industry from the perspective of the integrated development of the Yi medicine Industry and the Health Tourism Industry.

Keywords: Yi Medicine; Health Tourism; Industrial Convergence

近年来，彝族医药作为楚雄州生物医药与大健康产业的重要支撑，在政府的大力扶持下，不断进行资源开发和市场拓展，形成了独具特色的产业发展模式。随着国家大健康产业的发展以及《中医药发展战略规划纲要（2016—2030年）》的出台，彝族医药迎来了新的发展契机，但产业发展中存在的体系不完善、政策不协同、专业人才匮乏等问题，也制约了产业的进一步升级。因此，如何通过业态创新，实现产业链的协同与价值链的整合，提升产业发展水平和质量，不仅是楚雄州彝族医药产业发展的核心和关键，也是助推楚雄州旅游产业转型升级的重要路径。

一 彝族医药的由来及发展历史

据彝文古籍《帝王纪》和《西南彝志》的记载及《彝族医药史》的考证，彝族医药历史可追溯到5000年前，它是彝族人民在与大自然和疾病长期做斗争的过程中，不断摸索、实践，逐渐总结形成的少数民族传统医药学，是彝族人民治疗疾病的经验总结和防病治病的智慧结晶。

957年，第一部用彝文书写的总结彝医经验的《元阳彝医书》问世。1566年，《双柏彝医书》（又名《齐苏书》）成书，是迄今为止发现最早的彝族医药古籍文献。1898~1902年，彝医曲焕章采用三七、草乌、重楼等8种云南特产药材，成功研制了云南白药。[1]

到了明清时代，彝族医药得以广泛应用。《双柏彝医书》中收集了大量分散流传在民间的植物药，从其所记彝族植物用药之丰富，足可见当时彝

---

[1] 沈峥. 彝族医药的文化溯源 [J]. 保山师专学报，2007，26 (3): 63-66.

族医药应用的广泛性。另外，《献药经》中也提到"彝族医药的一个较为明显的特点就是药物相互配合，以提高疗效"，这充分说明彝族医药此时已从单方向复方迈进了一步，这无疑是彝族医药发展的一个新起点。

到了近现代，彝汉医药交流日益增多，彝医吸收了汉医的一些诊疗思想，逐渐摆脱了凭经验诊疗的传统格局以及单方单药的治疗方式，使彝族医药有了突破性发展。随着彝族医药研究的不断深入和彝药产品的不断开发生产，古老的彝族医药文化开始焕发出新的生机，逐渐被应用到现代诊疗、保健、康养等活动中，并依托其系统的理论基础和丰富的实践经验，在维护人民健康、促进经济社会协调发展中发挥着独特而不可替代的作用。

二 楚雄彝族医药产业发展现状

（一）现有发展成果

楚雄彝族医药初步形成了以彝族医药文化为支撑，以彝医、彝药为特色，以彝医院、彝医馆、龙头企业及产业园等为主体，集科研、药材种植、药品生产加工及销售、诊疗服务、康养保健以及特色旅游等于一体，涵盖中成药、民族药、中药饮片及原料药、西药制剂、健康产品、植物提取物、医疗器械与药用包装材料等生产流通协调发展的产业集群发展模式，促进了产业的转型升级。目前，在理论研究、药材培育、药品研发生产与加工、医疗活动开展、人才培养等方面均取得了一定的成果。

1. 彝族医药理论体系基本建立

楚雄现已挖掘整理出200多种彝族医药古籍文献，并按照内容特征对这些彝族医药古籍文献进行了分类整理，包括医经、医理、诊治、本草、病症用药、调护、医史、作祭献药、医算、综合等十大类。在此基础上，编纂出版了《彝族医药古籍文献总目提要》以及一系列高水平的彝族医药研究专著，在理论研究方面积淀了深厚的研究基础。另外，目前彝族医药理论研究新成果《楚雄州彝族医药志》已编撰完成，由楚雄牵头编撰的《中国彝族医药籍典》及全国中药资源普查工作也已顺利推进。

2. 彝药材种植栽培初具规模

截至2019年，楚雄州累计种植中药材70万亩，其中彝药材种植31万亩；现已形成续断、附子、重楼等13个主要品种集聚的种植模式和产业发展格局。据调查，州内共有药材资源243科1381种（其中彝族药560种），占全省药材资源种类的40%，占全国的24%。[1] 全州中药材资源中，单个品种资源蕴藏在300公担以上的有108种，家种中药材48种，野生资源蕴藏为1.1亿公担，楚雄州彝药中药品种中属国家药典收载的品种有431种（味），占药典456种（味）的94.5%，药物资源优势明显。[2]

3. 彝药研发及生产不断加强

楚雄州成立了云南省首家彝医医院，也是全国唯一一所省级彝医医院；建立了全国首个彝族医药院士工作站"侯惠民院士工作站"，现有专家服务站1个，彝医药研发中心4个；有中彝医类科技成果共43项（国家级1项、省级3项、州级39项）。[3] 全州制药企业拥有彝族药品批文26个，位居全国之首；有排毒养颜胶囊、灵丹草颗粒、咽舒口服液等全国独家品种40个；有紫灯胶囊、参茸全虫酒、拨云锭等省内独家品种47个；有院内制剂68个，其中彝药制剂品种29个。[4]

4. 彝药质量标准逐步形成

楚雄州现有彝族药材标准165个，彝族药材标本1500多种，蜡叶标本5125份，彝族药材样品1126份，彝族医药图片1100多幅；载入国家药典的彝药约有150种；首批公布彝医经典名方20个。[5] 全州有生物医药和大健康产业类商标2363件、中国驰名商标3件，荣获云南名牌产品称号6个；

---

[1] 彭万泽. 楚雄天然生物彝药产业经济发展资源研究分析［J］. 时代金融，2017（6）：48 - 49.

[2] 楚雄州彝药产业建设回顾及展望［EB/OL］.［2005 - 01 - 25］. https：//www. renrendoc. com/paper/131902926. html.

[3] 产研联动，楚雄彝医药产业再逢春［EB/OL］.［2018 - 04 - 28］. https：//www. neac. gov. cn/seac/mztj/201804/1011761. shtml.

[4] 我州着力推进彝医药健康产业发展［EB/OL］.［2018 - 11 - 08］. http：//www. cxz. gov. cn/info/1025/16468. htm.

[5] 楚雄州深化医药卫生体制改革领导小组办公室. 楚雄州中（彝）医药事业发展取得初步成效［EB/OL］.［2016 - 08 - 16］. http：//fgw. cxz. gov. cn/info/1004/3287. htm.

有生物医药和大健康地理标志商标17件，其中地理标志证明商标15件、集体商标2件。①

5. 彝医诊疗活动广泛开展

目前，中彝药制剂研发中心已通过GMP标准认定，"中国·楚雄彝族医药康养示范园"正常运行，彝族医药康养特色诊疗中心深受患者欢迎。综合医院、妇幼保健院、公立精神病专科医院、社区卫生服务站均能100%提供中彝族医药服务，乡镇卫生院、社区卫生服务中心100%设置有中彝医馆，村卫生室提供中彝族医药服务率为96.4%，基层中彝族医药门诊量占基层总门诊量的60.3%，50%的县市建立了1所以上中彝族医药特色医养结合养老机构。②

6. 人才培养成效逐渐凸显

目前，楚雄州人民政府与云南中医药大学签订了人才培养、学科建设框架协议，正积极争取彝族医药学专业全日制本科、专科学历人才教育与培养；"彝医学"通过云南省中医药临床重点学科建设，楚雄医专在临床医学、药学和中药学专业开设"彝医学基础理论"和"彝药学"等课程。楚雄州挖掘了一大批有资质的彝医名家，全州评选出"彝乡名医"50人，建立"彝乡名医工作室"17个，许嘉鹏入选云南省高层次中医药领军人才，熊磊名医工作室、张荣平专家工作站等4个彝医专家工作站获批建立。③

（二）存在的不足

1. 彝族医药体系不完善

彝族医药体系的不完善主要包括五个方面：政策方面，目前没有专门针对彝族医药发展和保护的法规和政策；理论方面，科研严重滞后，彝族医药临床理论还比较单薄，理论体系与临床实践衔接存在问题；教学方面，

---

① 楚雄州科技局社会发展科．"十三五"楚雄州生物医药产业发展成效显著［EB/OL］．［2021－04－02］．http：//kjj．cxz．gov．cn/info/1021/6060．htm．
② 楚雄州科技局社会发展科．攻坚克难 奋力前行 加快推进楚雄州生物医药和大健康产业发展［EB/OL］．［2021－04－02］．http：//kjj．cxz．gov．cn/info/1021/6073．htm．
③ 楚雄州科技局社会发展科．"十三五"楚雄州生物医药产业发展成效显著［EB/OL］．［2021－04－02］．http：//kjj．cxz．gov．cn/info/1021/6060．htm．

目前彝族医药传承主要靠师带徒方式，没有全日制的学历教育；资格方面，彝医医师还未纳入国家资格考试范围，彝医合法规范执业得不到解决，制约了彝族医药人才培养和队伍建设；服务方面，彝族医药所提供的诊疗服务范围相对较窄，服务类型较少，服务能力较弱，难以满足患者需求。

2. 彝族医药政策不协同

由于政策不配套、不协同，彝族医药产业发展缺少了必要的制度保障。例如：一些民族医疗特色诊疗方法主要采取传统传承方式，通过口口传习，无记录，导致这些特色诊疗方法极易失传；由于缺乏针对知识产权和诊疗结果的保护措施，标准化建设严重滞后；现有的彝族医药行医自根砝制度与师承方式并没有形成互补；由于缺少临床记录，产品生产文号及专利难以申请；由于对彝族医药知识产权的研究和重视不够，许多彝族医药产品未申请专利或作为商业机密进行保护，致使一些有价值的古方、验方、家传秘方以及很多特殊品种长期流落民间，有的甚至被一些发达国家的医药企业无偿利用；由于发展资金投入不足，彝族医药研发工作严重滞后，后续工作难以开展。

3. 彝族医药专业人才匮乏，技术创新能力不足

目前，彝族医药专家已严重老龄化，但年轻的人才队伍在短时间内又难以形成。从质量上说，有合法中医资质的这一部分基本是中医药院校毕业以后从事彝族医药的人员，多为本科、专科学历，硕士以上学历的人员很少，具有科研能力的人才也有限，高层次人才严重匮乏。另外，从事彝族医药研究和技术创新的人员数量较少，专业较单一，科研条件滞后，科研能力薄弱，而且在产学研用和成果转化方面尚有很大差距，与彝族医药历史地位、发展水平、发展阶段极不相称，满足不了彝族医药学科及产业发展的需要。

4. 彝族医药资源利用率不高，产业化水平有待提高

首先，由于民间掠夺性的采挖，大量的药材以初级产品的形式直接流入市场，形成浪费；而且，大部分彝药材尚没有开展规模化种植，基本上处于野生状态；部分规模化种植的彝药材又存在种植、加工和销售脱节的现象，使得彝族医药资源的开发利用率非常低。其次，一大批历史悠久、疗效确切、资源清楚、具有极大开发潜力的彝药及成方制剂，由于企业生产技术的限制、生产设备的陈旧以及质量意识、品牌意识的薄弱，不仅产品技术含量附加值较低，而且品牌特色不突出，市场竞争力不强，抵抗市场风险的能力也较差。产业结构不合理、产业集聚度不强、产业关联度低等，使得整个彝族医药产业化发展水平仍然很低。

5. 彝族医药身份难以合法化

中医药在国际市场上仍处于尴尬地位，身份难以合法化。目前中医药在世界上的生存状况可分为三类：一是融入类。在中国、韩国、越南等国家，传统医药和西药均受到政府和大众的支持。二是立法类。澳大利亚、美国、德国等国家的部分省（州）出台法规，加强管理，保护中医药的合法地位。三是放任型，既非合法也非不合法。如希腊、瑞典，只要不出医疗事故等，便任其发展。由于地位尴尬，中医药难以进入国际医药和保健品的主流市场，一定程度上限制了中医药的国际化发展。彝族医药主要来自民间的经验总结，具有明显的区域限制，因此更是难以得到国际化认可。

三 彝族医药康养旅游产业发展机遇及开发价值

（一）发展机遇

1. 中医药产业的快速发展及中医药消费的变化

随着我国大健康产业的快速发展（见图1），中医药迎来了新的发展契机，近年来年均复合增长率保持在20%左右（见图2）。2016年，国务院新闻办公室发表《中国的中医药》白皮书，提出了一系列振兴中医药发展、服务健康中国建设的任务和举措。① 同年，国务院印发《中医药发展战略规划纲要（2016—2030年）》，明确了未来十五年我国中医药发展的方向和工作重点，对新时期推进中医药事业发展作出系统部署。② 2018年，国家多部门在促进中医药发展、现代化与标准化等方面陆续出台了多项配套政策，

---

① 国务院新闻办公室. 中国的中医药 [R]. [2016 - 12 - 06]. http://www.gov.cn/zhengce/2016 - 12/06/content_5144013.htm#1.
② 国务院关于印发中医药发展战略规划纲要（2016—2030年）的通知 [R]. [2016 - 02 - 26]. http://www.gov.cn/zhengce/content/2016 - 02/26/content_5046678.htm.

促进了中医药产业的快速发展,提升了中医药服务能力和水平,助推健康中国建设效应凸显。

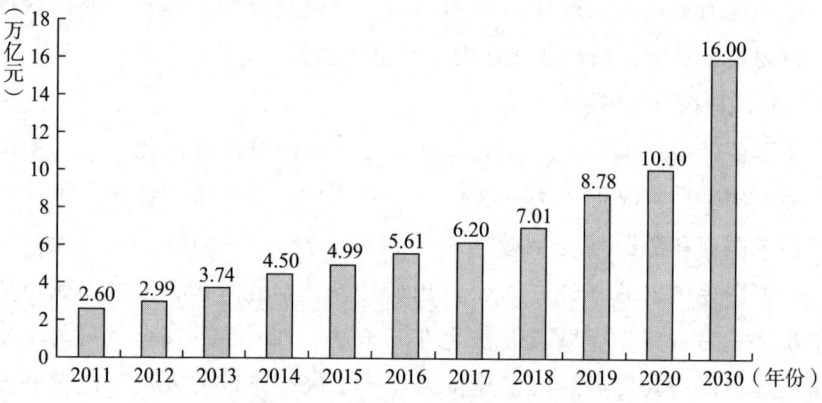

图1 中国大健康产业规模统计及预测

资料来源:前瞻产业研究院。

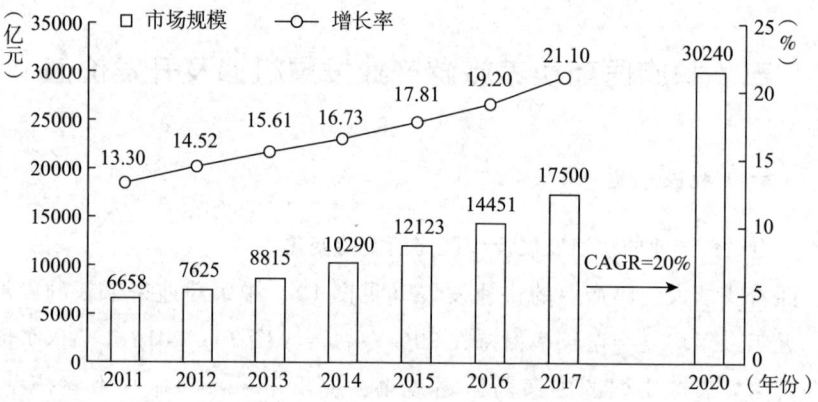

图2 2011~2020年我国中医药大健康产业市场规模

资料来源:前瞻产业研究院。

中医药产业的快速发展促进了中医药消费的不断变化。从消费需求看,人们多元化、个性化需求特征日益明显;从服务领域看,中医药正向提供集药事、医疗、预防、保健、养生、康复于一体,全链条服务的方向发展;从服务模式看,正从以疾病为中心向以健康为中心转变;从服务产品看,中医养生产品、小型保健理疗设备等逐渐进入家庭;从国际形势看,越来越多的国家和地区开始重视开发和利用中医药,对国内发展形成倒逼态势。

对于作为中医药产业重要组成部分的彝族医药来说，这不只是契机，也是挑战。如何通过创新，增强彝族医药的健康服务能力，提高医疗服务水平的标准化和现代化，迫在眉睫。

2. "一带一路"倡议及中医药国际化的推进

随着"一带一路"倡议的推进，中医药的国际化在沿线国家和地区逐步推进，中医药已成为中国与东盟、欧盟、非洲、中东欧等地区和组织卫生经贸合作的重要内容。国务院新闻办公室发布的《中国的中医药》白皮书显示，我国的中医药已经传播到183个国家和地区。2016年，中国政府与相关国家和国际组织签订专门的中医药合作协议共86个，中国政府已经支持在海外建立了中医药中心17个。[①] 据世界卫生组织统计，目前103个会员国认可使用针灸，18个国家和地区将针灸纳入医疗保险体系。[②] 2017年1月，国家中医药管理局、国家发展和改革委员会共同发布《中医药"一带一路"发展规划》，其中指出到2020年，中医药"一带一路"全方位合作新格局基本形成，将与沿线国家和地区合作建设30个中医药海外中心，颁布20项中医药国际标准，注册100种中药产品，建设50家中医药对外交流合作示范基地。[③] 可以预见，在"一带一路"倡议的推动之下，中医药必将成为未来医药舞台上不可或缺的一分子。

对于在"一带一路"倡议中具有特殊区位优势的楚雄来说，发挥好资源优势，以产业发展带动地区经济社会的发展，无疑是一个重要的机遇。

3. 民族医药的传承与创新

民族医药是中华民族传统医药学宝库的重要组成部分，具有鲜明的民族地域文化特色、医疗保健理论知识和药用资源特色。为此，国家中医药管理局、国家民委于2016年联合印发了《民族医药"十三五"科技发展规划纲要》，明确提出大力发展民族医药科技是贯彻和落实创新驱动发展国家

[①] 国务院新闻办公室. 中国的中医药［R］.［2016-12-06］. http://www.gov.cn/zhengce/2016-12/06/content_5144013.htm#1.

[②] "一带一路"让中医药加速全球化.［2019-05-21］. https://m.sohu.com/a/315418338_788837.

[③] 2017首届中医（药）文化大会暨中医药"一带一路"发展高峰论坛［EB/OL］.［2019-08-15］. http://baike.baidu.com/view/21140522.html.

战略和大力推进"一带一路"倡议的客观需要，是丰富我国原始创新资源、提升医药科技原始创新能力的重要内容，是提高民族医药健康服务能力和水平、提升民族医药产业核心竞争力、推动民族医药可持续发展的重要保障。[①] 我国民族医药在传承研究、产业发展方面已取得显著成效：一批民族医药名老专家诊疗经验与医技医法得到研究和传承；形成了部分规范的诊疗标准、诊疗方案和技术方法；形成了民族药特色炮制技术规范与制备工艺规范；建成了一批重要的民族医药科研平台。

这一系列成果的取得，不仅为彝族医药产业的发展提供了良好的发展平台，而且对彝族医药的传承与创新提出了新的要求。

4. "云药之乡"建设的良好契机

2003年，云南省提出把云药产业培育为新的支柱产业，并于2010年将生物医药产业列为云南三大生物支柱产业之一，将打造"滇中现代中药（民族药）经济圈"，形成研发创新、高端制造、现代流通、市场销售的产业核心。同时，以产业链为主线，优化产业要素布局，辐射带动全省药材种植基地，文山三七、昭通天麻、保山紫皮石斛等产地交易市场及西双版纳傣药、楚雄彝药、迪庆藏药等云南特色民族药产业布局，最终形成产业集聚、错位发展、区域联动、各具特色的现代中药（民族药）产业发展新格局。[②] 在政府的大力支持下，云南民族医药产业呈现蓬勃发展态势，已经成为云南生物医药产业中规模和影响力最大的领域，并成为全省促进农业农村经济发展和实现农民增收致富的重要支撑。

对于楚雄彝族医药康养旅游的发展来说，这将是一个良好的发展契机，将为彝族医药康养旅游的发展提供政策指引和产业引领。

5. 旅游产业转型与升级的要求

2015年，国家旅游局和国家中医药管理局联合下发了《关于促进中医药健康旅游发展的指导意见》，第一次正式提出了"中医药健康旅游"的概念，明确提出了开发中医药健康旅游产品，打造中医药健康旅游品牌，壮大中医药健康旅游产业，开拓中医药健康旅游市场，创新中医药健康旅游

---

① 国家出台民族医药"十三五"科技发展规划纲要［J］.今日民族，2016，（10）：73.
② 云南重金扶持中药（民族药）产业发展［N］.企业家日报，2015－06－23（12）.

发展模式，培养中医药健康旅游人才队伍，完善中医药健康旅游公共服务，促进中医药健康旅游可持续发展等八项重点任务，并要求到2025年，中医药健康旅游人数达到旅游总人数的5%，中医药健康旅游收入达5000亿元；培育打造一批具有国际知名度和市场竞争力的中医药健康旅游服务企业和知名品牌。[①] 2016年，国家旅游局和国家中医药管理局联合下发《关于开展国家中医药健康旅游示范区（基地、项目）创建工作的通知》，其中指出，要用3年左右时间，在全国建成10个国家中医药健康旅游示范区、100个国家中医药健康旅游示范基地、1000个国家中医药健康旅游示范项目，全面推动中医药健康旅游快速发展。[②]

在此背景下，对于具有突出资源优势的楚雄州来说，依托彝族医药产业的发展，创新康养旅游发展业态，促进康养旅游产业升级，具有重要的现实意义。

（二）开发价值

1. 经济价值

目前，中医药康养旅游已逐渐成为旅游经济的新亮点，并将成为国际旅游市场下的"蓝海"。据世界卫生组织预测，到2022年，旅游业将占全球GDP的11%，大健康产业将占到12%，健康与旅游两大产业的有机结合，将成为现代服务业的新亮点和增长点。世界医疗旅游协会预测，未来全球医疗旅游产业将保持15%～25%的年增速。因此，楚雄彝族医药康养旅游产业的发展，未来可期，而且还可以带动农业种植业、房地产业、交通运输业等其他相关产业更好更快发展，从而促进地方经济的增长。

2. 社会价值

康养的基本目的就是实现人体的健康养护。因此，彝族医药康养旅游可以使身体机能不断趋于最佳状态或保持在最佳状态，同时使个人精神保

---

① 赵维婷.《关于促进中医药健康旅游发展的指导意见》发布［J］.中医药管理杂志，2015（24）：88.
② 国家旅游局、国家中医药管理局.关于开展国家中医药健康旅游示范区（基地、项目）创建工作的通知.［2016－07－26］.http：//ghs.satcm.gov.cn/gongzuodongtai/2018－03－24/3615.html.

持健康,从而提升全民的健康素质。在彝族医药康养旅游的发展过程中,医疗诊治、药材种植、旅游管理和商业活动等方面的一系列职业将加大对人才的需求量,为多学科人才就业提供岗位和方向;随着彝族医药康养旅游的推广,不少游客都来楚雄学习彝族医药知识,感悟彝族医药文化,这也将推动彝族医药文化的传承与保护。另外,将中草药种植园区辟为旅游景点,发展休闲旅游,与乡村旅游结合,对于助推新农村建设具有积极意义。特别是在贫困地区,引导贫困户积极参与中药材生产,可以实现精准扶贫。

3. 生态价值

中医药产业本身就具有绿色环保的特点。一方面,品质优良的中医药种植依赖于良好的生态环境;另一方面,中医药的种植加工及开发要求采用现代生物技术、生态学技术、环境技术等。因此,彝族医药康养旅游的开发,对于生态环境的改善和产业的可持续发展都具有积极的意义。

四 楚雄彝族医药康养旅游产业发展的路径

楚雄彝族医药康养旅游产业的发展,需要整合现有的彝族医药资源和旅游资源,将彝族医药康养旅游产业发展同楚雄州大健康产业、"健康生活目的地"的发展战略以及楚雄州旅游发展规划结合起来,积极探索"大产业+新主体+新平台"的发展模式,构建"传统产业+支柱产业+新兴产业"的迭代产业体系,并着力在品牌打造、产业体系构建、发展业态创新、人才培养及科技创新等方面积极探索发展路径。

(一)发挥"一会"优势,打造特色品牌

"一会"即彝族医药康养产业发展大会。2018年8月,"云南省首届彝族医药康养产业发展大会"在楚雄召开,州委、州政府在会上提出将努力把彝族医药打造成继藏、蒙、维、傣之后最有实力、最具竞争力的民族医药品牌;同时,来自哥伦比亚、泰国、中科院、中华医学院等的国内外知名的专家学者共同为楚雄州彝族医药康养产业谋发展,献良策;新华社、《香港商报》、《云南日报》等60余家媒体,对大会给予了高度关注。目前,

"彝族医药康养产业发展大会"已顺利召开两届，不仅加快推进了彝族医药产业的科技创新、结构优化和有序发展，而且提升了彝族医药在民族医药中的地位及彝族医药在国内外的知名度和影响力，为做大做强彝族医药品牌奠定了坚实的基础。

为此，楚雄彝族医药康养旅游产业的发展，要发挥好彝族医药康养产业发展大会的辐射及影响作用，进一步优化市场环境，提升市场服务水平，加强对外合作与交流，吸引企业跨界合作，为实现高质量跨越式发展提供新的发展动能。

（二）依托"一镇"优势，构建产业体系

"一镇"即彝族医药康养特色小镇。目前，楚雄州已初步形成了"5＋15"特色小镇创建格局。2017年，5个小镇入选省级特色小镇创建名单。2019年，州政府决定创建15个州级特色小镇。楚雄紫溪康养小镇就是15个特色小镇之一。小镇充分利用紫溪彝村现有建筑和基础设施，引进彝医资源，积极打造了一个以彝族医药为核心、彝族医药种植为基础、传承保护和发展彝医为主的特色农业产业智能康养小镇。2018年，紫溪彝村全年接待游客12万余人次，实现旅游收入850万余元，实现户均收入9.98万元。[1] 该项目的建设，为楚雄及周边城市甚至是国内外游客提供了高水平的康养服务，吸引了更多的外资企业和国际资本进入楚雄市场，地区经济竞争力不断提升。

因此，楚雄彝族医药康养旅游产业的发展，要以彝族医药康养特色小镇建设为依托，通过"政府＋企业＋农户＋科研院所"的多方合作模式，进行资源整合，将彝族医药资源优势转化为产业优势，实现一二三产的融合发展，形成集药材种植、药品研发、药品生产加工与销售、诊疗、保健、旅游、教育、研学为一体的全产业化发展格局，发挥产业的带动作用，实现产业立镇、产业富镇、产业强镇。

---

[1] 李燕，华林.乡村振兴战略下少数民族特色村落建档研究——以楚雄紫溪彝村为例 [J]. 山西档案，2020（4）：147－153。

（三）借助"一园（区）"优势，创新发展业态

"一园（区）"即彝族医药康养示范园（区）。楚雄彝族医药康养示范园（区）是中国首个以彝族医药非物质文化遗产旅游为主题的康养项目，是集彝族医药馆、彝族医药博物馆展销中心、中草药交易中心、楚雄非物质文化遗产体验、楚雄老字号小吃、云南特色餐饮等于一体的"商业+旅游+康养"的体验园区。彝族医药康养示范园（区）的彝族医药康养一条街已设立中彝医特色诊疗点，入驻特色民营彝医医疗机构，涵盖彝医、彝药、养生保健、药浴酒店等多种业态，全方位提供吃、住、康、娱、游等中彝医特色服务，展现了彝族医药的特色和魅力，开创了"彝族医药+养生""彝族医药+旅游""彝族医药+食品"等新的业态模式，为构建彝族医药文化康养旅游三位一体、生产生活生态同步协调发展的彝族医药康养产业发展新格局提供了新的思路，为推进楚雄州"1133"战略实施，促进高质量跨越式发展打下良好基础。

因此，楚雄彝族医药康养旅游产业的发展，要以彝族医药康养示范园（区）的打造为抓手，通过资源共享平台和产业发展平台的搭建，创新产业发展的新业态、新模式，构建彝族医药康养旅游产业发展新格局；并不断挖掘资源特色和市场需求，根据目标客户群分类，进行特色产品开发与创新，丰富彝族医药康养旅游产品类型。

（四）利用"一院"优势，助力人才培养及科技创新

"一院"即彝族医药研究院。20世纪80年代以来，楚雄州先后成立了云南省楚雄州彝族文化研究院、楚雄州彝族医药研究所、云南省彝族医药研究所、云南省彝医医院、云南省民族药研发中心楚雄分中心等机构，多层次、全方位地对彝族医药理论研究、新药研发、临床治疗、药材种植养殖开展研究、传承和保护。

楚雄州彝医医院始建于1979年，是全国唯一的一所省级彝医医院，医院现已发展成为云南省集中医药、彝医临床、科研、教学、制剂于一体的现代化综合性三级甲等中医医院、全国重点民族医医院、全国彝族医药标准化研究推广基地、国家级非物质文化遗产保护项目——彝医水膏药疗法

的传承基地,是楚雄州乃至云南省彝族医药的重要窗口和龙头单位。2017年,楚雄州彝医医院先后与上海现代药物制剂国家工程研究中心共建了全国首个彝族医药院士工作站——侯惠民院士工作站,与云南省药物研究所共建了楚雄州唯一一个在生物医药产业方面的科技专家服务站——朱兆云科技专家服务站,为新彝药制剂开发和国家级非物质文化遗产保护项目彝医水膏药创新提供科技支撑;建成了一个集彝医植物药种质保存及栽培、药用动物驯养繁殖为一体的彝族药材种植养殖基地。另外,还建成全国彝族医药标准研究推广基地,起草的100个彝医名词术语通过国家评审,使古老的彝药焕发了生机和活力,为彝族医药文化的传承与保护提供了新的路径和方法。

随着大健康战略的不断推进和康养旅游产业的不断升级,彝族医药产业与康养旅游产业融合发展,作为一种新的康养旅游模式,将会受到越来越多人的追捧。未来,我们将在市场开拓、产品开发、技术创新以及产业链构建等方面进一步探索二者融合发展的新路径、新模式和新方法。

参考文献

1. 潘立文,郭向群,赵桂刚,杨露,许琳. 楚雄彝医药发展现状、存在问题及对策分析 [J] 中国药事, 2019.33 (6): 616 – 623.
2. 李海艳,潘立文. 楚雄州彝医药事业存在的问题研究 [J]. 饮食保健, 2018 (2): 284 – 285.
3. 潘立文,王晓明,扬先振,李海艳. 对彝医药发展现况的研究与思考 [J]. 中医药导报, 2017, 23 (10): 38 – 43.
4. 徐士奎,罗艳秋,张雯洁,陈琳,窦涛,杨勇帮,任洁. 云南省彝医药发展现状调研与对策研究报告 [J]. 中国药事, 2015 (12): 1292 – 1298.
5. 许嘉鹏,杨本雷. 楚雄州彝族医药发展现状的调查研究 [J]. 云南中医中药杂志, 2009 (10): 70 – 72.
6. 曹永莲. 关于加快彝医药发展的思考 [J]. 亚太传统医药, 2007, 3 (8): 9 – 10.
7. 杨本雷. 彝族药研究的方向、内容、重点和困难所在 [J]. 云南中医学院学报, 2006, 29 (1): 8 – 10.
8. 秦国政. 对我省彝族医药文化保护与彝药研发的思考 [J]. 云南中医学院学报,

2005（3）：1-2.

9. 饶文举. 彝族医药学源流考［J］. 云南中医学院学报，2006（1）：82-85.

10. 陈树德. 让彝医在传统医药百花园中绽放［N］. 人民政协报，2013-07-24（2）.

11. 焦家良. 加快彝族医药产业发展 主动融入大健康产业［EB/OL］.［2019-01-25］. http：//yn. yunnan. cn/system/2019/01/25/030188057. shtml.

12. 邓群. 少数民族医药传承困境和发展策略研究——以阿勒泰哈萨克族医药为例［D］. 中央民族大学，2017.

B.10 云南康养旅游产业与芳香产业融合发展研究

高 丽 孔 莉 余 虹*

摘　要：康养旅游追求身心健康愉悦，芳香产业因保健功能强、五感体验效果好而与康养旅游产业有着天然的融合条件。云南是全国知名的康养旅游大省，芳香产业基础也较好，这为两者的融合发展奠定了坚实的基础。本报告基于实际调研，分析了云南康养旅游产业与芳香产业融合发展的现状及存在的问题，提出了促进康养旅游产业与芳香产业融合发展的措施及建议。

关键词：康养旅游；芳香产业；云南

Research on the Integrated Development of Health and Wellness Tourism Industry and Fragrant Industry in Yunnan Province

Gao Li, Kong Li, Yu Hong

Abstract: Health and wellness tourism pursues physical and mental health. Due to its strong health care function and good experience felling, the fragrant industry is closely related to health and wellness tourism industry. Based on good natural resources and industrial conditions, Yunnan is a well-known health and well-

---

* 作者简介：高丽，云南大学工商管理与旅游管理学院讲师，研究方向为创新创业与产业经济；孔莉，云南大学工商管理与旅游管理学院教授，研究方向为创新创业与区域经济；余虹，云南大学工商管理与旅游管理学院讲师，研究方向为创新创业与区域经济。

ness tourist destination, which provides a broad prospect for the integration and development of the two industries. This study analyzed the current situation and existing problems of the integrated development of health tourism industry and fragrant industry in Yunnan Province, and put forward measures and suggestions to promote the integrated development.

Keywords: Health and Wellness Tourism; Fragrant Industry; Integrated Development

建设健康中国离不开大健康产业的发展与支撑。近年来，我国大健康产业发展迅速，预计到2030年，产业总值将达到16万亿元。在新的健康理念下，大健康产业的内涵和外延也不断扩大，涉及越来越多与人类健康相关的行业，而其中的康养旅游业备受关注。2017年5月，国家卫生计生委、国家发展改革委、财政部、国家旅游局、国家中医药局联合发布了《关于促进健康旅游发展的指导意见》，指出健康旅游是健康服务和旅游融合发展的新业态，发展健康旅游对保障健康具有重要意义。而云南省也在《云南省旅游产业"十三五"发展规划》中强调大力发展旅游新业态，着力打造以治疗、康复、保健休闲度假为重点的医疗健康旅游产品。2018年，云南省提出"三张牌战略"，要全力将云南打造成为世界一流、宜游宜居的"健康生活目的地"，大力推进中西医药、医疗及康养休闲产业发展，这为云南的康养旅游发展指明了方向。

云南省香料香药资料丰富，是天然香料植物的主产区，芳香产业发展基础较好，民族民间中医药芳香养生服务发展迅速。良好的自然条件给云南康养旅游产业及芳香产业的融合发展提供了条件和机会。

康养旅游是基于"治未病""消未患"的健康理念而发展起来的一种体验式旅游活动，追求身心健康和愉悦体验。任宣羽认为康养旅游是以优质的康养物候条件为基础，消费者可以通过旅游的形式来获得幸福感的专项旅游活动。[①] 幸岭则从云南省康养旅游产业的发展资源条件出发，对康养旅

---

① 任宣羽.康养旅游：内涵解析与发展路径［J］.旅游学刊.2016, 31 (11)：1-4.

游产品类型进行划分。① 罗明义等提出了"大健康旅游"概念。② 田瑾对昆明市健康旅游产业发展战略进行了研究。③ 而国外研究则认为,14世纪早期温泉度假疗养地SPA就是健康旅游的初始形态,这也是芳香产业与康养旅游产业融合发展的成功事例。

芳香产业是与芳香原料相关,可以带来嗅觉感受与味觉感觉的相关行业,涉及芳香植物种植、芳香园林设计、芳香医药、芳香旅游及芳香美颜等行业,具有产业链长、附加值高的特点。黄奕怡等研究了上海南汇地区发展芳香植物产业的可行性及对策④;许军林总结了芳香产业链的特征,探讨了芳香产业的发展模式⑤;黄琳等和田瑾讨论了云南芳香旅游的开发前景及特点⑥;刘卜僖等对海南岛的芳香旅游发展进行了研究⑦。黄潇融则指出芳香植物保健功能独特,对老人的健康具有积极作用。⑧ 何雨桐等对云南省药用香料植物及其药用价值进行了梳理,提出了综合开发利用香药的对策建议。⑨ 万宠菊等、刘立红等则对云南发展中医药健康养生旅游进行了思考和分析。⑩

从现有研究来看,学者对芳香康养旅游及香药养生进行了研究,但相关文献较为零散,较少聚焦讨论省级区域康养旅游产业与芳香产业融合发展问题。本报告基于实际调研,全面梳理云南康养旅游产业与芳香产业的融合现状,分析其存在的问题,提出建议措施促进两个产业深度融合,对

---

① 幸岭.云南省康体养生旅游开发研究[J].楚雄师范学院学报,2014,29(5):102-108.
② 罗明义,罗冬晖.关于发展"大健康旅游"之我见[J].旅游研究,2017,9(2):2-5.
③ 田瑾.国外芳香旅游发展研究[J].当代经济,2016(16):46-49.
④ 黄奕怡,姚雷,严秀琴.上海南汇地区发展芳香植物产业的对策和探讨[J].上海农业科技,2010(1):21-22.
⑤ 许军林.香草植物产业链及产业发展模式研究[J].北方园艺,2014(6):177-180.
⑥ 黄琳,邹敏.云南"芳香旅游"产业的开发与发展前景分析[J].中国经贸导刊,2014(14):35-37.田瑾.国外芳香旅游发展研究[J].当代经济,2016(16):46-49.
⑦ 刘卜僖,贺晓娟,陈靖宇,陈翀.芳香植物在热带园林绿地应用中的拓展——以海南省海口市香世界庄园为例[J].热带农业科学,2018,38(1):109-113.
⑧ 黄潇融.芳香植物在养老院户外环境中的应用研究[D].湖南农业大学,2018.
⑨ 何雨桐,周启微,李璠,黄邦连,于浩飞,张荣平.云南省药用香料植物发展现状及对策建议[J],中国现代中药,2019,21(12):1610-1615.
⑩ 万宠菊,于博,肖丽萍.云南省发展中医药健康旅游的思考[J].当代经济,2016(34):102-104.刘立红,王芬,刘英,刘石磊,胡会泽,张文生,辛文锋.关于云南发展中医药养生旅游产业的思考[J].云南科技管理,2017,30(3):1-3.

云南大健康产业的发展具有重要的现实意义及实践价值。

一 云南康养旅游产业与芳香产业融合现状分析

大众旅游从观光旅游发展为康养旅游是旅游行业的重要发展趋势。游客不再满足于吃、住、行、游、购、娱，对旅游提出了更高的功能要求及更多的体验要求。芳香产业保健功能强，体验效果好，与康养旅游契合度高，具有良好的融合基础。康养游客追求更多的感官享受，芳香植物能带来五感的全方位立体体验；康养游客追求身心健康，香气袭人可以"治未病"；康养游客关注功效及感性体验，芳香植物功效独特，能够调节情绪。因此，云南在芳香产业发展基础上，经多年实践和努力，尝试与康养旅游融合发展，产生了芳香主题旅游、芳香SPA、中西医芳香疗法等芳香康养旅游形式。

（一）云南芳香产业发展现状分析

云南花卉产业快速发展，咖啡及香辛料种植面积较大，云南香料产业发展迅速，芳香旅游兴起。

1. 云花产业蓬勃发展

云南是全球三大新兴花卉产区之一，也是全球第二、亚洲第一的鲜切花交易中心，花卉是云南最亮丽的一张名片。最近几年，云南花卉产业种植面积增长较快，2020年，云南全省花卉种植总面积达到190.0万亩，综合产值达到785.2亿元，花卉企业数及从业人数也不断增加，云花继云烟、云茶、云药之后成为云南颇具活力的特色新型产业，其主要指标发展情况如表1所示。

表1 云南花卉产业主要指标发展情况

	2016年	2017年	2018年	2019年	2020年
种植总面积（万亩）	132.5	156.2	171.4	175.6	190.0
综合产值（亿元）	463.7	503.2	525.9	751.4	785.2
鲜切花产量（亿支）	100.6	110.3	112.2	139.0	147.0

资料来源：云南省花卉产业办公室。

2. 咖啡及香辛料种植面积扩大

云南11个州市都种植咖啡。截至2018年，咖啡种植面积177万亩，产量15万吨，占全国咖啡种植面积、产量的98%左右。咖啡业产值26亿元左右，从业人员约114万人，咖啡企业420家，初加工企业290家，有一定影响力的深加工企业12家。

云南的香辛料以草果、花椒、砂仁、八角及胡椒五大类作物为主，主要分布在怒江、澜沧江、金沙江、元江等温暖湿润的地带，大多为地处偏远的少数民族地区。2018年云南主要香辛作物种植及产值情况如表2所示。

表2 2018年云南主要香辛作物种植及产值情况

作物	面积（万亩）	产量（万吨）	产值（亿元）	主要地理分布
草果	344.00	5.22	9.81	怒江、红河、文山、保山、德宏、普洱、西双版纳、楚雄
花椒	144.78	2.74	14.80	昭通、丽江、楚雄、保山、大理、曲靖、文山
砂仁	24.94	0.90	5.80	红河、西双版纳、普洱、怒江
八角	88.12	2.04	1.38	富宁、马关、麻栗坡
胡椒	5.88	0.19	1.34	绿春、隆阳、盈江

资料来源：根据怒江州2019年首届草果节大会发言整理。

在香辛料的种植中，云南的草果产量占全国95%以上，而砂仁产量也是全国第一，花椒产量排到全国前列。

3. 云南香料产业全国知名

天然香料主要包括未加工或磨成粉末的植物发香部位，或对植物进行提取或精加工而不改变其原来成分的香料。天然香料可以直接使用，也可以根据需要调配成为香精。

云南是全国知名的天然香料主产区，天然香料种类及产量居全国前列。天然桉叶油、香叶油、香茅油的产量达到了世界产量的一半以上。在生产布局上已形成以昆明、玉溪为中心的香料香精加工生产基地；以西双版纳、德宏、河口为主的热带香料植物种植加工生产基地；以滇中地区和大理州为主的桉叶、香叶、薄荷种植加工生产基地；以文山、红河、保山为主的香辛料种植加工生产基地。

种子—花朵—萃取—提香—芳香制品—芳香产业,从芳香种植到芳香康养旅游,"云香"可能孕育成为云南特色支柱产业。

4. 芳香观光休闲旅游及芳香健康养生旅游产业方兴未艾

云南具有良好的自然资源及旅游产业发展基础,前期尝试发展芳香旅游业并取得了明显效果,打造了知名的芳香旅游目的地及芳香产品品牌,罗平的油菜花节、普者黑的万亩荷塘、斗南花卉市场成为芳香旅游热点。

此外,在芳香健康养生旅游方面,云南省中医药率先引入推广了中医芳香疗法,而在西方芳疗方面,云南有大量的美系、法系芳疗师利用本土精油开展美容保健、身心调养及疾病预防工作,也引进多特瑞、莱薏等国际知名精油品牌开展芳疗活动。

(二)康养旅游产业与芳香产业融合现状分析

当前,云南芳香产业与康养旅游产业的融合主要体现在景区美化和香化、芳香休闲旅游、芳香养生旅游、芳香食品及芳香健康用品开发方面。

1. 芳香植物助力景区美化和香化

芳香植物是兼有药用植物和香料植物共有属性的植物类群,具体可分为花芳香、叶芳香、枝干芳香、果芳香等类别。芳香植物的运用广泛,其在园林方面的运用除丰富园林植物种类、增强园林层次搭配效果、营造良好的植物生态群落外,更能增加园林景观中的芳香气味类型,使游客视觉、嗅觉体验感得以增强,强化感受效果。

云南景区大多利用芳香植物进行美化,云南公园观赏芳香植物品种实际应用多达几十种,其主要的运用方式有两种:一是大面积单一栽植某一植物,形成一定的景观规模,如昆明嘉丽泽恒大养生谷及大理种植的薰衣草、曲靖及红河种植的大片玫瑰等。二是采取群落组团式的芳香植物和其他类型植物搭配造景,如红河东风韵景区的薰衣草园及太平湖森林公园,使景区在视觉感官上实现更好的观赏价值。

2. 芳香观光休闲旅游多点开花

基于云南良好的旅游及自然资源,云南芳香休闲旅游全国知名,呈贡斗南鲜切花是全国知名的芳香旅游目的地,昆明花之城、罗平油菜花、文山普者黑荷花、无量山冬樱花都是著名的旅游标签。按照《云南省高原特色现代农业"十三五"花卉产业发展规划》，昆明呈贡、石林，曲靖罗平，文山丘北，丽江玉龙，保山腾冲等都大力发展芳香花卉旅游，而弥勒太平湖森林公园也建成了2000亩的高原特色苗木花卉基地。

3. 芳香健康养生旅游倍受追捧

芳疗养生旅游形式首推温泉SPA。云南的地热资源丰富，温泉数量众多，全省各地均有温泉景区，全省温泉出露点有1100余处；100℃以上温泉20余处，40℃以上温泉500余处，且以泉类多、水质佳、用途广、景观奇而闻名全球。云南温泉酒店分布广泛，高档的酒店都开设了芳香精油SPA，如昆明柏联SPA温泉酒店及腾冲石头纪酒店以高品质的水疗精油SPA闻名世界，而华侨城温泉、寻甸星河温泉小镇、腾冲热海等温泉酒店/度假村也提供各种精油SPA服务，让游客在欣赏自然美景的同时，彻底放松身心。

中药芳香疗法方面，云南中医药大学建成了芳香中药重点实验室，云南省中医院滇池院区设立了"治未病科"，利用中药组方提取精油，采用香薰给药方式对鼻炎、失眠、抑郁症、焦虑症患者进行相应治疗；云南省中医院在玉溪市妇幼保健院也利用中医芳香疗法开展上呼吸道感染的治疗。除此而外，云南还大力发展各种民族医药，楚雄州建立了彝医药产业园，老拨云堂和齐书堂成为彝医健康养生的代表，而苗医、傣医、藏医等多民族医药都大量使用芳香药物，并采用多种给药方式进行多种疾病的预防和治疗。

4. 芳香健康食品及用品开发力度加大

云南丰富的生物资源为芳香美食提供了大量食材，芳香植物入筵席是滇菜的一大特点，据不完全统计，云南可食用的芳香植物有70余种，它们可以作为蔬菜、水果、中药材和调味料，也能用于制成糕点、糖果、冷饮、果酱和蜂蜜等芳香保健食品。近年来，鲜花饼已成为云南芳香食品的一张名片，其产值超过了50亿元，其中，最具代表性的品牌是嘉华鲜花饼。目前，嘉华集团已建成年产近1.5亿枚鲜花饼的生产线，在曲靖市马龙县建设了有机农业示范园区，并获得了中国及欧盟的有机认证。

日化健康用品方面，云南白药集团成为日化行业的先行者，开发了系列日用大健康产品，其中云南白药牙膏成为中国牙膏知名品牌，2020年的销售额达53.87亿元。而养元青洗发水，采之汲面膜、护手霜等日化产品也成为后起之秀。此外，贝泰妮的薇诺娜品牌化妆品成为中国药妆第一品牌。这几个品牌所取得的巨大成绩，为芳香健康用品的开发提供了范本和成功案例。

二 云南康养旅游产业与芳香产业融合发展中存在问题分析

（一）云南康养旅游产业与芳香产业融合发展中存在的问题

1. 拥有良好的自然资源，但芳香康养旅游刚刚起步

云南地形地貌多样，气候特征立体，为芳香植物的多样性提供了良好的自然条件，全球90%的香料植物都可以在云南露天生长，除观赏类花卉、咖啡、香辛料外，天然芳香植物种植普遍并形成了一定规模，形成了昆明团结乡五月玫瑰种植基地、凤龙湾薰衣草庄园，安宁食用玫瑰庄园，石林香草园，德宏香茅草基地，大理香叶天竺葵基地，等等，芳香康养旅游也受到一定影响。但目前康养旅游产业与芳香产业的融合层次较低，大多数芳香植物种植及观赏为主，立体开发较少。

2. 芳香康养旅游亮点频出，但缺少有影响力的芳香主题旅游

基于良好的自然环境和传统，云南芳香康养旅游产业发展亮点频出，柏联和腾冲石头纪的SPA成为游客追捧品牌；芳香科普园开展了芳香游学活动，昆明德馨香水博物馆开展了香水DIY等研学活动；中医药芳香植物基地建设方兴未艾；精品咖啡农庄发展迅速，也成功开发了鲜花饼等芳香食用产品及牙膏药妆等健康日化产品。但是，相对于体量巨大、发展迅速的康养产业而言，云南芳香康养旅游产品在设计和服务、销售方面，仍存在明显的差距，也没有产生如法国普罗旺斯的薰衣草、新疆的薰衣草、保加利亚的玫瑰、法国香水博物馆等全球知名的芳香主题旅游景点或景区。

3. 芳香养生旅游市场散乱，服务水平还有待于进一步提高

芳香疗法的发展具有悠久的历史，但作为一种疾病预防手段，最近几年才得到国人的普遍认可。我国效仿欧美在星级酒店及度假村中开设了芳香疗法的相关服务，大多采用香薰及 SPA 方式，但服务内容及流程相对单一，缺少差异化设计，特色项目也不多。

中医芳疗方面，云南省中医院在全国率先引入了中医芳香疗法，成为全国第一家在门诊实践中医芳香疗法的三甲医院，在中医芳疗的研究及推广方面迈出了里程碑式的一步，但在应用推广方面尚有欠缺。

（二）存在问题的成因分析

1. 芳香植物种植相对零散，芳香产品品质参差不齐

云南省芳香植物及花卉零星分散，碎片化种植现象突出。小而分散的种植方式增加了旅游产品的开发难度，基础设施建设及建设用地难以得到有效保障，旅游的通达性受到影响，零散的景区耗费了游客大量的时间和精力，类似芳香旅游产品未能得到游客的追捧。

此外，云南省缺少相应品种资源的细致研究和筛选，也缺少相应植物的种质资源库，导致云南芳香植物提取物的品种、品质缺少竞争力，不能将观赏性和功效有机结合，甚至出现与市场脱节的情况，如在种植提取精油的玫瑰时，有些基地没有选择国际市场上公认香型的百叶玫瑰或大马士革玫瑰品种；在薰衣草的种植方面，也没有挑选出适合云南水土的新品种。

2. 芳香康养旅游产品缺乏特色，专业化程度欠缺

云南芳香康养旅游产品开发缺少特色，芳疗的规模也较小，除酒店 SPA 外，大多都由美容院或工作室提供芳疗服务，芳疗形式千篇一律，也没有品牌，难以吸引外来游客。市场证明，只有做出特色才有前景，悦榕庄的精油 SPA、泰式按摩、欧美的西式芳疗都因其手法专业、富有特色才能得到游客的追捧。

芳香植物的功效差别巨大，芳香疗法给药方式千差万别，再加上精油的使用具有很强的专业性，使用不当会导致毒性积累，给使用者造成身体的损害，芳香养生行业需要更专业的人士。但云南芳疗界所使用的精油品质差距较大，专业人才也比较欠缺，甚至世界著名精油品牌多特瑞在云南寻找代理商及临床芳疗师时，也因人才缺乏而只能在自主培训方面花费大量精力。

3. 芳香康养人才缺乏，设计水平有待提高

芳香康养旅游产业的发展需要各种类型的人才，如芳香植物的研究人员、种植环节技术人员、芳香旅游景区设计人员、芳疗师、调香师等。当前，云南省具有昆明植物所的高端科研人才、农科园花卉所的专家及各种技术人员，但缺乏既懂康养旅游又了解芳香产业的复合型人才，缺少了解芳香植物疗效的中医师、熟悉芳疗按摩的芳疗师、善于调香的香氛设计师。此外，云南最为欠缺的是产品整体设计人员及营销高手，云南多数产品民族特色显著，但时尚感较为欠缺，在外观及品质上的竞争力均不强。在营销策划上也缺少新意，难以吸引消费者。

三 促进康养旅游产业与芳香产业融合发展的措施及建议

（一）促进云南省康养旅游产业与芳香产业融合发展的措施

1. 合理利用芳香植物的美学及保健功能，美化香化景区

芳香植物的配置布局要遵循艺术性的原则，运用调和、统一、均衡、韵律等美学基础，结合芳香植物的形态、季节变化等特点，充分发挥每一种植物的作用，尽可能多地把芳香植物的色彩、姿态以及芳香特点显露出来，让芳香植物与其他植物充分融合，让植物景观富有层次和律动感，既能展现植物的个性美，又能使景观协调统一，从而提高景观的观赏价值。运用芳香植物进行配置时，还需充分了解芳香植物的保健性，将其运用到植物配置中能有效地发挥芳香植物的作用，实现景区绿化、美化、香化及净化的目的。

2. 打造芳香生态休闲园，大力推进芳香主题旅游

芳香生态休闲园是以芳香植物为主题，便于人们娱乐、休闲、观光的庄园，如浙江桐庐的巴比松庄园，以大片的薰衣草为主题，集休闲、旅游为一体；还有新疆的罗马甘菊观光园，清新的花香、大片的花海，让人流连忘返，心旷神怡，将视觉和嗅觉的结合发挥到极致。

3. 发展中西医芳香疗法，重点扶持芳香养生旅游

基于中西医药理，充分利用云南的天然芳香植物优势，打造具有云南特色的芳香疗法形式，充分发挥芳香植物及芳香精油的"治未病"功效及作用。云南民族众多，民族医药特色明显，除传统中医理论外，苗、彝、傣都有自己的独特配方及独特疗效。此外，很多少数民族一直有以药入膳的食俗，不仅味道独特，更是滋补养身，《滇南本草》就收藏了药膳 73 方，独特的民族医药技术为健康旅游产业提供了独特的发展环境。

4. 发展芳香美食旅游，开发芳香健康产品

芳香植物的重要用途就是饮用及作为食物调料。香辛料在食物中的大量运用，改善了食物味道，也让人得以享受舌尖上的美味。咖啡作为一种饮品，深受消费者喜爱。云南盛产咖啡，当前参观咖啡种植基地，品精品咖啡成为寻香之旅的另一种形式。云南作为多民族地区，保留了大量赏花、食花的习俗与传统，玫瑰、茉莉、菊花、兰花、白花、荷花皆可饮用入菜，茉莉花茶、玫瑰花饮、兰花（石斛花）花饮等也成为健康新时尚。

（二）促进康养旅游产业与芳香产业融合发展的政策建议

1. 政府高度重视芳香康养旅游产业发展，做好相应规划

芳香康养旅游的发展需要良好的物候条件，也需要政府的大力支持及推进。海南集全省之力，将"中药香岛"和"健康旅游岛"提上了建设日程；江西金溪由政府出面招商引资，着力打造华夏香都。伊春市金林区政府 2019 年承办了世界芳香康养高峰论坛暨中医药芳香健康产业融合发展对接会议。云南省自然资源丰富，气候类型多样，芳香植物种类繁多，民族芳香文化丰富多彩，旅游产业基础良好，在芳香康养旅游方面具有巨大的发展潜力，但缺少政府的有效引领及支持，市场的聚焦及关注力度不够。建议各级政府加强引导芳香康养旅游，组织召开各种论坛，举办各种实践活动，促进康养旅游产业与芳香产业有机结合，打造康养旅游新业态，推动芳香健康产业多元化发展。近年来的实践证明，芳香康养是中医药芳香健康产业发展的新路径，芳香植物及其精油在大健康产业中具有重要的地位和作用。

云南全省适宜栽种芳香植物，具体到各州市适宜什么品种，则需要考虑自然条件及前期基础，进行科学布局。《云南省旅游产业"十三五"发展规划》《云南省花卉产业三年行动计划（2018—2020）》《云南省人民政府办公厅关于咖啡产业发展的指导意见》等相关文件的颁布为云南旅游产业、芳香产业的发展确定了目标，指明了途径，提出了工作重点。但规划中缺少融合发展的思路，存在着各相关部门工作任务安排不够细致、操作性还有所欠缺的问题，需要进行加强及完善。

2. 加强产业的标准化建设，引导芳香康养旅游规范发展

现代产业是生产规范化、产品标准化的产业，建立标准是促进产业发展的基础，也是推进地域性公共品牌建立的有力保障。芳香康养旅游中所涉及的芳香产品（如精油）及芳香服务（如SPA和芳疗）要取得长足发展，必须走规范化和标准化的发展道路。目前云南省存在芳香产品标准缺失、精油市场产品参差不齐、芳疗市场混乱的现象，云南省中医药大学预计出版《中医香药学》《中医芳香疗法技术》《中医芳香方剂学》三本专著，这会对芳香康养产业的规范化发展做出一定的贡献，但还需要协调有关部门，多方位构建芳香产业国家级及省级标准体系，为芳香产业发展提供有力的指导及保护。

在标准制定方面，云南花卉产业走在前列，全省已制定花卉产业相关环节国家、行业和地方标准92项，数量居全国第一。在育种方面，通过产学研协同创新的花卉育种体系，培育出有自主知识产权的花卉新品种580个，改变了我国鲜切花品种主要依赖国外进口的状况。同时，采用绿色生产技术标准，为种植户提供了标准化的精准智能种植技术，最终有效实现了农药和化肥的规模化"双减"，这些成功的经验值得大力推广，有利于芳香康养旅游产业的可持续发展。

3. 整合资源，创建平台，促进信息交流

云南具有良好的植物资源，对植物的研究也走在全国前列，芳香产业及康养旅游产业的融合发展基础较好，但未形成合力。当前需要出台相关措施进行资源整合，建设研发、检测、设计、融资等各种类型的公共服务平台，鼓励产学研结合以推进产业发展。除此而外，更要加快康养旅游产业及芳香产业大数据中心建设，运用大数据推动产业的融合发展；借助媒体、网络等平台提高信息的透明度，推动各地区间的信息交流，真正实现芳香康养产业信息的资源共享。

花卉产业方面，云南省农科院花卉所致力于将自己打造成为全国花卉技术中心，组建了智慧花卉工程研究中心，建立了国际花卉研究院，推进了花卉的精准化、智能化和信息化发展。除此而外，要建立芳香康养旅游产业云数据中心，加快建立芳香产业检测平台。加快芳疗技术培训中心建设，同时，集中建设企业融资服务平台，增强融资能力，面向产业发展提供精准融资服务，全面提升集群内企业技术创新能力，提升产品设计水平，促进产业的持续发展。

4. 打造芳香产业地域公共品牌，提升芳香产品品牌市场知名度

云南芳香产业资源优势明显，但缺少与资源相匹配的产品品牌及市场影响力。近年来，特色产业发展的品牌化竞争趋向日益凸显，地域公共品牌在市场上的号召力及影响力不断增大，对消费的引导作用显著，如众所周知的法国香水、法国波尔多地区葡萄酒、新疆薰衣草等都具有竞争优势。云南全省具有独特的芳香自然资源及产业资源，通过打造地域公共品牌，可以有效避免单个品牌影响力散、弱、小的状况，增强品牌的市场知名度，以区域形象促进区域产品发展，又能以区域产品的发展来提升区域形象。在地域公共品牌建立中，文化的积累不可缺少，云南要不断探索中国本土的芳香消费文化，创造、引领国内芳香消费新潮流并予以全面宣传，打造云南芳香文化及芳香产业发展的芬芳形象，提升云南芳香地域公共品牌影响力，提升品牌的市场知名度。

参考文献

1. 李鹏，赵永明，叶卉悦. 康养旅游相关概念辨析与国际研究进展［J］. 旅游论坛，2020，13（1）：69－81.
2. 易慧玲，李志刚. 产业融合视角下康养旅游发展模式及路径探析［J］. 南宁师范大学学报（哲学社会科学版），2019，40（5）：126－131.
3. 倪细炉，朱强，田英. 芳香植物研究与芳香产业现状综述［J］. 农业科技通讯，2011（4）：18－21.
4. 许军林. 香草植物产业链及产业发展模式研究［J］. 北方园艺，2014（6）：177－180.
5. 陈敏. 互联网思维下的芳香产业与旅游业融合发展［N］，中国旅游报，2014－

12 – 31（11）．

6. 田瑾．国外芳香旅游发展研究［J］．当代经济，2016（16）：46 – 49．

7. 刘卜僖，吴庆书，陈靖宇．海南岛芳香旅游发展研究［J］，中国园艺文摘，2018（4）：120 – 122．

8. 刘立红，王芬，刘英，等．关于云南发展中医药养生旅游产业的思考［J］．云南科技管理，2017，30（3）：1 – 3．

9. 罗明义，罗冬晖．关于发展"大健康旅游"之我见［J］．旅游研究，2017，9（2）：2 – 5．

10. 何雨桐，周启微，李璠，黄邦连，于浩飞，张荣平．云南省药用香料植物发展现状及对策建议［J］，中国现代中药，2019，21（12）：1610 – 1614．

11. 黄薰，刘珍珠，王维广，翟双庆．基于古代常见芳香药的药物特性探析《黄帝内经》香入脾理论［J］，北京中医药大学学报，2021，44（6）：485 – 490．

12. Smith M, Puczko L. Health and Wellness Tourism [M]. Oxford：Elsevier Butterworth-Heninemann, 2009：237 – 245.

13. Bushell Robyn, Sheldon Pauline J. Wellness and Tourism：Mind, Body, Spirit, Place [M]. Elmsford, New York, 2011.

Ⅳ 案例篇

Case Studies

B.11
龙韵养生谷康养项目发展问题诊断与对策建议

陶小龙 吴风琼 姚建文 于婉麟[*]

摘 要: 随着人口老龄化、环境污染的加剧,以及生活质量的提升和消费结构的升级,人们对"健康、愉快、长寿"的追求越来越强烈,在政策指引、人民需求下,康养旅游业迎来了重大发展机遇。云南省石屏县龙韵养生谷康养项目正是抓住这一重大机遇获得了快速发展,但其在发展过程中也暴露出市场目标定位不明确、产品和服务质量有待提高、市场营销方式较为单一、人力资源管理存在不足、设施设备有待改进等诸多问题。针对上述问题,本报告提出了针对性的对策建议,对于推动龙韵养生谷康

---

[*] 作者简介:陶小龙,男,博士,云南大学工商管理与旅游管理学院,副教授,硕士生导师,研究方向为人力资源管理;吴风琼,女,硕士研究生,云南大学工商管理与旅游管理学院,研究方向为人力资源管理;姚建文,男,硕士,云南大学工商管理与旅游管理学院,教授,硕士生导师,研究方向为创新创业管理;于婉麟,女,硕士研究生,重庆大学经济管理学院,研究方向为创新创业管理。

养项目进一步发展具有一定的参考和借鉴价值。

关键词：龙韵养生谷；康养项目；养老旅游

Diagnosis and Countermeasures for the Development of Long Yun Health Valley

Tao Xiaolong，Wu Fengqiong，Yao Jianwen，Yu Wanlin

Abstract：With the aging of the population and the worsening of environmental pollution, as well as the improvement of people's quality of life and the upgrading of consumption structure, people's pursuit of "healthy, happy and long life" is becoming more and more intense. Under the guidance of policy and people's demand, health tourism has ushered in a major development opportunity. Yunnan Province Shiping County longyun health valley health project is to seize this great opportunity to obtain rapid development, but in the process of development also exposed the project positioning is unclear, product and service quality level is not uniform, single marketing means, staff construction lag, facilities and equipment to be improved and many other problems. In view of the above problems, put forward targeted countermeasures and suggestions, for promoting the further development of longyun health maintenance project has a certain reference and reference value.

Keywords：Longyun Health Valley；Health Project；Endowment Tourism

民众健康与养老服务需求的加速释放，为区域康养产业发展提供了更广阔的空间。① 国家统计局数据显示，2019年全国居民人均医疗保健消费支出为1902元，占总消费支出的8.8%，同比增长12.9%，其中康养消费增势良好，增幅位于各消费类别首位。《康养蓝皮书：中国康养产业发展报告（2019）》指出，康养产业在中国市场方兴未艾，吸引了越来越多的资本入场，形成了以房地产业、保险金融业、生物及智能制造为核心的科创企业

---

① 中共中央 国务院印发《"健康中国2030"规划纲要》[J]．中华人民共和国国务院公报，2016（32）：5-20．

B.11 龙韵养生谷康养项目发展问题诊断与对策建议

为代表的康养资本三大主力军。① 《"健康中国2030"规划纲要》中提出，到2030年，中国健康服务业总规模将达到16万亿元。

云南省作为西南地区康养行业的后起之秀，凭借自身的资源优势和区位优势，其康养产业具有极大的增长潜力和增长需求。② 随着人口老龄化的加剧，实施老年健康促进行动尤为重要，要健全老年健康服务体系，完善居家和社区养老政策，推进医养结合，探索长期护理保险制度，打造老年宜居环境，实现健康老龄化。③ 发展养老旅游业是红河支持养老服务业的一项举措，重点发展与旅游融合的养老健康服务业。而龙韵养生谷康养项目为满足人们对健康、养生的需求，顺应政府政策，依托当地的生态优势，创新地设计并开发多个特色康养项目，如配置现代化的林间别墅木屋、观光栈道、野外露营、温泉泡池、CS野战区等，并引入别具石屏特色的"海菜腔""烟盒舞"等民族歌舞元素，同时发展林下农业经济，实现产业链一体化发展，形成养生谷的自有生态系统，让游客置身于一个世外桃源，忘却城市喧嚣，享受健康生活。

然而，在龙韵养生谷的发展中，也暴露了诸多问题，如市场目标定位不明确、产品和服务质量有待提高、人力资源管理存在不足等。本报告首先介绍项目的发展现状、分析龙韵养生谷发展中存在的问题，并针对这些问题提出合理可行的建议和措施。

一 龙韵养生谷康养项目发展现状

（一）龙韵养生谷康养项目概况

龙韵养生谷康养项目位于石屏县龙朋镇竹园林区，项目一期工程核心区面积2200亩，远期规划4000亩，全部为原生态林区。龙韵养生谷所处的

---

① 符畅.《康养蓝皮书：中国康养产业发展报告（2019）》在京发布［EB/OL］.［2019-11-01］. https://new.qq.com/omn/20201031/20201031A0DHF800.html.
② 国务院.印发《国务院关于实施健康中国行动的意见》［J］.基础教育课程，2019（15）：4.
③ 红河州人民政府办公室关于支持社会力量发展养老服务业的实施意见［EB/OL］.［2018-10-11］. http://www.hh.gov.cn/zfxxgk/fdzd gknr/zfwj/zfwj/hzbf/ 201907/t20190709_352908.html.

龙朋镇向北与通海县高大乡接壤、东临建水县的曲江镇和甸尾乡、西接石屏哨冲镇，向南可到达新城乡和石屏县城。省道218线从养生谷门口通过，并与建（水）峨（山）公路在紧邻5公里的龙朋镇区交会，距石屏和通海县城分别为45公里和55公里，交通条件十分便利，区位优势较为突出。

龙韵养生谷依托龙朋地区优异的乡村自然生态和独特的水文气候条件，在最大限度保留原生态林区和竹林原始自然韵味的基础上，发展林下名贵中药材种植、食（药）用菌仿野生种植、花卉水果种植等富有地方特色的农业产业，并积极带动周边农户脱贫致富，一方面积极吸纳当地村民就业，开业至今，共安排当地就业400余人次，其中贫困户150余人次，实现打工收入1000余万元，其中贫困户收入接近400万元。另一方面建立农村合作社，带动当地村民开展林下种植，并组织种养殖培训，多期培训覆盖贫困户200余人次，带动当地特色水果及农副产品销售400余万元。养生谷内还有配置现代化的林间别墅木屋、观光栈道、野外露营、温泉泡池、CS野战区等项目，并引入别具石屏特色的"海菜腔""烟盒舞"等民族歌舞元素。彰显区域的原生感、乡土感和回归感，致力于打造"可览、可游、可居、可养"的环境景观，是一个以林下生态经济开发为宗旨，集科研、种植、养殖、初级加工、康体养老、休闲旅游为一体的生态农业休闲旅游综合体。

（二）龙韵养生谷的康养资源优势

龙韵养生谷是云南省红河州唯一的国家级森林康养基地，现为国家AAA级旅游景区。作为国家级森林小镇的龙韵，有着良好的气候、清新的空气；有着自然温泉、生态食物；有着鸟语花香、欢歌笑语……作为云南最清凉的避暑胜地，龙韵养生谷区位优势明显，平均海拔1750米，属亚热带高原季风气候区，立体气候特征突出，年平均日照2122.4小时，年均降雨量955毫米，无霜期达321天，冬无严寒，夏无酷暑，雨热同季，干湿分明，常年温度在20℃，空气负离子含量在36000个/cm³以上，超出空气指数良好城市的百倍。根据人体学实验，人体最适宜的温度在18℃~24℃，游客畅游在温度宜人、有着丰富负氧离子的空气浴中，别有一番滋味。

龙韵养生谷拥有丰富的森林资源，植物种类繁多。据不完全统计，有乔、灌木101科800多种，主要森林类型有18个，以云南松纯林和松阔混交林为主，森林覆盖率达76.57%，在龙韵的整个森林环境之下，绿色在人的视野中占据25%以上，这样的环境容易给人以舒适感，缓解疲劳，使人的精神放松。充分发挥森林资源的特色优势，龙韵以森林观光游览、林下种植、休闲度假、温泉、药膳、运动养生相结合的立体林业经营模式，让游客充分感受森林，呼吸到新鲜空气，回归自然，远离噪声和大气污染，为游客身与心的平衡塑造出了一个别具特色的森林康养环境。

龙韵温泉水来自万亩竹林区600多米深的地下泉水，pH值为7.5～8.5，呈弱碱性，富含钠、硒等微量元素。龙韵养生谷结合当地农产品和景区特色产品，开发出了食养三宝，白灵芝煮鸡、黄精炖排骨、重楼煮猪肚包鸡，并以仿生种植的中草药为食材，结合季节时令调配膳食，以达到为游客防病、保健、强身的目的。

（三）龙韵养生谷康养项目商业模式

龙韵养生谷拥有林间木屋别墅60幢1800平方米、森林步道5.7千米、观光栈道0.7千米、野外露营区360平方米、温泉泡池13个195平方米、CS野战区、拓展训练基地以及餐饮接待大厅、歌舞表演区和各种配套附属设施。其中，林间住宿是龙韵的一大特色。有独幢别墅、四合院、同学楼、单间木屋、榻榻米、沙发床、林间帐篷等多种住宿模式可供游客选择，住宿多样化，并且在装修风格上也充分考虑到环境优势，设置大面积的落地窗让游客充分观赏森林景观。另外林间帐篷更是别具一格，让游客最直接地融入森林之中，感受森林静谧与休闲，时时刻刻都在康养。

餐厅、烧烤等服务实行外包，园区的主要收入来源为向承租商户出租餐厅、商店等的租金和客房住宿收入。除了上述收入来源外，养生谷还将园区中种植的农产品诸如菌子、药材、蓝莓、苹果等作为伴手礼或者餐厅佳肴售卖给前来游玩的游客。为了保证充足的原材料供应，让每位游客都能尝到最健康的食品，养生谷同时还对本地周边村镇种植的菌子、蓝莓、药材等特色农产品进行统一采购。为了增加农产品的销售额，养生谷将其直接打包进景区的游览套餐中，作为游客的纪念品或者伴手礼，组合营销。但是该业务的营业收入较少，暂时不能成为主要的收入来源。

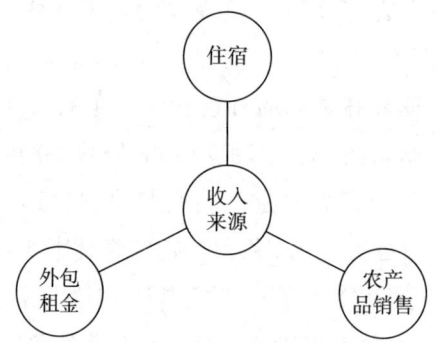

图 1 龙韵养生谷康养项目收入来源

资料来源：笔者自制。

（四）龙韵养生谷康养项目运营状况

在龙韵养生谷建成之初，其游客以红河州本地游客、玉溪游客为主，被誉为"玉溪人民的后花园"。至 2019 年，昆明游客逐渐增多，每月昆明游客可达 1000 多人，基本为老年团体跟团游。目前，项目已经与部分旅行社形成稳定的合作关系，通过在旅行社、微信公众号、电台、自媒体等渠道的宣传，已在昆明市、玉溪市、红河州三地建立了一定的知名度。周一至周四以旅行社中老年团队为主，周五至周日及节假日以团体自驾游、会议团队、同学聚会及散客为主，寒暑假以夏令营团队为主。2016 年 8 月开业至今，共接待中外游客逾 30 万人次，实现旅游收入超 2 亿元。

二 龙韵养生谷康养项目发展存在的问题

为了诊断龙韵养生谷康养项目发展过程中存在的问题，课题组于 2019 年 7 月入驻项目园区，通过实地考察、调阅企业资料、查看客户在线点评、开展问卷调查以及对相关人员进行访谈等方式收集数据，在此基础上进行讨论分析，发现龙韵养生谷康养项目发展存在如下问题。

（一）市场目标定位不明确

一是龙韵养生谷对消费者需求定位尚不清晰。养生谷的消费群体覆盖较广，从幼龄儿童到耄耋老人均有涉及，年龄段分布在5岁到70岁，虽然养生谷具有极大的综合优势，但目前企业尚未进行市场细分，造成了无法对养生谷进行定位的问题。

二是龙韵养生谷对消费者所属特征尚不清晰。龙韵养生谷地理位置优越，有来自不同地方的游客，并且周一至周四以旅行社中老年团队为主，周五至周日及节假日以团体自驾游、会议团队、同学聚会及散客为主，寒暑假以夏令营团队为主。每类消费者所具有的特征不一样，分析不同类型消费者内在的差异性和不同的特征，能更好地结合养生谷优势为消费者提供产品和服务。

（二）产品和服务质量有待提高

一是养生谷内旅游产品较为单一，游玩设备不够齐全。林间住宿是养生谷的一大特色，共有七种类型的住宿模式。然而，其他旅游产品形式单一，还有景观较少，不适合长期逗留等问题。其中娱乐项目开发整体设计针对性不强，面临长期体验感不足的问题。

二是谷内服务人员整体服务意识不强，服务流程化、标准化体系不够完善，服务品质有待进一步提高，服务人员素质亟待提升，服务承诺不一致或不能兑现情况偶有发生。可能是采取承包经营的方式，导致无法保证服务质量统一。

三是部分游客对温泉池和房间卫生不是很满意，访谈发现，游客反映存在温泉水更换不及时、房间清扫不到位等细节问题，并希望能够完善温泉、宿舍等公共场所的卫生条件。另外，消费者对餐饮满意度较低，普遍反映无特色和不能满足个性化需求。

（三）市场营销方式较为单一

一是网络营销利用率低，过分依赖旅行社渠道。谷内游客来源主要依靠旅行社进行口碑宣传，游客的质量和来源完全由旅行社控制，从长期发展来看，是不利于养生谷成长的，由此可看出，养生谷对相关关键资源的掌控能力比较差。养生谷与客户之间建立的联系是间接的，这导致公司在与客户沟通方面存在障碍，相关产品和服务的价值传递不到位。养生谷对游客游后体验关注度不是特别高,对游客的相关需求把握不足,客户关系的维护稍显落后。

二是缺乏营销手段,宣传力度较小,对外宣传推广形式单一。公司前期在红河州电视台、《红河日报》等平台投入了一定的宣传费用,但由于没有起到预期效果,便停止了相关营销。现仅依靠微信公众号宣传,广告投入费用极少,推广不够,知名度打不开。另外,没有合理利用抖音、微博、小红书等新兴媒体进行线上宣传推广;线下又仅仅依靠旅行社进行口碑宣传,没有掌握营销主动权,缺乏相关的营销策略。

(四)人力资源管理存在不足

1. 员工专业知识和技能欠缺

总体来看,养生谷工作人员高学历层次人才偏少,大多数员工文化水平较低,并且缺乏专业的财务管理、市场营销和人力资源管理知识和技能。公司也没有专门从事人力资源管理的人员,缺乏接受过长期而系统的人力资源管理知识培训的人力资源管理人才,工作上缺乏专业性。通过近几年的不断调整,人力资源管理现状已有明显好转。但由于一些用人机制,公司在现有的岗位设置上未能完全做到人岗匹配。

2. 员工培训机制不健全

员工的培训机制不健全,重视程度不够,培训形式落后、单一,针对性较差,专业性不够,培训效果一般。主要表现在:一是企业没有专职做培训规划的人员,也没有专职的培训讲师;二是没有完整、全面的培训规划,有时候临时抱佛脚,表现出明显的被动性、临时性和片面性,缺乏系统性、科学性和前瞻性;三是在员工培训开发的过程中没有采取相应的监督、考核等管理措施,培训也很难达到预期效果。

3. 尚未建立和健全有效的激励机制

一是现有的薪资没有明显的激励效果。由于员工文化水平不高,大多是当地的村民,薪资水平较低,很难起到激励效果。在薪酬激励方面未能真正体现员工的工作情况与具体表现。二是缺少奖惩考评制度。没有相应的奖惩考评制度,员工找不到前进和努力的方向,很难提高服务的质量,也难以把顾客的满意度和员工绩效挂钩。

(五)设施设备有待改进

晚间照明设备(如路灯)灯光的颜色为大红色、林间安装绿色发光灯管、路灯样式与养生谷康养主题不匹配,游客在夜间道路行走时总有种阴森森的感觉,影响谷内游客的夜间游园体验。

养生谷的相关指示牌分布不是特别合理,散客入谷不容易根据指示牌进行自主个性化参观体验。"禁止吸烟"标志没有设置在显眼之处,一部分喜欢吸烟的游客可能会看不到相关标志,在吸烟之后没有妥善处理烟头,容易引发森林火灾。

养生谷设备后期管理及维修难以及时改进,在面对谷内游客投诉时反应不及时,服务态度较差,相关康养基础设施亟待完善。

三 龙韵养生谷康养项目发展的对策建议

(一)精准定位目标客户,提升消费者满意度

通过数据分析对景区的目标客户群进行精准定位,针对他们推出一系列的产品和服务,从而让顾客愿意在景区消费,提升其满意度,形成口碑效应。针对不同的消费人群侧重提供不同的产品和服务,通过问卷、访谈等形式对来体验的消费者进行调研,真正了解消费者内心的需求,结合养生谷的优势进行精准定位,提高消费者的满意度。

(二)优化产品服务质量,提升景区整体形象

对景区环境卫生进行精细管控,卫生细节精细化与现场管理常态化,不断提升作业标准,全面提升景区环境卫生质量和整体形象。

①收回餐厅的承包,改为自主经营,菜品主打绿色健康,包括用料天然、做法健康,拒绝油炸等不健康的烹饪方式。对后厨的流程进行优化,全面提升质量品控。

②加强景区的信息化建设。硬件从景区的导览、路标以及房屋等基础设施进行改进,软件则以"一部手机游云南"App、微信公众号、淘宝等线

上平台为主进行建设。

③充分利用国家对康养产业的政策扶持，积极落实国家政策，根据国家相关政策，对景区的未来发展进行有针对性的定位。同时对景区周围的民族村镇进行资源整合，统一开发，形成具有产业规模的森林康养旅游景区。

（三）依托新媒体浪潮，打造特色康养旅游品牌

康养旅游在我国刚刚兴起，国内多地都开始规划森林康养旅游，客源市场竞争在将来会越来越激烈，打造有特色的康养旅游品牌便显得格外重要。龙韵养生谷立足西南地区这一市场，充分利用本地特色资源，依据本地区特点和优势进行专门规划，打造石屏龙朋森林康养旅游度假品牌。另外，要重视互联网时代下的新媒体宣传推广作用，合理利用抖音、微博、微信等新兴媒体进行线上宣传推广，注重对当地旅游品牌的形象塑造，如：在参观前，通过公众号、美团等进行宣传，并实时更新"一部手机游云南" App的用户端信息，让游客提前对养生谷的基本情况有大致了解；在参观中，落实细节服务，如游客在泡温泉时的温泉信息实时智能显示，睡眠时的周围环境动态监测（负氧离子）；在参观后，设计有纪念意义的门票、纪念品等，赠送游客或吸引游客购买，起到再次宣传的作用。

（四）加强人才队伍建设，加大康养专业能力培养

完善公司组织架构，打造专业的服务团队，加强培训和指导。一个景区的服务人员应该具备专业的旅游服务知识；应该对景区状况了如指掌；应该具备一定的治疗服务知识。森林康养作为旅游的分支，运营成本大，要保证其持续稳定的发展，就必须打造一专多能的精干团队，用服务打造精品，在市场中形成优势竞争力。加强专业人才队伍建设。构建完善的从业人员培训与再教育制度，加强对专业人员的培育。引进森林康养师、心理咨询师、医师等专业康养人才，推动园区康养旅游快速发展。

1. 重视人力资源规划工作

优化专业技术人员队伍结构，保证企业持续、良性发展。一个有良好发展潜力和发展前景的现代企业，应当根据企业发展战略，做好自身的人

力资源规划,在充分发挥现有人才积极性和创造性的同时,采取有效的措施制订人才引进计划,吸引和聘用企业紧缺的企业管理、市场营销、酒店管理等方面的专门人才为企业服务。

2. 完善培训管理机制

创新培训形式、手段、方法,切实提高培训质量。一是要将各单位培训工作考核纳入领导年度效绩考核指标体系,形成有效的培训管理、考核机制。二是要加大实训投入和建设,加强专业技能的培训;引进社会和先进企业的培训方法、技术手段,开展交流学习活动。三是丰富培训形式。除了课堂讲授,还要推广经验交流、案例教学、互动培训、现场观摩学习等方式,切实丰富培训手段,提高员工学习兴趣。

3. 建立良好的工作绩效考核与奖惩制度

公司要建立起一个结构合理、管理良好的绩效考核制度,实施岗位动态管理,这样才能使员工关注自身的岗位贡献,竭尽全力地工作。并且根据绩效考核的结果,制定相应的奖惩制度,对表现优秀的员工进行奖励,提高其积极性;对待表现有待加强的员工采取一定的惩罚措施,对他们的工作起到促进的作用。

(五)完善基础设施,丰富"康养"文化主题

一套合理而完整的基础设施,是打造康养旅游基地的核心点之一。由于景区地理位置的特殊性,多高山峡谷的地形导致景区周边的交通条件相对较差。在国家及地方相关政策的支持下,园区相关领导应该与政府积极沟通,合理规划以龙韵养生谷景区为核心、周边村镇景点为辅助的森林旅游区,争取修建沿景区的旅游交通路线,提高景区交通便利性。匹配各类康养旅游消费群体的基础设施是景区目前最紧缺的,合理规划完善相关景区设施,使园区内部充满"康养"文化气息,可以作为其未来发展的长期目标之一。

森林资源是龙韵养生谷打造特色康养旅游的根基。园区的开发一定程度上破坏了森林环境,森林资源虽然是可再生资源,但恢复难度大,周期长,森林资源的保护必须加以重视。从园区自身发展需要出发,森林康养要立足生态建设与生态保护,以森林资源为核心,把森林资源转化为康养

载体，注重林业、康养服务业、旅游业等多产业的融合发展。

参考文献

1. 中华人民共和国国民经济和社会发展第十四个五年规划和2035年远景目标纲要［N］.人民日报，2021-03-13（1）.
2. 中共云南省委关于制定云南省国民经济和社会发展第十四个五年规划和二〇三五年远景目标的建议［N］.云南日报，2020-12-18（1）.
3. 秦宇龙.21部门联合印发《促进健康产业高质量发展行动纲要（2019—2022年）》［J］.中医药管理杂志，2019，27（19）：2.
4. 高朋.康养景观在乡村规划中的应用［D］.安徽农业大学，2020.
5. 杨墅，储德平，李泓沄，张秦，王兰兰.近二十年中国养老旅游研究态势——基于1993—2017年CNKI所刊期刊文献的共词可视化分析［J］.资源开发与市场，2018，34（7）：982-986.

B.12 大理地热国温泉度假区康养旅游案例

梁 坚 朱永明 杨 毅 蒲 艳 薛 锦*

摘 要：大理白族自治州洱源县自然生态环境优越，拥有品质高、有特色的温泉资源，这成为其发展康养旅游的核心优势。大理地热国温泉度假区地处洱源县城郊国家级风景区茈碧湖畔，该中端康养旅游项目产品以温泉养生为鲜明主题，融合白族传统特色文化，并辅以其他功能的休闲、娱乐旅游活动，度假区管理层康养意识强烈，项目发展战略明确，服务水平较好。目前，大理地热国温泉度假区康养旅游项目主要存在产品结构较单一、游客健康管理设施和服务缺乏、康养膳食开发意识不足等问题。

关键词：温泉康养旅游；旅居；大理地热国温泉度假区

Health Tourism Case of Dali Geothermal Country Hot Spring Resort

Liang Jian, Zhu Yongming, Yang Yi, Pu Yan, Xue Jin

Abstract: Eryuan County, Dali Autonomous Prefecture is well known for its superior natural and ecological environment with high-quality and distinctive hot spring resources, thus becoming its core competitiveness in its development of health and wellness tourism. Dali Hot Spring Scenic Area is located by the Cibi

---

* 作者简介：梁坚，硕士，云南大学工商管理与旅游管理学院，讲师，研究方向为旅游文化；朱永明，博士，云南大学工商管理与旅游管理学院，副教授，研究方向为财务会计；杨毅，硕士，云南大学工商管理与旅游管理学院，讲师，研究方向为旅游管理；蒲艳，硕士研究生，云南大学工商管理与旅游管理学院，研究方向为财务会计；薛锦，硕士研究生，云南大学工商管理与旅游管理学院，研究方向为财务会计。

Lake in Eryuan County. This middle class program has taken shape into a health and wellness tourism product with a distinctive theme, traditional Bai ethnic culture and other supplementary recreational and leisure functions. The managerial levels at Dali Hot Spring Scenic Area has strong awareness of developing health and wellness tourism with clear developmental strategy and satisfying service. But this program is faced with some problems for its further development, including monotonous tourism product structure, inadequate fitness and healthcare facilities and inadequate awareness of developing healthcare and health preservation food.

Keywords：Hot Spring Health and Wellness Tourism；Resident Tourism；Dali Hot Spring Scenic Area

洱源是高原明珠洱海的发源地，位于云南省西北部、大理白族自治州北部，距省会昆明市公路里程389公里，距州府大理市公路里程69公里。洱源县属北亚热带高原气候类型，干湿季节分明，光照充足，"四序恒温"，温暖宜人，洱源坝区（温凉层）年平均气温13.9℃，多年平均降水732毫米，年日照2061～2439小时。有300天左右平均气温在10℃～30℃。生物、矿产、森林、水利资源丰富。

洱源位于地中海—喜马拉雅环球地热带南折部位，水热活动异常活跃，是久负盛名的"温泉之乡"，也是中国地热温泉资源最丰富的一个城市。2010年12月29日，国土资源部公布首批评审通过的中国温泉之乡（城、都）和地热能开发利用示范单位，洱源县城获得"中国温泉之城"荣誉称号。洱源境内温泉星罗棋布，蔚为大观。水热活动遍及牛街、三营、茈碧湖、凤羽、右所、炼铁四镇二乡。众多温泉眼穴中，牛街—三营、茈碧湖—九气台、龙马洞—下山口、县城西—温水构成四个主要地热区，四区遥相呼应。在57平方公里的范围内，分布着4个地热田，即牛街火焰山热田区，面积2.338平方公里；下山口热田区，面积1平方公里；九气台热田区，面积1.5平方公里；右所热田区，面积1.5平方公里。这里地热资源得天独厚，以洱源"热水城"、九气台温泉、江干温泉、火焰山温泉、牛街温泉为代表的硫黄温泉群，以下山口温泉及城西温泉为代表的碳酸温泉群，各有特色，功效各异。①

洱源是以白族为主的多民族聚居县，全县共有26个民族，有白、汉、彝、回、傈僳、纳西、藏、傣8个世居民族，白族人口占总人口的63.1%；少数民族人口占总人口的70.9%。② 少数民族民居、餐饮、艺术、节日、手工艺等文化成为增添洱源康养旅游产品特色的重要元素。

优越的自然生态环境、优质的温泉资源和丰富的少数民族文化为洱源发展康养旅游业奠定了良好的基础。

一 项目概况

大理州积极响应云南省政府关于建设康养旅游业的方针政策，州政府、各级文化和旅游局及相关部门具有明确的康养旅游发展意识，凭借大理自身优越的自然生态资源条件，辅以多彩的白族少数民族文化，积极开发康养旅游项目，以此支持把大理建成全国知名旅居地的旅游发展战略目标。目前已建成洱源大理地热国温泉度假区、海东康养旅游综合体项目、弥渡小河淌水温泉艺术小镇项目、大理普陀泉温泉度假区等重点康养旅游项目。2020年9月，课题组3人赴大理进行康养旅游业发展课题调研。经过对项目产品规模、发展历史及经营现状的考察，并对照《国家康养旅游示范基地标准》，课题组选择大理地热国温泉度假区进行康养旅游发展研究。调研期间对大理地热国温泉度假区销售总监进行了访谈，就项目历程、发展战略、营销方式、未来发展等进行了调研。

大理地热国温泉度假区占地1000亩，总投资3.47亿人民币，是以温泉沐浴文化为特色的休闲度假型旅游风景区，在景区抬眼可见观音山，风光秀丽，景色宜人（见图1）。景区是到大理苍山、洱海、丽江古城、玉龙雪山和迪庆香格里拉的必经之地，为吸引州内各地及丽江、迪庆的游客创造了有利条件。

大理地热国温泉度假区的康养旅游产品主要包括：其一，露天温泉。

---

① 走进洱源［EB/OL］．［2020-04-25］．http://www.eryuan.gov.cn/．
② 走进洱源［EB/OL］．［2020-04-25］．http://www.eryuan.gov.cn/．

图 1　大理地热国温泉度假区

资料来源：微信公众号"大理地热国"。

大理地热国可同时容纳1万多人泡温泉，被誉为"亚洲最大露天温泉"。景区温泉属硫黄温泉，富含钾、钠、钙、镁、铁等多种元素，水质好、水色清。用此泉水熏蒸、沐浴可治多种疾病，是天然的理疗医院。温泉园区中心有一个直径29米，水深4米，水温达88℃的大滚锅，热气腾腾。32个各具特色的露天温泉池点缀在芦苇及花木之间，若隐若现，形态各异，有养心池、药池、牛奶池、玫瑰池、鱼疗馆等。大理地热国温泉度假区最具特色的还有那些环绕着露天温泉池的芦苇丛，将身体浸在泉水里，在摇曳的芦苇丛里谈天说笑，是身心极大的享受。每至黄昏，地热国还会出现万鸟归巢的奇观，漫天的群鸟从四面八方汇集在芦苇丛中栖息，蔚为壮观。

其二，园区别墅。其布局多为典型的白族传统民居三房一照壁庭院格局，建筑为土木砖石结构，粉白灰墙，局部给以水墨山水画，更显典雅大方，整体建筑艺术同时吸收了西方及江南民宅的优点，形成了独特的白族建筑风格。

其三，地热国专属露营地。喜欢地热国温泉泡浴而又不愿受住宿束缚的游客，可选择在地热国专属露营地露营。大理地热国温泉度假区为驴友们预留了一大片绿地，视野开阔、草木清新，是帐篷露营和房车露营的绝佳选择。

其四，异域风情蒙古包住宿区。除以上两种客房类型，大理地热国温泉度假区在东边规划设计了32个蒙古包客房，房间装潢融合蒙古族文化元素，为游客提供白族传统文化之外的其他少数民族风情体验。目前，度假区拥有各种类型的客房共574间,能保证较大客流量的游客入住。

其五,水上乐园。温泉与水上乐园这一动一静的完美结合,为康养游客提供了更多的旅游活动选择。水上乐园于2021年7月28日正式开业。在水上乐园产品搭配方面,景区设计特别考虑家庭出游逐渐增多这一特点,提供了很多亲子游乐项目。同时,大喇叭滑梯、巨兽碗滑梯、滑板冲浪等大型项目为喜欢挑战刺激的年轻游客提供了很好的游玩体验。[①]

此外,大理地热国温泉度假区结合一年中黄金假期及小长假节点,推出风格各异的娱乐演出和休闲活动,如白族传统歌舞演出、三月茈碧湖赏梨花、抖音活动、篝火电子音乐节、篝火蹦迪电音节等。

二 项目产品特色及运营状况

交通状况。大理地热国温泉度假区与大理州内各市县及丽江市、迪庆州之间交通便利,有利于吸引这几个区域的客源,州府大理的游客自驾车到景区仅需1小时左右。虽然距离省会昆明市较远,但景区凭借大理优越的自然生态环境和景区温泉的知名度,仍然拥有一定数量的昆明游客。

产品模式。大理地热国温泉度假区康养旅游项目采取休闲旅游+养生+文化康养旅游发展模式。大理地热国温泉度假区选址在洱源县四大主要地热区之一的茈碧湖九气台。景区内的温泉属于享有"黄金温泉"之称的硫黄温泉,水温在70℃~90℃,具有多种功能,对人体健康十分有益。这形成了大理地热国温泉度假区康养旅游产品的核心竞争力。此外,大理地热国温泉区设计独具特色,环境幽静宜人,泡池点缀在草木间,空气清新,在景区泡浴时可眺望观音山,有利于发挥产品放松身心、愉悦心境的养生功能。另外,地热国温泉区设计以中国版图为蓝本,把景区中占地200多亩、造型别具一格的温泉沐浴池布置成中国地图的各个省、自治区、直辖市,颇具特色。不仅如此,度假区把造型各异,配有不同功效、不同配方、不同药理性能的露天温泉进行了分类、包装,赋予了其独特的文化内涵。人们在泡温泉时,不仅能够强身健体,同时还能感受中药文化、健康文化、

---

① 大理地热国景区[EB/OL]. http://www.bytravel.cn/Landscape/34/dalidireguojingqu.html.

养生文化和休闲文化。

白族文化风情。大理地热国温泉度假区在整体规划上十分注重文化品位，既注重整体设计又兼顾细节展现，既有山野田园风情又具有现代气息。同时，度假区强调从各方面突出白族传统特色文化和其他少数民族文化，展现该项目产品的文化性。白族传统民居住宿区、多姿多彩的民族风情、琳琅满目的旅游工艺品，再加上不定期举行的云南少数民族歌舞节目及地方民族特色餐饮，让游客尽情领略大理地区独特浓郁的白族文化风情。

运营状况。该项目始于2003年，由四川宜宾万泰（集团）股份有限公司投资开发，2006年12月，项目主体工程建成并投入试运营。之后，项目由玉溪元江永发集团收购并继续建设。目前，度假区已具中等规模，是云南省较为成熟的中端康养旅游产品之一。大理地热国温泉度假区距离大理市69公里，距离省会昆明市389公里。根据对度假区销售总监的访谈，由于区位条件相对劣势，大理地热国温泉度假区的游客客源市场主要以本地、大理其他县市及丽江、迪庆等周边地区为主，吸引昆明及省外游客有一定的难度。2017年以来，结合洱海保护治理和旅游品牌升级的需要，大理地热国用两年多的时间对污水处理系统、设施设备和景区环境等进行提升改造，度假区面貌焕然一新，2019年2月恢复营业以来，八方游客流连其间。

过去，大理地热国温泉度假区项目营销主要采取传统渠道，如电视广告、纸质媒体宣传等。随着互联网时代的到来，产品营销增加了互联网、今日头条、微信公众号和抖音等电子媒介渠道，加大了宣传和推广力度，使大理地热国在恢复营业之初就获得较好的经济效益。受新冠肺炎疫情的冲击，大理地热国接待游客量和营业收入出现了巨大滑坡。度假区于2020年3月恢复营业后，管理层通过细致研究，明确发展战略，依据目标游客的特点，抓住节假日等销售时机推出优惠系列产品，取得了良好效应。在目前的营销战略中，为了解决景区离昆明和其他省份较远的区位问题，公司与省内外旅行社开展合作，希望此渠道带来的团队客源能帮助公司实现50%的市场份额。

大理地热国温泉度假区注重加强景区康养旅游服务管理，重视景区管理层管理能力提升和员工服务技能培训。景区管理层康养旅游发展意识明确且强烈，具有明晰的康养旅游发展目标，公司响应国家倡导的"大健康"

发展理念并积极践行，于 2019 年组织景区管理人员前往康养旅游发展水平较高的北京、浙江、辽宁等 9 个省（区、市）考察调研。经过认真整理总结调研成果并内化学习，公司目前正在进行发展战略调整，打算在新的产品转型规划中实现从单纯的养生功能产品向复合型医养和其他功能产品转化。平时，公司与北京鼎泮教育咨询公司长期合作，对度假区管理人员进行培训。同时聘请大理技师学院定期为基础员工举办技能培训课。

三 项目评析

（一）项目效应分析

项目产品已具备较大规模和较强竞争力。凭借其优良的自然生态环境和独特的温泉资源，大理地热国温泉度假区现已打造成为集温泉文化、民族文化、休闲文化于一体的温泉康养旅游地。对照《国家康养旅游示范基地标准》关于核心区的要求，度假区内温泉产品规模大、类型多、质量好，配套多种类型、数量充足的住宿设施，特色餐饮、会议中心、大型停车场、民族歌舞表演等一应俱全，是自驾游、旅游商务、单位会议、团体旅行、疗养和家庭度假的极佳去处。根据度假区内部、县文化和旅游局和"一部手机游云南"App 所做的游客满意度调查，度假区游客满意度较高。度假区员工服务意识强，操作规范，在服务中热情周到，处处彰显质朴品质。作为康养旅游产品核心区，景区在生态环境、资源、产品和服务方面均达到较高水平。2020 年 1 月 17 日，经省旅游景区质量等级评定委员会研究同意，拟批准大理州洱源大理地热国等 16 家景区为国家 4A 级旅游景区。度假区还被评为"中国最佳温泉度假胜地"。

经济社会效应。自项目建成营业以来，大理地热国温泉度假区获得了较好的经济收益，成为洱源县旅游收入的一大重要来源。但在 2017 年污水处理整治行动和 2020 年新冠肺炎疫情影响下，2020 年游客接待量仅为 40 万人次，经济收益大幅下降。随着疫情防控常态化，2021 年 1 月至 5 月接待游客量已达 28 万人次。大理地热国温泉度假区现有服务人员 231 名，其中 85% 来自周围村镇，体现了项目带动当地就业的重要作用。大理地热国温泉度假区项目还成功带动了周边区域及洱源县旅游房地产业的快速发展，发挥了产业联动作用，在大理市等地成为排名前列的全国旅居城市后，选择洱源的旅居游客逐年上升，为洱源县、大理州旅游业旅居业态的发展做出了较大贡献。大理地热国温泉度假区对提升洱源县形象，扩大其知名度和声誉发挥了重要作用，同时，也起到宣传和保护丰富多彩的白族传统文化的作用。

（二）存在问题及前景展望

产品结构有待优化。大理地热国温泉度假区康养旅游项目产品结构较单一，形式较单调。目前，项目产品主要包括温泉泡浴和水上乐园，辅以不定期的休闲娱乐旅游活动。应进一步丰富产品类型以增强其吸引力和竞争力，如开展短途观光旅游活动，同时应推动康体功能设施和服务的开发。应增强温泉文化的开发深度，丰富康养旅游产品内涵。另外，应深入挖掘白族等当地少数民族文化，创造性地打造文化旅游项目，同时融入娱乐、健身、有机农业等业态，形成综合性康养旅游产品。

依托区建设有待加强。大理州旅游业发展水平在云南省名列前茅，其较好的旅游战略管理、康养旅游发展意识和服务管理水平，为全州尤其是洱源县康养旅游的发展创造了良好条件。作为大理地热国温泉度假区康养旅游项目的依托区，洱源县具备数量充足、不同档次和类型的旅游住宿、餐饮设施，旅游交通便利，旅游导向标识较齐全。但依托区需要就以下几个方面进行改进：洱源县旅游信息咨询服务和残疾人旅游设施及服务尚欠缺，大理地热国温泉度假区周边的餐饮服务设施、旅游便民惠民服务设施较欠缺，环境卫生尚未达到优质水平。

医疗养生服务和专业人力资源不足。大理地热国温泉度假区产品的康养医疗功能尚未得到充分开发。目前，度假区的康养医疗设施和人力资源匮乏，度假区尚未树立游客健康管理的发展意识。项目应加强规划，大力建设健康管理设施和专门机构，引进医疗养生专业队伍并定期培训，以完善和提升该康养旅游产品内容，实现该项目作为康养旅游产品的最大价值，使游客通过旅游活动不仅能够回归自然、放松身心，同时还可以在医疗养生专家的指导下，改善身体状况、提升健康水平。另外，该项目还应注重培育有当地特色的养生用品。应建立专门的旅游购物场所，销售旅游商品和旅游纪念品，包括康养类旅游商品。

康养膳食服务有待加强。目前，大理地热国温泉度假区已为游客提供特色餐饮，但还缺乏关于建立康养膳食体系的明确规划。项目应加强与相关机构的合作，展开康养饮食的科学研究和评估，完善度假区膳食结构和内容，提升度假区膳食的科学性和系统性，为游客带来更高价值的康养膳食，进一步提高度假区康养旅游产品的品位和价值。

参考文献

1. 云南省住房和城乡建设厅关于印发《云南省康养小镇等级划分与评定办法（试行）》的通知［EB/OL］.［2019-12-13］. https://zfcxjst.yn.gov.cn/zhengfuxinxigongkai/zhengcewenjian8775/qitawenjian8778/285659.html.
2. 蒲波，杨启智，刘燕. 康养旅游：实践探索与理论创新. 西南交通大学出版社，2019.
3. 中共中央、国务院印发《"健康中国2030"规划纲要》［EB/OL］.［2016-10-25］. http://www.gov.cn/zhengce/2016-10/25/content_5124174.htm.
4. 大理地热国，地处温泉之乡，被誉为亚洲最大露天温泉［EB/OL］.［2019-09-17］. https://baijiahao.baidu.com/s?id=1644927252463808668&wfr=spider&for=pc.
5. 云南近40个旅居、康养地产项目亮相于2018北京房交会［EB/OL］.［2018-09-14］. http://m.loupan.com/qj/news/201809/3463282.

B.13
昆明运动型康养旅游产业案例研究

晏 钢 刘 愚[*]

摘 要：昆明旅游资源丰富，气候宜人，拥有丰富的路网交通和客流吞吐量全国前十的长水国际机场。借助国家对于康养旅游产业的政策支持，昆明全面发展壮大康养产业规模，提升康养旅游的产业等级，打造旅游王牌产业。经过多年不懈努力，运动型康养旅游产业正在成为昆明旅游业的亮点产业。本报告以昆明周边康养旅游产业为例，选取两个具有代表性的运动型康养旅游案例进行研究，希望通过比较研究，给康养旅游产业的发展提供一定的参考。

关键词：运动型康养旅游产业；案例研究；昆明

A Case Study of Kunming Health Tourism Industry
Yan Gang, Liu Yu

Abstract：Kunming is rich in tourism resources, pleasant climate, with a rich road network traffic and passenger throughput of the country's top ten Chang-Shui International Airport. With the help of the national policy support for the health care tourism industry, Kunming has comprehensively developed and expanded the scale of the health care industry, improved the industrial level of health care tourism, and built a tourism ace industry. After years of unremitting ef-

---

[*] 作者简介：晏钢，博士，云南大学工商管理与旅游管理学院教授，研究方向为传统文化与现代管理、康养旅游；刘愚，硕士，云南大学国际关系研究院讲师，研究方向为中国与东南亚国际关系、国际旅游。

forts, the sports health care tourism industry is becoming the highlight of Kunming tourism industry. Taking the health tourism industry around Kunming as an example, two representative sports health tourism cases are selected for study, hoping to provide certain reference value for the development of health tourism industry through comparative research.

Keywords：the Sports Health Care Tourism；Case Study；Kunming

国家基于国民对健康生活的追求，近年来大力推动康养旅游产业发展，并出台一系列指导性文件，促进康养旅游业与各个产业深度融合，争取形成和健康产业相关的新发展形态。同时，为了解决康养产业发展的资金难题，国家发改委放宽了民间资本进入康养、养老等领域的准入条件。

在云南，旅游企业积极快速响应国家政策。在地方政府的支持下，旅游企业开始着手规划康养产业的蓝图，许多康养旅游项目逐渐落地。2019年7月，云南大学工商管理与旅游管理学院调研组对昆明周边康养旅游产业发展情况进行了实地调研，后文将就两个有代表性的运动型康养旅游项目展开讨论。

一 嘉丽泽高原体育运动小镇

（一）嘉丽泽高原体育运动小镇简介

嘉丽泽高原体育运动小镇包含昆明嘉丽泽国际体育训练基地，为游客和体育训练团队提供餐饮、住宿、休闲等全方位后勤保障的华美达等高端品牌度假酒店。嘉丽泽项目特色鲜明，是以足球训练为主，全国一流的集体育训练、健康旅居、会议接待、特色餐饮于一体的多功能高原综合性体育训练基地。它与著名的英国合硕健康医疗合作，为全年龄段人群提供国际一流的医疗康复、健康管理等健康医养服务，是英国合硕健康医疗在中国的第一家机构。此外，嘉丽泽特色小镇能够为顾客提供顶级度假生活，这里 PM2.5 很低，环境适宜，未来这里有望打造成全国性的康养旅游胜地和全球一流的体育训练基地。

（二）嘉丽泽产业成果

1. 高原足球训练基地

足球是昆明中信嘉丽泽重点打造的项目，现已建成了200多亩的专业训练基地，共有足球场24块。自2017年11月开放以来，该基地已接待来自中国、欧洲、美国、日本、韩国等16个国家的近20万名运动员参加训练和比赛。基地具备承接各级别的训练和比赛的能力，被列为"国家体育总局小球运动中心训练基地""中国足协高原训练基地""云南省足协训练基地"。基地探索建立了"投资建设管理运营回报"的可持续发展运营模式。

2. 昆明中信嘉丽泽马术训练基地

嘉丽泽马术训练基地的业务范围包括专业马术演出、专业人才培养、举办正规大型体育赛马、举办趣味性娱乐赛马、运营职业俱乐部、对会员马匹进行托管，同时辅以经营马术体育运动娱乐项目，是云南省比较全面、综合性较高的马术基地（见图1）。2016年成立国际化高级马术俱乐部，并与内蒙古莱德马业合作，成为云南省内首个英式国际水准高级马术俱乐部。中信嘉丽泽还组建了中信莱德嘉丽泽马会，马会的主要功能是进行马术培训，通过发展马会VIP，把马术推广给大众。马术训练基地共有马匹400匹左右，配有专业的马匹饲养人员和设施。据负责人介绍，现在每周大概有两三百人参观马术表演，并且每年都举办以青少年为主的马术夏令营和冬令营。"2019中国唯一国家级别官方认证骑术考核"也是由中信莱德嘉丽泽马会承办的。

3. 昆明嘉丽泽华美达酒店

昆明嘉丽泽华美达酒店是五星级度假酒店，酒店引入著名的酒店管理品牌温德姆酒店集团进行品牌管理，拥有设施完善的商务会议中心，集旅游、度假、休闲、商务、会议等功能于一体。酒店周边环境优美，有大型的生态湿地，整体呈现一片宁静、优雅的田园风格。高规格的硬件设施、高等级的服务理念，加上周边天然的生态环境，使嘉丽泽成为不可多得的康养目的地（见图2）。

图 1　昆明中信嘉丽泽马术训练基地

图 2　昆明嘉丽泽华美达酒店

（三）嘉丽泽项目评析

1. 企业发展目标明确

在实际调研中能够明显感觉到企业对小镇体育文化产业发展的高度重视和信心，嘉丽泽竭力打造云南省最具影响力的体育特色小镇，并将其与各类赛事深度结合，表现了企业在发展康养旅游过程中着力推进体育文化产业的目的。

2. 资金优势

嘉丽泽高原体育运动小镇今天的发展离不开配套房地产开发项目的支

持,在众多房地产行业向康养旅游产业二次转型的过程中,很多企业以售房为盈利模式,形成康养产业建设的重要资金来源,并起到了对产业的关键支撑作用。

3. 依托天然的自然景观优势

三千亩大型原生态湿地公园、八条河道、上百种野生珍稀鸟类,这些都是健康养生最优质的资源。在发展过程中嘉丽泽始终坚持对自然环境的保护,这些举措会转化为嘉丽泽的环境生态优势,促进嘉丽泽的可持续发展。

(四)嘉丽泽的问题及建议

1. 增加客流量和提高知名度的问题及建议

康养旅游产业竞争激烈,在云南省内,每个州市,甚至每个县都不同程度地开发了康体养生旅游项目,在这样一种发展态势下,消费者选择面越来越广,导致产业利润严重被稀释。此外,企业缺乏对各个顾客群体的划分和引导。在未来,嘉丽泽项目要不断推进,需要在以下方面做好工作。

首先,做好企业品牌的背书。昆明中信嘉丽泽马术训练基地入选"全国十佳马术训练场地",并且其国际体育训练基地入围全国运动员和运动团体的训练场所项目,凭借这两方面的优势,就可以看到嘉丽泽高原体育运动小镇在全国体育发展中的不可替代性和价值。所以嘉丽泽应该继续发挥其在运动项目上的优势,在此基础上,进一步扩大宣传,增加其在云南省,乃至全国的知名度,以国家体育总局、奥运会、全运会和马术比赛等全国机构和国家比赛项目等作为企业的背书,让大众产生对嘉丽泽品牌的信赖感,提升品牌认知度。

其次,加大企业发展的差异化,实现对顾客的精细化管理。云南康养旅游产业还处在探索阶段,从企业的角度而言,没有太多的经验和经营方式可以借鉴。同样,从消费者的角度看,他们对康养旅游这个全新的产业也同样缺乏经验并感到陌生,甚至不知道与他们的生活有什么联系。因此,企业需要对消费者进行耐心引导,从消费者不知道康养旅游是什么,到让他们认识康养旅游的利好,最后让他们喜欢上康养旅游,以此方式开展全过程的引导。

最后，企业应该改变过去守株待兔的做法，主动出击，宣传并解释康养旅游对身体的益处和消费的价值，并不断提高企业的服务质量，通过一系列的顾客精细管理手段，挖掘潜在顾客，并形成嘉丽泽高原体育运动小镇和其他企业之间的差异化壁垒。

2. 提升效益的问题及建议

据介绍，目前嘉丽泽高原体育运动小镇有两个可以盈利的项目，一个是昆明嘉丽泽华美达酒店，另一个是昆明中信嘉丽泽马术训练基地。从价格上看，目前这两个项目均属于高消费力人群的消费项目。酒店按温德姆国际酒店的标准进行建造，价格在每晚700元到1300元之间。马术训练场所主要是为参加比赛的训练者和一些业余爱好者提供的，场地和马的租借费用较高，从几千到几万元不等，而其他项目盈利较少。不难看出，在欠发达的云南地区，这样的定价已经把许多中等收入家庭和低收入家庭拒之门外了。

嘉丽泽目前的产业设置并没有问题，酒店的价格定位也没有问题，但是它针对的顾客范围太小，如果要获得进一步的发展，就需要做出两种选择：一种是继续发挥在体育特色上的优势，针对特殊的细分群体提供更加专业化和更好的服务，从而留住顾客并增加消费频次。另一种是降低投入，减少酒店设施和运动场所的过度奢华，让价格下降到中产阶级或大众消费者愿意接受的价格空间。

二 安宁温泉国际网球小镇

（二）安宁温泉国际网球小镇介绍

安宁温泉国际网球小镇位于云南省昆明市以西的安宁市，依托安宁优质的旅游资源和政府相关政策支持，以红土网球、特色温泉、精品度假酒店三者为核心，同时开展团体游、会议接待、度假、运动养生等业务，形成了一个以网球运动为主的集培训、训练、比赛等功能于一身的大型运动综合度假胜地。这里拥有国内一流的红土场地，自2012年起，多次举办具有一定规模的国内、国际红土网球赛事，不仅提升了自身的业界影响力，对外也起到了城市宣传的作用。

(二) 安宁温泉国际网球小镇产业成果

1. 安宁温泉半岛度假区产业集群

安宁在云南省的经济发展地位随着滇中产业园区的发展日益显著，扮演了云南经济领头羊的角色。2016年，安宁市人均GDP过1万美元。以安宁温泉国际网球小镇为中心，该市开办了温泉SPA、精品度假酒店等与周围温泉、摩崖石刻群、公馆、德安医院等关联的产业，共同组成了安宁温泉半岛度假区产业集群。

2. 安宁温泉半岛国际网球中心

安宁温泉半岛国际网球中心是目前亚洲最大的红土网球中心，也是亚洲唯一的红土网球基地，已经举办过很多有影响力的国际比赛。运营方特意从意大利帝尔戴维斯进口红土，该供应商系大满贯赛事法网红土供应商，同时中心同法国网球协会合作，邀请拥有30多年红土场地维护经验的法国专家来进行指导，保证了中心的专业性（见图3）。中心自从2012年起，每年"五一"前后都要举办ATP赛事，已经连续举办了8届，从最开始的ATP挑战赛到安宁公开赛再到昆明公开赛，赛事等级不断提高。高标准的红土网球场具有无可替代的优势，安宁温泉半岛国际网球中心在亚洲已经有了很大的名气。近年来，每年的赛事，观众无论是在现场还是在屏幕前，都能体验到顶级的高质量球场带来的感官满足，观赛的同时，也能增加对安宁温泉半岛国际网球中心的喜爱，极大地提升了知名度，增加了潜在客户数量。

3. 体育品牌价值建设

2017年，央视CCTV5频道开始对赛事进行现场直播，昆明网球公开赛每年都会吸引一大批国内外知名运动员前来参赛。主办方不仅举办高水平赛事，还把许多有特色的文化交流活动穿插在赛事中，近三年的颁奖仪式主办方很有创意地引入了云南的民族特色，举办网球丽人等活动。中心除了国际赛事外，平日还举办各种网球联赛，主打成人业余联赛，比赛项目有云南网球俱乐部联赛、昆明业余联赛和一些青少年的联赛。通过主办运营方的微信公众号，可以直接查询到相关的联赛信息和其他网球方面的信息。除了比赛外，中心平时还负责青少年网球的培训、教练员培训、网球

图 3　安宁温泉半岛国际网球中心

技术等级评定等工作,来中心训练的全国各专业队的运动员和国际网球运动员全年络绎不绝,据负责人介绍,针对专业训练,每人每月1.5万元人民币,日消费人数在30人左右。

4. 凯莱度假酒店

安宁温泉国际网球小镇引进国际著名五星级酒店凯莱度假酒店,它是一家高标准的五星级度假酒店,客房及套间共有313间,为运动员和游客提供高标准的一站式服务。酒店主打轻奢、宁静和高雅风格。从温泉可以直接进入每个房间,在相对隐秘的空间内就可以享受到世界顶级温泉。酒店外面种植了大量的生态绿植,离红土网球中心非常近,酒店餐饮配备完善,既能够为运动员提供精心制作的营养餐,也能够为游客提供不同国家和地区、不同民族各具特色的美食。温泉半岛凯莱度假酒店会议中心还可提供优质的会议及宴会服务,544平方米巨大的多功能厅最多可同时容纳400位宾客,是一所高端的运动休闲度假酒店。

(三)安宁温泉国际网球小镇评析

安宁温泉半岛国际网球中心凭借安宁市的优质旅游资源,发展势头良好,其网球+温泉的运营模式,在全国独此一家。由于中心具有专业的设施和优越的条件,现阶段已经有许多专业的网球选手来这里训练和比赛,相信在康养政策的扶持下,安宁温泉的规模还会进一步扩大。课题组调研时,由家长陪同来这里练习打网球的青少年络绎不绝。企业负责人介绍说,小镇的目标就是要把这里打造成世界级的集网球、温泉、度假于一体的目的地。

（四）安宁温泉国际网球小镇发展的问题及建议

1. 发挥全渠道媒体资源优势

虽然小镇近年来知名度不断提高，但与行业内领头企业相比还存在不小的差距。企业还需利用各种宣传渠道，全方位立体式地在全国范围内针对网球重点人群开展安宁温泉国际网球小镇的宣传推介，并加强与国家及各省份体育部门的沟通合作。

2. 主动出击，吸引高水平的教练员、运动员入驻网球基地

知名人士能产生从众效应，中心应继续提高专业性水平，增加训练产品和相关周边配套产品的开发，立足西南地区的情况，打造世界级的专业性体育康养恢复训练基地。

3. 完善中心的观光度假休闲功能

借助举办高水平赛事机遇，推动小镇的商务合作开发，提升小镇的知名度，提高中心的医疗水平，打通网球产业和旅游业以及其他产业间的限制，拓展体育产业的健康养生要素，促进体育产业与康养产业互补发展。

4. 强化专业队伍建设

康养对于大多数人来说还是一个新生的概念，加之小镇已经形成产业规模，当务之急是要培养一批兼具体育专业知识和健康养生知识的专业性人才，从内部开始提升管理水平和自我素质，从内而外，使整个小镇的服务质量和水平大大提升。

三 两个具有代表性的运动型康养旅游小镇对比总结

本文以两个具有代表性的运动型康养旅游小镇为例对国内体育小镇的发展基础、发展定位、发展思路、功能布局及成功经验进行深入的分析研究，为国内体育小镇建设运营提供了经验借鉴，并促进了体育小镇健康发展。

（一）运动型康养旅游企业的优点

1. 目标明确

在实际调研中两个运动型康养旅游小镇都以打造健康运动为主，高度重视体育文化产业的发展，嘉丽泽高原体育运动小镇与各类赛事深度结合，安宁温泉国际网球小镇凭借其网球＋温泉的运营模式，在全国独树一帜，形成了一个以网球运动为主的集培训、训练、比赛等功能于一身的大型运动综合度假胜地。两个小镇坚持建设高标准的体育训练基地，未来将有望打造成世界级的温泉、度假、康养旅游胜地和全球一流的体育训练基地。

2. 依托天然的自然景观优势

嘉丽泽在发展过程中始终坚持对自然环境的保护，打造三千亩大型原生态湿地公园等举措为嘉丽泽的环境生态奠定了可持续发展的道路。安宁温泉国际网球小镇以周边的生态公园、摩崖石刻群、公馆等组成了安宁温泉半岛度假区的生态环境资源，也同样凸显了其自然景观的优势。两个特色小镇都依托当地的自然资源和温泉资源，推动体育、旅游、文化、康养的融合发展。

3. 稳定就业

嘉丽泽高原体育运动小镇与安宁温泉国际网球小镇每年吸引大量的海内外运动团体和运动员来这里参加各项体育项目的训练，举办各种赛事，大大提高了知名度，不仅带动了当地经济的快速增长，增加了就业人数，促进了当地百姓就业，增加了当地老百姓的收入，同时促进了民族的团结，对地方的社会进步和经济发展起到了重要的作用。

4. 配套医疗体系

嘉丽泽高原体育运动小镇与安宁温泉国际网球小镇配有集疗养、康复、治病等多功能于一体的医院，打破了以往只有养老和旅游观光的单一发展模式，给目标客户带来了全方位的保障，尤其是对于那些体弱多病的老年人来说，免除了在这里生活看病难，或者需要紧急医疗的后顾之忧。

（二）康养旅游企业需要改善的地方

1. 提防过度繁华背后的陷阱

康养旅游产业领域一直存在一个问题，康养旅游项目真的是规模越大、设施越齐全就越好吗？在云南，大多数康养旅游项目都要将生态景观、旅游名胜、文化发源地等作为企业发展的依托，而且在产业发展过程中形成了一种固化的"投资文化"，就是动辄需要投资几十亿、占地规模要几千亩、硬件设施投入要齐全、业态要多样化、要覆盖所有主流项目，这一思维，值得我们警惕。原因在于康养产业投资大、风险高、回报周期长、经营压力大，如果没有好的产业做支撑，很难走下去。

2. 注重更加人性化的服务

康养旅游产业是普通旅游产业的一种延伸，以健康为基础，更好地为顾客提供全方位的服务，让顾客得到更佳的身心满足。那么具有服务性质的康养旅游产业是否应该把更多的关注放在人性化服务和人性关怀方面呢？企业又是否应该把较多的资源和较多的时间和精力放在这个产业的服务主体"消费者"身上呢？答案是肯定的。服务型企业应该始终把服务和顾客的需求放在最核心的位置，围绕这一核心，整合核心资源，在最大的能力范围内服务好顾客。

3. 提高产业布局层次和产业布局合理性

作为一个新兴的产业，相关的管理部门应该对行业的空间布局做一个科学的规划，壮大产业的同时统筹区域发展，避免聚集在一个地方，影响康养旅游产业发展的质量。

4. 避免同质化竞争，创新项目类型

由于政策的支持，许多旅游项目都向康养产业靠拢，届时一定会出现许多同质化的康养项目，虽然两地硬件设施及周边配套设施都达到了很高的标准，但是，同质化的产品会让消费者丧失新鲜感，去了一个地方，就不愿意再去第二个拥有同质化产品的地方，要清醒地认识到同质化竞争会制约企业的发展壮大。企业应该在康养的内容和形式方面创新，开发内容丰富、形式新颖的康养旅游项目，削弱互相竞争，增加各企业间项目的互补性，让创新成为企业发展壮大的不竭动力。

5. 加强企业间经验交流

康养旅游产业是一个新兴的产业，各个企业在发展的过程中都会遇到各种的问题，这些问题既有行业的共性也有各企业的个性，对于这些问题，各个康养企业应该肯交流、多交流、勤交流，建立定期探讨的交流机制，引入专家学者加入交流，促进行业全面发展。

参考文献

［1］中华人民共和国商务部．中共中央办公厅、国务院印发《"健康中国2030"规划纲要》［EB/OL］．［2017－02－15］．http：//www.mofcom.gov.cn/article/b/g/201702/20170202516062.shtml．

［2］廖兴阳．昆明7个特色小镇激发经济新动能［J］．创造，2018（11）：60．

［3］齐尚尚．云南省安宁温泉特色网球体育小镇现状与发展研究［D］．云南大学，2018．

［4］昆明春城湖畔和海南神州半岛入选亚洲十大最优秀高尔夫球场［J］．世界高尔夫，2015（4）：30＋32．

B.14 杏林大观园温泉康养小镇开发模式给康养旅游发展的启示

孙丽香　周南瑾　马玲娜*

摘　要：杏林大观园温泉康养小镇具有中医及禅宗文化相互融合、多种业态资源共生发展、观光农业助力康养等特色，项目依托中医药，实现了与禅宗共融，这种开发模式给康养旅游发展带来了有意义的启示。

关键词：开发模式；康养旅游；杏林大观园

The Enlightenment of the Development Mode of Xinglin Grand View Garden Hot Spring Town to the Development of Health Tourism

Sun Lixiang, Zhou Nanjin, Ma Lingna

Abstract: Xinglin Grand View Garden Wenquan Kangyang Town has the characteristics of the mutual integration of traditional Chinese medicine and Zen culture, the symbiotic development of various types of business resources, and tourism agriculture to help Kang Yang tourism, etc. Relying on traditional Chinese medicine, the project has realized the integration with Zen. This development mode has brought meaningful inspiration to the development of Kang Yang tourism.

---

* 作者简介：孙丽香，博士研究生，云南大学工商管理与旅游管理学院讲师，研究方向为创新创业；周南瑾，博士研究生，云南大学工商管理与旅游管理学院，研究方向为创新创业；马玲娜，硕士研究生，云南大学工商管理与旅游管理学院，研究方向为创新创业。

B.14 杏林大观园温泉康养小镇开发模式给康养旅游发展的启示

Keywords: Development Mode; Health Tourism; Xinglin Grand View

全国人口红利逐渐消失，老龄化问题严重，如何养老，成为新时代面临的一个问题。目前，我国老龄化问题日益突出，老年人的生活照料市场需求愈发明显，探讨新型养老模式，整合各项资源，推动服务产业化，建成配套设施完善的绿色休闲养老城市是未来政府的工作重点。同时，休闲养生旅游作为一种高层次的文化活动形式，恰恰能够满足人们对休闲旅游需求欲望的增长。

昆明市正在着力建设绿色休闲养生城市。随着我国经济发展进入新常态，人们对生活质量要求日益提高，符合绿色发展、满足居民健康及精神需求的休闲养生产业成为时代热点，尤其在现代人普遍生活紧张、工作压力大的环境下休闲养生已经发展成为一个产业，这在发达地区尤为明显。休闲养生通过休闲活动来达到养生的目的，用轻松多样的活动来怡情养性、增强体质，最终实现身体健康、延年益寿的养生效果。绿色休闲养生城市是以绿色发展为导向、以休闲养生为主要方式、满足人们身心健康的现代生态城市，而生态城市又包括满足人们基本物质生活和精神文明建设需要，以人与自然和谐共存为目标，适合人们居住的复合型生态系统。昆明市作为云南省省会对全省经济发展起着举足轻重的作用。昆明市环境优美、气候宜人、资源丰富，有着"春城"的美誉，且昆明文化旅游资源丰富，因此，昆明市在地理区位、经济积累、绿色水平和旅游发展等方面均具有较为深厚的基础，有利于将其建设成为绿色休闲养生城市。

根据《昆明市人民政府办公厅关于推进政府购买服务的实施意见（暂行）》（昆政办〔2016〕34号）文件，为进一步深化昆明市行政管理体制改革，加快转变政府职能，完善公共财政体系，提高公共服务质量和效率，昆明市大健康发展领导小组办公室根据常委会审议通过的《昆明市新一轮城市总体规划编制工作方案》开展专题研究的相关要求，编制《昆明市大健康产业发展规划（2018—2035年）》。

在这样的背景下，杏林大观园温泉康养小镇应运而生，其开发模式给康养旅游的发展带来了有意义的启示。

一 杏林大观园温泉康养小镇的历史由来及现状

昆明杏林大观园健康产业（集团）有限公司，前身为石林圣火药业有限公司（成立于2009年4月30日），注册资本9200万元。项目选址位于昆明石林台湾农民创业园核心区，占地3000亩，计划投资30亿元，建设期9年。项目自2012年投资兴建，截至2017年底已累计完成投资10亿多元，项目以中医药文化展示和科普教育为前导，以养生养老服务为主业，是一个集中医药文化旅游、中医药科普教育、中医药康复保健服务于一体，既能养生，也能修身养性的康养项目。

杏林大观园项目属于石林县委、县政府的重点招商引资项目，建好项目已就地解决劳动就业600余人。因公司业务发展需要，2012年6月，石林圣火药业有限公司变更为昆明杏林大观园旅游开发有限公司；2018年3月，昆明杏林大观园旅游开发有限公司变更为昆明杏林大观园健康产业（集团）有限公司。昆明杏林大观园旅游开发有限公司曾为昆明圣火药业（集团）有限公司控股子公司，2016年8月，圣火药业被央企华润三九医药股份有限公司并购，母公司转为昆明华耀投资有限公司。

昆明杏林大观园健康产业（集团）有限公司下设石林樱花峪餐饮有限公司、石林石海农业产业开发有限公司、石林杏林大观园养老公寓有限公司三个全资子公司，公司实有资产9.6亿元，全部由母公司昆明华耀投资有限公司以股本方式投入。公司经营范围包括：中医文化旅游、养生养老、药材种植销售、药材与中药化妆品生产及销售、农副产品与食品生产销售、酒店经营等。

公司自成立以来，大力发展中医药文化旅游业和中药材种植业，先后被国家中医药管理局列为"国家基本药物种子种苗基地"，被省政府授予"云南省科普教育基地"称号，荣获"昆明市农业产业化龙头企业"称号。2016年"杏林大观园"项目被云南省文产办列为"文化创意产业园区"和重点文产项目，同年获评"昆明市市级文明单位"。2018年3月被国家旅游局、国家中医药管理局列为全国第一批中医药健康旅游示范基地创建单位。省、市、县三级党委、政府十分重视杏林大观园发展，省卫计委、省文产

B.14 杏林大观园温泉康养小镇开发模式给康养旅游发展的启示

办、省旅发委等部门将其列为重点扶持企业。2020年4月被评为国家4A级景区。

石林县杏林大观园养老公寓于2017年11月8日经石林县民政局依法审批登记取得"养老机构设立许可证";2017年12月13日在石林县市场监管局依法登记取得营业执照,注册资本100万元;经营范围包括老年人、残疾人养护服务,健康咨询服务,健身休闲活动,体育健康服务等。公寓建筑面积平15459平方米,床位948个,现有员工179人(其中养老公寓管理人员16人、执业药师兼执业医师1人、心理咨询师兼书画指导师1人、中医治疗师3人、康乐书画室管理员5人、执业护士3人、执证护理员25人、护工及工勤人员125人)。公寓按照标准适老化设计,设施高端齐全,配有舒适的居住场所、功能完善的独立餐厅和休闲活动房、床旁呼叫器、花园、监控系统、电视、24小时热水供应、助浴设施等。

杏林大观园养老公寓运营机构分为办公室、医务部、运营部、康乐部、安保部、工程部、护理部七个部门,部门各负其责。公寓依托昆明杏林大观园健康产业(集团)有限公司投资开发建设的园林度假区"杏林大观园",附近相继建设了杏林禅寺、黑石箐景区、杏林古镇、国药博览园、石海温泉、樱花峪、影视基地、石海农业田园风光等。养老公寓主体面向55~75岁全活力老年人的养生养老,注重服务品质,经营服务方式独具特色。公寓以良好的硬件基础设施平台,依托杏林大观园上述产业链资源,倡导中医药文化康养生活方式,让老年人"生得优、活得长、不得病、少得病、病得晚,提高生命和生活质量"。杏林大观园结合当下国家政策和市场发展形势,倡导健康的生活方式,不仅是"治病",更是"治未病";消除亚健康、提高身体素质、减少痛苦,做好健康预防、健康保障、健康管理、健康维护;帮助消费者从透支健康、对抗疾病的方式转向呵护健康、预防疾病的新健康模式。通过上述园区产业链和公寓配套设施,使老年人在精神、心理、生理、环境、道德等方面有所收获,达到养性、养心、养德、养生的目的。服务方面以中医药康养为特色,为老年人树立科学和正确的健康生活观念。

二 杏林大观园温泉康养小镇的特色

"杏林大观园"自投资兴建以来,创造了全国同行业的五个第一,即全国首个中医药文化旅游和医药科普教育基地、全国首座中医药先师纪念馆——杏林禅寺、全国首座樱花峪药膳公园、首座弱碱性的石温泉和首家喀斯特地貌的真人CS野战训练场。园区以传承和发展传统中医药文化为核心,集休闲旅游、科普教育、文化演艺、会议展览、运动健身、药膳美食、养生养老、药材种植、影视基地于一体,融合了大文化、大旅游、大健康的综合性文化创意产业。具体包括以下几个板块:国药博览园、黑石箐景区药材生态园、樱花峪药膳园、杏林禅寺、阿诗玛文化广场、水幕实景演出剧场、石海温泉。在此基础上,凸显出了中医及禅宗文化相互融合的文化特色、多种业态资源共生发展的资源特色、观光农业助力康养的技术特色。

(一)中医及禅宗文化相互融合

杏林大观园属于文化驱动型开发模式。首先体现在中医药文化旅游板块。中医药文化旅游板块的"国药博览园"占地200余亩,其中中医药文化展览馆占地12亩,药材生态园和小石林旅游观光区占地200亩。占地12亩的国内首家中医药文化展览馆,共分为岐黄之术馆、滇南本草馆、中华医史馆、中华药史馆和云南少数民族医药馆五个展馆,兼设一条长40米的"历代御用经典处方长廊",系统介绍中医药发展史以及历代治疗各种疑难疾病的处方,为游客普及中医药知识。中医药文化展览馆布展采用科学、有趣的艺术语言,立体、真实地展示了五千年中华医药发展史,文化与景观、历史与现实、静态与动态紧密配合,既能够使游客得到新鲜有趣的科普教育,也能够借此传承博大精深的中医药文化,提高自我保健及家庭防治疾病的水平,使全民身体素质得到普遍提高。

杏林大观园的文化驱动型开发模式其次体现在杏林禅寺的建设中。杏林禅寺投资近1亿元,经宗教部门批复后,在原有的"药王庙"发祥地恢复重建了此寺院,并更名为"杏林禅寺"。杏林禅寺占地23亩,建筑面积

6600平方米。它是一座集中医药文化与佛教、道教、儒家道德思想于一体的综合庙宇，为我国首座中医药先师纪念馆。与其他寺庙不同的是，杏林禅寺建造了"天王殿""大雄宝殿""药师佛殿""黄帝论经殿""医圣苑""药王阁""藏经塔""贮珍楼"等22座仿古建筑，塑造了180余尊医药神佛及先师神像，记录他们的丰功伟绩。

杏林大观园的文化驱动型开发模式最后体现在阿诗玛文化广场的建设上。阿诗玛文化广场占地15亩，构筑大型石雕、假山、雕塑20余个，投资300万元。布置巨型阿诗玛音乐喷泉、民族图腾及传奇人物形象形成彝族文化广场，供游客天天过"彝族火把节"，丰富夜晚生活。阿诗玛的故事早已广为人知，然而在这片石林中，还埋藏着另一段有关生命、有关勇气的鲜为人知的英雄传奇故事。杏林大观园经过多方调查和咨询，请教有关历史学家，并聘请影视编导，将石林这一段关于拯救苍生的历史故事，改编为《那古木斯》，一个用实景、水幕、声光电讲述石林撒尼英雄用仁心妙手扫清黑暗、拯救生灵、护卫祖先的水幕情景剧。该剧自演出以来，受到了各界观影者的好评。

（二）多种业态资源共生发展

首先，黑石箐景区药材生态园是杏林大观园的核心资源，地处杏林大观园核心区，占地200亩，种植乔本、草本、藤本药材1000多个品种，园内种植有黄冠菊、何首乌、十大功劳、石斛、川芎等珍稀药材，让你身临其境，感受中医药的博大精深。樱花峪药膳公园总长400米，占地66亩，投资3600余万元。设置暖房、服务设施及药材盆景庭院等建筑6600平方米，主要功能有药膳餐饮、生态药材大棚种植示范、盆景药材展示及会务接待等。

樱花峪药膳公园有诗情画意的樱花大道，还有根据长江为界划分的南、北药馆，以食用药材为主的水培馆等药材种植观赏区，能让游客直观地认识各类药材植物。

其次，石海温泉是杏林大观园的自然资源。石海温泉是一个集温泉养生、休闲度假、观光旅游、娱乐健身、特色餐饮于一体的综合性生态温泉旅游度假区。石海温泉取于2680米岩层下的高品质矿物温泉水。经检测，石海温泉水为 pH 8.39 的弱碱性温泉水。其中偏硅酸含量达 20.5mg/L、氟含量达 5.32mg/L、可溶性二氧化硅含量达 26.65mg/L。上述指标均达到国家《天然矿泉水水质勘探规范》中的"医疗矿泉水水质标准"。因此,石海温泉被认定为"弱碱性的氟医疗热矿水"。

再次,杏林古镇商业板块是杏林大观园的重要物质资源。包括农副产品交易市场及杏林康养古镇一、二期。其中,第一期占地 31 亩,建筑面积 20000 平方米,主体工程已竣工,现已进入室内装修及招商阶段,项目共投资 1.2 亿元。

从次,影视基地板块是杏林大观园的文化资源。影视基地项目占地 130 亩,计划投资 5 亿元,项目分两期建设,第一期项目建设主要为满足和姜文导演合作的清末民初三部曲之一《邪不压正》的拍摄,另两部(《一步之遥》《让子弹飞》)已上映,第二期建设主要是把第一期拍摄电影的基地及预留地块升级改造为高档次商务客栈及电影拍摄、观光体验基地。

最后,天然"石林"是杏林大观园得天独厚的地势资源。CS(野战)训练基地以天然"石林"作遮挡物,玩家可以在迷宫般的石群中任意穿梭,有利于躲避和攻击对方,让 CS 野战充满冒险性,更加真实,为 CS(野战)发烧友提供不同层次的比赛及活动。

在以上资源的驱动下,杏林大观园衍生了养生养老度假板块。其中养生养老一期(紫竹苑)占地 31 亩,建筑面积近 4 万平方米,设有 480 套房间,已于 2017 年 5 月 1 日装修完后投入运营。

作为杏林大观园康养项目的重要组成部分,养生养老度假板块已初具形态。规划建设有集温泉养生、休闲度假、观光旅游、娱乐健身、特色餐饮、会议接待于一体的石海温泉、紫竹苑养生养老公寓、石泉村木屋别墅等设施,为发展观光体验旅游和康养结合创造了有利条件。

紫竹苑养生养老公寓占地 31 亩,建筑面积 38000 平方米,共 10 个四合院 480 多套房间 948 个床位。石泉村木屋别墅占地 25 亩,建筑面积 10000 平方米,共 34 栋 134 个房间近 300 个床位。杏林大观园有樱花峪会议中心、樱花峪集智堂会议室、石海温泉会议室三个会议地点,其中有大会议室 1 个(能容纳 500 余人)、中会议室 3 个(能容纳 200 余人)、小会议室 3 个(能容纳 30 余人),以及高档 VIP 小会议室 1 个。

B.14　杏林大观园温泉康养小镇开发模式给康养旅游发展的启示

（三）观光农业助力康养

杏林大观园的观光农业板块包括药物种植区、绿色生态农业采摘区。

杏林大观园结合当地土质、气候，种植了上千种中药材，代表品种有天麻、三七、川芎、板蓝根、杭白菊等，并建成了供游客观赏的中药材种植基地。采用首创的立体栽培技术和大面积喷灌技术种植三七，在云南省三七种植历史上前所未有。

杏林大观园因地制宜，采取科学无公害养殖种植技术，大力发展绿色生态农业，种植秋葵、大辣椒、巨型南瓜、金童玉女黄瓜、迷你黄瓜、天津黄瓜、白玉黄瓜、养心菜、菊花脑、红甜菜以及多个品种的西红柿等蔬菜，还有油桃、冬桃、李子、樱桃、车厘子、哈密瓜、柿子、苹果、板栗、大枣、杏树等多个品种的水果。

杏林大观园拥有广西巴马香猪、东北梅花鹿、毛驴、犬、良种菜牛、瘦肉型香猪、兔、肉鸽、乌骨鸡以及多品种药用动物规模化养殖基地，以满足药用动物研究，省内市场供应多达数万只。

三　杏林大观园温泉康养小镇的开发模式：依托中医药，与禅文化共融

当今社会，人们的生活水平越来越高，生活品质逐步改善。人们在旅游中更加注重体验旅游、养生旅游、精神旅游。在康养旅游中，人们不但重视养身，更加重视养心，注重旅游中的文化性。杏林大观园温泉康养小镇的开发模式由单一的追求生理上的养生模式转变为疗养、健身、养心的多元养生模式，依托中医药，与禅文化相融合，形成新业态，实现"生态养身、文化养心"。中医药能对人身体的生理状态起到很好的保护和治愈作用，禅文化能净化人的心灵，使人明理悟道，修身养性。以中医药为依托的休闲养生旅游与禅文化融合，既能在生理层面提升人的身体健康，同时也能在精神层面提升人的心理健康状态。以中医药为依托的休闲养生旅游与禅文化融合，可以发挥"1+1＞2"的协同效应。

（一）融合的动力

1. 市场需求是以中医药为依托的休闲养生旅游与禅文化共融的牵引力

市场需求是决定产业发展的原动力。康养旅游要以市场需求为导向，康养旅游需求不断升级是以中医药为依托的休闲养生旅游与禅宗文化共融的牵引力。一直以来，康养旅游偏重生理上的身体养生，致力于康体疗养，缺少精神方面的养心养生。如何让人的生理与心理同时得到休养，是新型康养旅游需要考虑的问题。杏林大观园温泉康养小镇正是结合自己的温泉及中医药天然优势，与禅宗文化共融，由传统的休闲养生旅游的开发模式转变为除了满足人的身体养生，更加注重人的精神性、文化性的康养旅游需求。

2. 市场竞争是以中医药为依托的休闲养生旅游与禅文化共融的推动力

传统的康养旅游模式已经陷入产品同质化严重、行业竞争激烈、企业营业额下降等困境。为摆脱困境，重拾市场信心，杏林大观园温泉康养小镇利用自身资源特色，获取市场竞争优势，远离同质化竞争怪圈，与禅文化共融，主动将禅文化要素和功能融入以中医药为依托的休闲养生旅游，优化资源配置，开发新产品，培育新市场，实现产业的激活与增值，提高市场竞争力。

3. 政策支持是以中医药为依托的休闲养生旅游与禅文化共融的催化剂

政府政策对产业发展具有导向和规划功能。政府通过出台相关支持政策，创设有利于产业融合的外部环境，引导产业融合发展，这是促进产业融合的催化力量。2009年12月1日发布的《国务院关于加快发展旅游业的意见》指出，大力推进旅游与文化、体育、农业、工业、林业、商业、水利、地质、海洋、环保、气象等相关产业和行业的融合发展。根据《昆明市人民政府办公厅关于推进政府购买服务的实施意见（暂行）》（昆政办〔2016〕34号）文件，昆明市大健康发展领导小组办公室根据常委会审议通过的《昆明市新一轮城市总体规划编制工作方案》开展专题研究的相关要求，编制《昆明市大健康产业发展规划（2018—2035年）》。这些无一不体现了政府对新型康养旅游产业的政策支持，为进一步深化昆明市行政管理体制改革，加快转变政府职能，完善公共财政体系，提高公共服务质量和效率，发挥了政策性引领的作用。

（二）融合的机制

杏林大观园温泉康养旅游小镇以中医药为依托,将休闲养生旅游与禅宗文化共融,实现资源共享、功能互补、相互促进。首先,以中医药为依托的休闲养生旅游与禅文化相互依存。以中医药为依托的休闲养生旅游和禅文化相辅相成,为融合发展提供空间。以中医药为依托的休闲养生旅游为禅文化提供交流和传播的平台,激发大众学习禅文化的兴趣。以中医药为依托的休闲养生旅游支持着禅文化的发展。同时,禅文化是以中医药为依托的休闲养生旅游的重要组成要素。禅文化的渗透融入使以中医药为依托的休闲养生旅游变得丰富多彩,充满活力。禅文化扩充了休闲养生旅游的内涵,增加了心理养生功能。其次,休闲养生旅游与禅文化共生互融。以中医药为依托的休闲养生旅游的发展推动了禅文化的开发、保护与传承。禅文化扩充了以中医药为依托的休闲养生旅游内容,增添了"养心、养情、养智"功能,使休闲养生旅游具有生理、心理双重养生功能。最后,以中医药为依托的休闲养生旅游与禅文化互动共进。以中医药为依托的休闲养生旅游充分融入禅文化元素,借文化扩充旅游内容,完善养生功能,凸显产品特色,提升产业竞争力。禅文化借助以中医药为依托的休闲养生旅游平台,广泛宣传文化产品,深入挖掘文化内涵,彰显地域文化特色,提升文化价值,最终实现以中医药为依托的休闲养生旅游和禅文化共融发展的"双赢"。

四 杏林大观园温泉康养小镇未来发展构想

（一）项目未来发展规划

杏林大观园温泉康养小镇二期项目总净用地面积88.3亩,总建筑面积57432.18平方米。设计围绕医养、康养,结合大健康文化旅游,以地方人文文化为核心,以地方建筑风格为主题,融入公司企业文化,坚持"以人为本"的设计理念,强调旅游环境与自然景观的共存与融合,并建有特色浓郁的中医体验馆。

杏林大观园项目全部建成后,杏林寺成为云南省独具特色、全面了解中国传统医药文化与佛教文化的新型文化旅游景点;国药博览园及中医药文化展览馆成为我国首家大型科普教育、研学旅游示范地,民族医药文化观赏目的地,西南中医药学科实习基地;影视基地成为云南最具规模的影视创作、拍摄、旅游基地。整个园区属于云南省规模最大、健康服务设施最全、自然环境最优美的中医药文化特色旅居康养圣地。

(二)项目存在问题

1. 宣传不够

产品开发宣传力度不够。杏林大观园项目仍停留在简单的大众观光旅游的水平,近几年才逐渐转移到康养旅游产品的建设上,另外,由于未能充分利用宣传工具在国内外进行良好宣传,游客对杏林大观园的理解还较多停留在石林、石海温泉概念上,对杏林大观园的五大模块了解不足,未能在国内外产生广泛影响。

2. 吸引人才优势不足

从近年来招聘工作统计情况来看,虽然网络宣传密集,但招聘会现场到场人员不多,效果一般甚至较差。在招聘方面,石林地区招聘会效果较好,招聘企业知名度高;高校招聘会宣传效果大于招聘效果,实习生较多;云南人才市场招聘效果差,旧的招聘渠道逐渐被冷落,需开发新的招聘渠道。

针对项目存在问题,建议加大宣传力度,变单一的接待性质的宣传为多渠道宣传;转变吸引人才策略。

参考文献

1. 丁水平. 休闲养生旅游与禅宗文化产业融合发展:动力、机制与路径——以江西省宜春市为例[J]. 宜春学院学报,2018,40(2):11-16.
2. 国务院关于加快发展旅游业的意见[EB/OL]. [2019-12-03]. http://www.gov.cn/zhengce/content/2009-12/03/content_ 3983. htm.
3. 昆明市大健康产业发展规划(2018—2035年). 昆明市大健康发展领导小组办公室,2016.

Ⅴ 借鉴篇

Reference Reports

B.15
SWOT-PEST 视角下巴伐利亚庄园康养旅游发展分析

罗裕梅 张语珂[*]

摘 要： 康养旅游已成为我国旅游产业的重要发展领域，然而随着其初步发展阶段步入尾声，我国的康养旅游产业仍存在政策与发展速度不匹配、资源利用率较低、融合协调发展把握不准确等问题。对国内数量繁多的康养旅游项目来说，明确竞争大环境现状，以及自身发展的优、劣势是可持续发展的关键。本报告以广东省河源市巴伐利亚庄园为研究对象，在 SWOT-PEST 的视角下，首先从微观角度具体阐述其发展康养旅游的优势、劣势、机遇、挑战，再结合当下的国家政策、经济、社会、技术环境，从宏观角度对巴伐利亚庄园的康养旅游项目进行分析，从而提出相应可持续

---

[*] 作者简介：罗裕梅，硕士研究生导师，云南大学工商管理与旅游管理学院教授，研究方向为管理信息系统价值；张语珂，云南大学工商管理与旅游管理学院硕士研究生，研究方向为技术经济及管理。

发展建议。

关键词：康养旅游；SWOT；PEST；巴伐利亚庄园

Analysis of Bavarian Manor Health Tourism Development from the Perspective of SWOT-PEST

Luo Yumei，Zhang Yuke

Abstract：Health and wellness tourism has become an important part of China's tourism industry. However, after the rapid development in the early stage, the health and wellness tourism of China still has some problems, such as the mismatch between policies and its development speed, low degree of resource utilization, inaccurate grasp of integrated and coordinated development. For a large number of domestic health and wellness tourism projects, have a clear understanding of the current competitive environment, as well as their own strengths and weaknesses is the key to get sustainable development. This research takes Bavaria Manor in Heyuan, Guangdong Province as the research object with the perspective of SWOT-PEST. Firstly, the paper will elaborate the strengths, weaknesses, opportunities and threats of the development of its health and wellness tourism from a micro perspective. Then the author will combine with the current political, economic, social and technological environment from a macro point of view, and put forward corresponding sustainable development suggestions.

Keywords：Health and Wellness Tourism；SWOT；PEST；Bavaria Manor

随着时间的流逝和人类社会的发展，自然环境恶化、亚健康群体的扩大、人口老龄化严重等现象成为我们不得不面对的挑战。面向健康疗愈、旅游休养的消费需求不断上升使得康养旅游产业初步成长。为促进旅游产业进一步转型升级，满足人们对美好生活的追求，有关部门高度重视康养旅游产业的发展。从下发的《"健康中国2030"规划纲要》《国家康养旅游示范基地标准》等政策文件可以看出，康养旅游产业已成为我国旅游产业的重要支柱。然而随着初步发展阶段步入尾声，我国的康养旅游产业仍存

B.15 SWOT-PEST视角下巴伐利亚庄园康养旅游发展分析

在政策与发展速度不匹配、资源利用率较低、融合协调发展把握不准确等问题。对国内数量繁多的康养旅游项目来说，明确竞争大环境现状，以及自身的优、劣势是可持续发展的关键。

巴伐利亚庄园位于中国广东省河源市，占地广阔，是"帮扶河源造血，粤港两地造园"的"旅游+"示范项目。① 该项目积极响应"健康中国2030"号召，以"三养"为开发建设理念，形成了集欢乐旅居、健康养护、体育教育等功能于一体的度假乐园。巴伐利亚庄园自2014年11月19日正式对外试营业以来，累计接待游客300万人次，实现税收3.32亿元，解决就业1100人，带动相关产业经济1:7放大效应。然而随着国内康养旅游产业发展阶段的转变，在有拥多重优势的同时，巴伐利亚庄园康养旅游项目的运营也面临着诸多风险。

基于上述研究背景，本报告以广东省河源市巴伐利亚庄园为研究对象，在SWOT-PEST的视角下，首先从微观角度具体阐述其发展康养旅游的优势（S）、劣势（W）、机遇（O）、挑战（T），再结合当下的政策（P）、经济（E）、社会（S）、技术（T）环境，从宏观角度对巴伐利亚庄园的康养旅游项目进行分析，从而提出相应的可持续发展建议。

一 巴伐利亚庄园康养旅游项目SWOT分析

（一）项目优势分析

1. 自然地理资源优越

巴伐利亚庄园位于广东省河源市，拥有得天独厚的自然地理资源。河源是广东唯一没有酸雨的地区，空气质量极佳，市区内空气负氧离子含量达每立方厘米12000个，森林覆盖率达71.2%，平均温度21.4℃，被称作"广东省的生态屏障""天然氧吧"。庄园紧邻万绿湖，其水域相当于68个杭州西湖，蓄水量达139亿立方米，是深港两地饮用水源地，也是农夫山泉

---

① 河源巴伐利亚庄园 [EB/OL]．[2017-01-12]．http://www.cnnclm.com/shengtainongzhuang/2342/．

华南水源地。除去天然的地理优势，万绿湖在作为客家古邑、岭南文化的发祥地的同时，周边还拥有新丰江国际森林公园、国家级恐龙博物馆、灯塔盆地国家现代农业示范区等重要自然人文资源。

在交通方面，巴伐利亚庄园能够轻松融入河源市中心，以及广港深等发达城市的生活圈。高速公路出口距庄园仅500米，可通过5条高速公路到达广州、深圳、澳门等发达城市的核心城区，平均耗时两小时。此外，高铁站距庄园仅需10分钟车程，到达上述城市平均耗时40分钟，可谓交通便捷，区位优越。

2. 基于养老市场的产业融合

康养旅游产业是生态体验、文化体验、医疗休养等服务的交会产业。[①]巴伐利亚庄园坚持全面发展，创新融合医疗教育、国药温泉、三养度假等现代康养旅游服务产业，含养生、观光、休闲、商业、生活五大核心功能，以及住宿、娱乐、教育、医疗等多种衍生功能。

人口老龄化问题是康养产业的促进因素之一，[②]故而"养老"这一消费需求是该产业发展的动力源泉。巴伐利亚庄园紧抓"银发市场"，在养老旅游领域大力开拓。"生态旅游养老"是巴伐利亚庄园面向养老市场提供的特色康养旅游项目，是庄园康养旅游产业的开发重点。医疗保障是养老产业的重中之重，巴伐利亚庄园与华大基因、暨南大学附属第一医院、深圳市中医院等国际顶尖生命科研机构合作，设立华大基因健康体验中心、睡眠调理中心等六大健康疗养中心。这些医疗康养机构借助移动互联网、云存储、云服务等技术，提供多种高端健康管理服务，包括基因检测、肿瘤预警、干预治疗、亚健康管理、美容医疗、睡眠调理等。在保证高医疗水准的同时，巴伐利亚庄园融合国内外文化元素，形成多种文化体验服务，如融合佛教禅修文化的菩提精舍、融合客家土楼建筑的福源寺，以及与暨南大学等知名教育机构合作的巴伐利亚学院等，从而保证顾客养老休闲生活精神文化的丰富程度。此外，巴伐利亚庄园还借助天然的近5平方公里的山

[①] 吴后建，但新球，刘世好，舒勇，曹虹，黄琰，卢立. 森林康养：概念内涵、产品类型和发展路径 [J]. 生态学杂志，2018，37（7）：2159-2169.

[②] 李莉，陈雪钧. 中国康养旅游产业的发展历程、演进规律及经验启示 [J]. 社会科学家，2020（5）：74-78+90.

水资源,建设现代体验农林场,为高端消费客户提供私人农场和农艺师指导或托管服务,与"生态养老"这一主题高度契合。

在健康度假方面,巴伐利亚庄园以温泉酒店为基调,结合多种文化为客户定制相应主题的酒店群,以满足不同康养需求。例如结合当地客家特色的土楼温泉酒店,以佛教禅修文化为主题的禅修酒店,以德国巴伐利亚州的啤酒、猪手、温泉为主题的巴伐利亚温泉酒店,等等。在注重酒店主题定制的同时,巴伐利亚庄园也始终保持着高质量的温泉体验。温泉区占地3万平方米,区内拥有各式汤池62个,全区根据"金木水火土"五行学说规划布局,按照五行与人体五脏的对应关系,打造中药调理泡池区。在享受温泉之余,区内还提供"浅水河道游艇温泉"服务,即顾客可乘坐满灌温泉水的游艇沿河道流转,感受温泉浸泡带来的放松体验。

(二)项目劣势分析

河源市多数旅游项目的开发建设存在两种极端现象,一类项目几乎完全依靠当地企业和政府资助,资金严重缺乏;另一类项目则由资金实力雄厚的集团企业投资,但大多依赖房地产项目。[①] 巴伐利亚庄园作为第二类旅游项目的典型,先推出旅游项目为地产搭建价值平台,后通过地产回笼现金促进旅游滚动开发。通过实地调查,笔者发现在巴伐利亚庄园的地产规划中,养老地产的布置远远多于普通地产。面对日益显著的"人口老龄化"问题,巴伐利亚庄园形成了"生态旅游养老"这一特色项目,结合其发展策略以及国内"康养小镇热潮",推出"太禾国际康养小镇",并将其定位为养老地产。虽然养老地产面向"老龄化"问题,拥有较高的盈利潜力,但我国当前尚未形成较为成熟的养老产业体系,故而存在一定风险。

从消费市场角度看,国民对养老产业的认知程度还不够,多数消费者仍抱有谨慎保守的态度,要让消费市场全面接受养老产品还需经历较长时间。故而当下的养老地产经营者不得不面对产品滞销的问题。从养老服务

---

① 邱志才.河源市全域旅游发展现状调查分析[J].旅游纵览,2020 (6):80-82.

业角度看，养老服务项目的回收期一般长达10～15年，① 国内外目前还没有成熟的盈利模式与案例，故而运营与维护成本支出大。此外，国内没有直接对应养老产业的法律和政策。目前相关的政策主要有《养老服务设施用地指导意见》《国务院关于加快发展养老服务业的若干意见》等，但这些政策仅仅进行了方向性的说明和指导，对于现实中发生的具体问题还没有可直接借鉴的方案。

（三）项目机遇分析

巴伐利亚庄园因中国广东省与德国巴伐利亚州缔结为"友好省州"而命名。德国作为西方发达国家，在康养旅游产业，尤其是森林康养方面有着较为成熟的发展模式和运营体系。② 巴伐利亚庄园可以"友好州省"为项目切入点，广泛开展国内外交流活动，进而学习融合德国康养旅游相关先进理念及经营方式。

自巴伐利亚庄园建成以来，多次获得国家、省市级荣誉。2015年，庄园先后被列为广东人最喜爱的旅游目的地（线路）及品牌活动中的"最佳度假目的地"、河源市年度先进旅游景区。2019年5月，文化和旅游部将其定位为国家级旅游度假区；同年，庄园先后获得中国旅居养老示范基地、深圳市养老创新基地、省劳模疗休养定点接待单位、深圳市劳模疗休养基地等称号。上述荣誉是对巴伐利亚庄园发展康养旅游的进一步认可，庄园可以通过多种传媒渠道展开宣传，提升知名度和社会声望。

（四）项目威胁分析

从项目运营开发方面来看，富德集团旗下生命人寿公司、深圳东华健康公司等企业组成DD集团，共同负责巴伐利亚庄园的开发建设工作。③ 富

---

① 康凯，初锟.我国保险公司发展养老社区的现状及策略选择——以泰康人寿保险公司为例［J］.赤峰学院学报（自然科学版），2015，31（8）：104-106.
② 程臻宇.区域康养产业内涵、形成要素及发展模式［J］.山东社会科学，2018（12）：141-145.
③ 富德集团官网［EB/OL］.［2019-07-01］.http://www.fundegroup.com/web/businessDetail.aspx?parm=10052.

德集团最初以地产、商贸等产业进入市场,虽然目前已发展成大型综合性企业集团,但其核心领域仍为人寿财产保险,定位更多偏重于投资与资产管理,对康养旅游产业的开发和运营缺乏针对性经验和知识。从项目建设规划方面来看,除了多样化的康养旅游项目,庄园还涉及文体娱乐、教育研学、国际交流、房产安置等领域。在众多面向不同领域的项目中,"巴伐利亚庄园的康养旅游项目如何取得可持续发展"成为不得不面对的问题。

虽然多元化经营可以平滑处于不同产品周期的不同产品所带来的风险,同时增加企业获得市场力的方法和路径,但多元化经营也有着不可忽视的弊端。多元化折价论认为多元化经营模式会提升项目成本。雇用经理人是多元化经营模式的常用方法,而由于对不同领域业务的了解有限,最终经营方不得不增加对代理经理人的监控成本。不仅如此,在经营多元化项目时,管理者通常趋向于将资源配置给绩效不好的部门,以维持其正常运营,但这么做也间接占用了效益较好部门的投资,最终降低了整个项目的配置效率。[①] 另外,一些学者指出,多元化会导致中高层管理者的过度集权。多元化经营使得业务部门扩大,从而进一步强化了中高层管理者的权利(业务、人脉资源等),最终增加管理层利用职权创造个人发展机会、撷取资源的可能性,以及为了自身目的而随意扩大经营业务的可能性。[②]

二 巴伐利亚庄园康养旅游项目 PEST 分析

(一)项目政策环境分析

在国家政策方面,2016 年 1 月和 10 月,有关部门先后制定并下发《国

[①] Shin H and René M S. Are Internal Capital Markets Efficient? [J]. The Quarterly Journal of Economics, 1998, 113 (2): 531 – 552.

[②] Michael J, Kevin J. Performance Pay and Top-Management Incentives [J]. Journal of Political Economy, 1990, 98 (2): 225 – 246.

家康养旅游示范基地标准》①《"健康中国2030"规划纲要》②等重要政策文件，进一步强调"全民健康"主题，明确指出康养旅游产业对我国当前旅游产业整体发展升级的重要性。2017年，党的十九大聚焦养老、敬老政策体系的构建。2020年5月发布的《中共中央、国务院关于新时代推进西部大开发形成新格局的指导意见》以及《中共中央、国务院关于新时代加快完善社会主义市场经济体制的意见》中都提及并强调将旅游休闲、健康养生等服务业发展为区域重要支柱产业。

在地区政策方面，2012年下发的《广东省旅游发展规划纲要（2011—2020年）》指出，为进一步促进传统旅游产业转型升级，势必要加快培育发展旅游新业态，并对养生医疗、养老旅游等项目给予大力支持。基于河源市旅游"十三五"规划，当地政府会同广东省高校编制并发布了《河源市全域旅游发展规划（2018—2035）》，该文件相关内容指出，应利用河源市较高的生态资源禀赋，以及东南部沿海城市连接点等优势，大力发展康养旅游产业，将河源市打造成粤港澳、江西内陆等地的"康养后花园"。

不论是从国家政策层面还是当地政策层面来看，我们都可以看到有关部门对康养旅游行业的重视。巴伐利亚庄园应及时响应政策号召，明确政策规划步骤，利用相关政策优惠及支持全力发展自身康养旅游项目。

（二）项目经济环境分析

从国家层面看，在数字经济背景下，我国经济发展进入新常态，不论是内部环境还是外部环境都发生了颠覆性的变化。购买力下降，可支配收入减少，人们的消费观念开始向"共享"转变。对市场来说，共享经济模式将闲置资源转变为经营产品，不仅提高了资源利用率，也迎合了大众的消费观念，可谓一举两得。传统康养旅游产业在经历了初期的快速成长后，不得不面对发展模式单一、创新力度不足、缺乏核心特色竞争力等问题。面对产业生态、经营模式、商业思维等方面都发生巨大改变的经济环境，

---

① 国家旅游局发布《国家康养旅游示范基地标准》［EB/OL］. ［2016-01-08］. http://culture.people.cpm.cn/n1/2016/0108/c172318-28030008.html.
② 中共中央、国务院印发《"健康中国2030"规划纲要》［EB/OL］. ［2016-10-25］. http://www.gov.cn/zhengce/2016-10/25/content_5124174.html.

康养旅游产业势必要进行转型和升级。虽然相关部门已把康养旅游确立为我国经济增长的重要产业支柱，但目前国内康养旅游产业的发展现状与经济增长速度严重不匹配，难以满足"世界旅游强国"这一战略目标。①

从地区层面看，截至2021年第一季度，河源市生产总值超过250亿元，同比增长20.3%，其中第三产业（服务、娱乐、旅游行业）增加值高达148.58亿元，同比增长13.9%。总体看来，第三产业助力显著，占全市投资的73.3%，对全市投资增长贡献率超过80%。② 可见在国家经济发展转型的背景下，地区的产业模式、投资现状都发生了明显转变。康养旅游产业是旅游产业转型升级的有效途径，是旅游业产业融合的优质选择，也是第三产业的重要组成部分。面对我国康养旅游产业发展与经济增长速度严重不匹配的现状，巴伐利亚庄园的康养旅游产业必须要找准定位，突破创新。

（三）项目社会环境分析

2017年10月，党的十九大指出，中国特色社会主义进入新时代，我国社会主要矛盾已经转化为人民日益增长的美好生活需要和不平衡不充分的发展之间的矛盾。另外，"老龄化""亚健康"问题日益显著。据世界卫生组织（WHO）的报告，截至2015年底，我国老年人（>60周岁）人口已超过两亿，预计2025年将增至2.88亿。③ 随着我国社会的不断发展，在人民生活水平不断提高的同时，生活、工作的节奏压力也在不断上升，《中国城镇居民心理健康白皮书》指出，中国超过70%的城镇居民处于心理亚健康状态④；相关统计资料显示，国内外约有60%的个体处于亚健康状态⑤。

---

① 国家旅游局：我国成为世界旅游强国需实施"三步走战略"[EB/OL]．[2017-01-13]．http://www.gov.cn/xinwen/2017-01/13/content_5159525.htm.
② 2021年一季度河源市经济运行情况[EB/OL]．[2021-04-25]．http://www.gd.gov.cn/zwgk/sjfb/dssj/content/post_3268950.html.
③ 蒋红柳．欧盟破解人口老龄化问题探析[J]．西南民族大学学报（人文社会科学版），2014（5）：17-22.
④ 薛允莲，许军，刘贵浩，黄晨，冯叶芳，许梦瑶，蒋丽洁，王晓辉，谢娟．中国城镇居民心理亚健康的影响因素分析[J]．中国卫生统计，2021，38（2）：208-214.
⑤ 陈娉婷，周小青，金梦．中医辨识亚健康状态及其研究进展[J]．中华中医药学刊，2016，34（12）：2842-2845.

在此情景下,群众对健康的需求从过去的"治病"转化为"治未病";对旅游的需求从过去的"娱乐"转变为"放松疗养"。在人口"老龄化"和社会生活需求转变的双重刺激下,市场对精细化、专业化的社会服务需求日益增长,进而给予康养旅游产业广阔的发展空间。

(四)项目技术环境分析

数字经济时代,在大数据、物联网、AI、移动支付等高新技术快速成长的同时,这些科技也逐渐融入公共管理、理疗、旅游等行业,并创生出巨大附加收益。康养旅游产业在这种大环境下,自然也受到了潜移默化的影响。科学技术的不断演进和创新能够加快康养旅游产业的发展进程,但也会缩短当前康养旅游项目的生命周期,迫使项目更迭换代。此外,在"共享经济"思想的引导下,技术创新提供了"供给方—共享平台—消费方"的商业模式,省去中介化的沟通流程,改变了传统的"中介式"旅游供需关系。巴伐利亚庄园必须不断优化其经营模式,以适应当前"共享经济""技术创新"的时代主题。

三 巴伐利亚庄园康养旅游项目发展建议

基于SWOT-PEST视角,本报告分别从微观和宏观角度分析评述了巴伐利亚庄园发展康养旅游的具体情况,以及项目所处大环境,最终得出相关建议。

1. 合理化规划"养老地产",优化养老服务

根据上文分析,可以看到"养老地产"在巴伐利亚庄园的康养旅游项目中占比较高。虽然"银发市场"具有较大盈利潜力,但由于我国国民对养老产业认知度不够高,养老产业体系尚未成熟等,"养老地产"也存在一定风险。养老地产与医疗养护、生活关照、娱乐休闲等领域交织在一起,因此与普通地产项目相比,经营者需要考虑和兼顾更多附加项目。对于转型的地产商来说,维系多种项目运营无疑存在较大的压力,尤其是针对一些专业性的项目服务,例如医疗护理等,更加考验养老地产的品质,存在运营风险高的可能性。"如何向老年人提供全方位的养老服务""如何提供高质量的养老服务,成为未来养老地产竞争的核心领域""如何优化自身养老服务",是当前巴伐利亚庄园发展康养旅游应该思考的发展问题。

2. 整合相关资源优势,提升项目运营水平

凭借区位优越、人文资源丰富、自然地理资源禀赋高等优势,巴伐利亚庄园跨领域融合了多种产业,但程度仍然不够深。鉴于多元化经营的固有风险,巴伐利亚庄园的康养旅游项目应重新整合相关资源优势,找准项目定位突破发展,打破国内康养旅游产业发展趋于同质化的局面。此外,DD集团为庄园提供的充足资金支持,以及国内针对"全民大健康""旅游产业转型升级"等施行的相关优惠政策,都应成为巴伐利亚庄园发展康养旅游的强劲助力。

3. 抓紧时机,突出特色

当前我国康养旅游产业呈现发展模式粗放、同质化普遍、核心特色缺乏等特点。广东省河源市的旅游产业也存有资源挖掘力度不够、"旅游+"项目融合程度不足等问题。不论是在全国,还是在广东,康养旅游市场都尚未饱和。巴伐利亚庄园作为广东省第二个、河源市唯一的国家级旅游级旅游度假中心,在取得众多荣誉称号的同时,应抓住这个关键时机,突出特色优势全力发展。只有在前期紧抓核心竞争力,才能打好基础,从而在日后竞争越发激烈的市场中占有一席之地。

参考文献

1. 杨红英,杨舒然. 融合与跨界:康养旅游产业赋能模式研究[J]. 思想战线,2020,46(6):158-168.
2. 周三多,陈传明,刘子馨,贾良定编著. 管理学——原理与方法[M]. 上海:复旦大学出版社,2018.
3. 李业芹. 加快推进康养旅游发展,助推旅游业转型升级——以山东省日照市为例[J]. 当代旅游,2019(7):24-25.
4. 余丽. 河源温泉旅游资源整合策略研究[J]. 旅游纵览,2021(5):161-164.
5. 冯四朵,杨亮. 城市旅游形象感知对游客行为的影响研究——以广东河源市为例［J］. 特区经济, 2021（2）: 116-120.

6. 孙延飞. SWOT-PEST 视域下探讨汶川县水磨镇养生旅游发展［J］. 旅游纵览, 2019（7）: 69-70.

7. 周功梅, 宋瑞, 刘倩倩. 国内外康养旅游研究评述与展望［J］. 资源开发与市场, 2021, 37（1）: 119-128.

8. 潘洋刘, 徐俊, 胡少昌, 文野, 邹芹, 晏琪, 曾进, 古新仁, 刘苑秋. 基于 SWOT 和 AHP 分析的森林康养基地建设策略研究——以江西庐山国家级自然保护区为例［J］. 林业经济, 2019, 41（3）: 40-44+59.

B.16 CCRC实践视角下的中国康养模式再设计研究

吴奇志[*]

摘 要：本报告以康养事业为研究对象，在整理美国和日本CCRC康养模式实践的基础上，运用文献及案例研究方法对其康养事业可取之处进行归纳梳理，并以此为依据，结合国情对中国康养模式进行再设计。

关键字：康养；CCRC；康养模式再设计

Research on the Redesign of China's Health Care Model from the Perspective of CCRC Practice

Wu Qizhi

Abstract：The business of healthcare for elderly people is deeply analyzed in this paper. Based on CCRC concept, this business model both in US and Japan are carefully studied and its features in these two nations are scrutinized by literature research and case analyses. Through the practice from these two countries, a tentative scheme of healthcare for the elderly in China is redesigned with taking Chinese characteristics into full consideration.

---

* 作者简介：吴奇志，硕士，云南大学工商管理与旅游管理学院，副教授，研究方向为公司运营研究方向。

Keywords: Healthcare; CCRC; Healthcare Model Redesign

党的十九大报告提出了应对人口老龄化的方针，要求构建养老、孝老、敬老的政策体系和社会环境，推进医养结合，加快老龄事业和产业发展。根据联合国的新标准，一个地区65岁老人占总人口的7%，则该地区被视为进入老龄化社会。按照这个标准，我国从2000年开始就已进入老龄化社会。据联合国预测，到2020年我国65岁以上老龄人口将达1.67亿人，约占中国人口比例的12%，中国老龄化呈加速发展趋势。由于社会福利保障和养老服务体系尚不健全，相关国家政策及法律尚待规范，我国发展康养事业面临诸多压力。

老龄化发展浪潮促使各地政府和开发商积极开展养老社区规划建设。鉴于美国和日本康养产业起步较早，积累了很多有益的经验，借鉴发达国家成功的康养模式对发展中国的康养事业无疑具有积极的意义。中国的养老社区规划建设不能简单地复制国外模式，需要结合国情和不同地区的特点不断探索和完善。本报告借鉴美日两国持续照料退休社区（Continuing Care Retirement Community，CCRC）模式，对适合中国国情的康养模式进行设计探讨。

一　美国的康养实践

（一）CCRC是美国主流康养模式

退休社区起源于英国，最初是为失业的退伍罗马士兵而建，并通过住房计划加以推广，旨在为更多的老年人提供住所和照顾。20世纪初，通过对英国养老社区模式的借鉴，退休社区的理念拓展至美国并向健康养生方面演化，发展成为CCRC形式，即持续照料退休社区，为老年人提供自理、介护、介助一体化的居住设施和服务，使老年人在健康状况和自理能力发生变化时，依然可以在熟悉的环境中继续居住，并获得与身体状况相对应的照料服务。退休社区通常是指为老年人设计并提供休闲活动和各种康养服务，具有明确地理边界的社区。其主要表现为三个特征：（1）有着严格的年龄限制；（2）居民必须处于半退休或者完全退休状态；（3）社区提供康养服务。美国太阳城（SUN CITY）CCRC康养实践是康养事业的先驱。

（二）美国太阳城CCRC

美国太阳城是世界上著名的专供退休老人居住和疗养的社区。由Del Webb公司于1961年开始建设，经过40多年的发展与完善，已成为美国开发老年社区的著名品牌，开发商已在美国开发了20多个以太阳城命名的老年社区，其中占地在20平方千米以上的老年社区有亚利桑那太阳城、加利福尼亚太阳城和佛罗里达太阳城等。

1. 目标客群定位清晰

CCRC根据老年人的健康及需要照料的程度将其分为以下三类。

（1）55~64岁完全可以自理的健康老人；

（2）65~74岁需要半护理的老人，可以部分自理或经治疗后可以回家康养的老人；

（3）75岁及以上需要全护理的老人。

2. 开发模式

（1）通常房地产开发商为康养服务提供商；

（2）限定55岁以上的老人才能入住；

（3）有会所和户外运动设施，但医疗护理等配套服务依赖社区所在城镇提供；

（4）康养选址地点位于郊区，占地大容积率低，建筑形态多为单层、独栋或双拼，精装修标准，拎包即可入住，附近一般都配有专为社区服务的商业中心；

（5）房价便宜且离大城市不远，对目标客户群体有吸引力；

（6）兼有旅游度假功能单位，除康养客户外还有旅游度假客户，康养设施的利用率高。表1展示了CCRC提供的设施与服务。

表1　CCRC提供的设施与服务

个人设施及服务		社区设施及服务		健康照料
室内设施服务	洗衣服务	室内游泳池	宣传室	健康诊所
24小时安全服务	美容美发	餐厅咖啡厅	扶手	便捷的基础医疗服务
设施维修	电视	上网及电脑室	银行	24小时急救系统
灵活的用餐服务	室外维护、铲雪	室外活动场地	邮局	用药管理
收拾房间	交通、医疗、购物、协调等	健身设施	便利店	独立居住的上门服务
房间设施维修	社交、文化、教育、娱乐等	图书馆		复健设施
物业税	宗教活动	绿地及公园		
停车场及服务				

资料来源：笔者自行整理。

3. 美国CCRC康养实践的启示

美国CCRC源于其充裕的土地资源和发达的市场环境，中国还不具备这些条件，无法照搬美国模式，表现在：（1）中国地少人多，不适合大量兴建低密度、单层的单体建筑，应以多层或小高层的单体形态为主；（2）中国的公共医疗资源匮乏，如社区内不能提供一定的医疗、护理配套服务就会影响目标客户群体的入住选择。

二　日本的康养实践

日本作为世界上老龄化最严重的国家，根据2018年联合国和世行的调查，日本65岁及以上的老人占日本总人口的24.48%。日本康养事业最初是向瑞士和瑞典等北欧国家学习，但后来发现，若要做到像北欧国家那样的养老福利，政府财政不可承载，于是日本对北欧模式进行改良，创造出了日本养老模式。

日本康养事业在理念和实践上多有可取之处。首先日本社会把康养看作一种关爱生命与健康的公益性很强的福利事业，而非高利润的产业，这是日本康养事业的精髓所在。日本康养事业的服务对象是老年人和行动不便的人群，聚焦延长老年人的健康生命。日本的康养事业经营主体多为药品公司和餐饮公司，这些企业更了解服务对象的保健和饮食需求；康养经营场所常设置在养老院和康复中心。

目前"日本版CCRC"通常指始于2014年安倍政府二期的政府主导模

式,其着眼点既有康养,又有解决地方城市人口老龄化所带来的城市产业空心化问题的措施。该模式在全日本展开,政府投入上千亿日元的资金,对日本的康养事业起到了巨大的推动作用。本报告列举在这一政府计划下的美奈宜之林和 Smart Community 稻毛两个康养案例。

（一）美奈宜之林

美奈宜之林康养始建于20世纪90年代中后期,由福冈市的开发商率先引进美国 CCRC 模式进行开发,项目位于朝仓市郊外风景秀丽的自然景区中,距离当地中心城市福冈市约1小时车程,当初计划总投资300亿日元,总开发面积约127万平方米,建设包括老年独栋住宅、集合住宅以及医疗和以高尔夫球场为首的各种运动设施、剧场、温泉、商业区等配套设施,以老年社区的理想形象在全日本推销。设施一期于1996年5月开业,原计划引进1000人入住,但实际入住不足200人。由于销售不畅,开发商出现资金困难,最终被迫放弃剩余的开发计划。开发十年后入住的部分低龄健康老人开始出现介护的需求,社区开发中途而停,未形成规模,无法独力支持老年人照料机构的新设,因此开始有老年人住户抛售资产撤离社区,一时令社区前景陷入黑暗。

为了振兴该康养社区,社区居委会联合开发商,在学界和政府主管部门的参与下,共同制定出社区的再生方案,构筑健康社区的全新面貌,包括引进年轻一代,将原来老年社区的定位改变为可容纳中青年家庭的多代共同生活社区。该方案充分利用各年龄层人才资源,使老、中、青三代共处,老年人从仅接受生活照料服务变成既接受服务也提供服务,老年人为儿童提供课外辅导,发挥自身余热;儿童从老年人那里学到知识,也带给老年人快乐心情;年轻家长在社区内工作,填补社区年轻劳动力的空缺。开发商将部分空置的二手住宅按新建价格的60%左右的优惠价格出售给愿意移居此地的年轻家庭。该方案还在社区内建设老年人照料机构等,不断完善社区的配套服务,实现真正意义上的社区内养老。

（二）Smart Community 稻毛

日本政府于2000年启动的介护保险制度是日本介护产业发展的历史转

折点，吸引了大量企业参与康养领域。这期间的 CCRC 作为一个外来的品牌被糅进了日本的制度条件中，设施所强调的是区别于一般养老机构的新理念和新形象以及所带来的新的生活方式。富裕老年人是这个项目的目标客户群体，康养服务商聚焦高性价比服务和运营效益，通过合作积极引进外部资源，建立多企业共赢的设施运作模式。

Smart Community 稻毛项目始于 2009 年，项目虽宣称投资额 150 亿日元，但建设全程厉行节约。该项目地处日本千叶市，其中最主要的建筑为大型超市撤退后的空置卖场空间改造而来，虽然节约了建筑投资，但老年设施在选址与建设方面与原来的商业设施相差甚大，因此从一开始就给本项目留下了硬件缺陷。整体设施由俱乐部会所和 6 栋老年住宅，附加住户专用的运动公园组成。主要居住区与配套服务区被城市干道分隔，受到城市干道的噪声影响和受到土地朝向制约的东西向住宅布局都是建筑上的不足。设计入住为 1000 人规模，目前已运营 10 余年，会员约 700 人，实际入住人数不明。

Smart Community 稻毛项目定位面向能够生活自理的老人，当时只考虑健康老人的生活环境，住宅上未达到老年住宅的无障碍标准，需要生活照料则采用访问看护，需要入院介护则要求住户转换设施，这已经背离了 CCRC 最值得评价的一站式养老和终老的模式初衷。运营方把利益着眼点落到房地产上，使企业发展 CCRC 模式遭遇瓶颈。近年入住业绩低迷，出现了新房和二手房同时在市面上流通的不利局面。表 2 展示了日本政府主导的 CCRC 与传统老年设施的本质区别。

表 2　日本政府主导的 CCRC 与传统老年设施的本质区别

	传统老年设施	日本政府主导的 CCRC
居住契机	需介护时的选择	健康时的选择
老年生活	接受服务	参与、发挥作为服务方的作用
与当地的关系	局限于设施内，交流很少	融入地区社会，与多世代共生互动

资料来源：笔者自行整理。

（三）两个日本康养案例的启示

通过以上两个案例可以看出，大规模老年社区模式并不适合土地资源缺乏的日本，即使确保了土地进行大规模开发，从老年住宅到各种配套都需要从零开始，这要求有充足的资金投入。日本的老年人不少都是处理了现有住房后迁入老年社区的，在心理上和经济上需要下大决心，康养设施的完善程度会影响到老年人入住率，CCRC 的初期开发难以实现边建设边销售的滚动开发模式。同时还应看到，必须实现相当规模的入住人数才能支撑起配套设施的运营，如果入住率不高或入住率不稳定，则配套医院和看护设施的运营也会出现困难。这些配套设施多采用委托外部运营形式，服务团队一旦撤离，则相应的康养功能马上停摆。

三　中国康养模式设计

（一）需重新定义中国康养事业的经营边界、理念和做法

当前中国康养事业的经营边界、理念和做法尚存在很多值得商榷之处，表现在以下方面。

首先，中国康养产业经营边界不甚清晰。康养产业在中国是一个内涵泛化的大健康概念，从健康体检到疾病诊断治疗，从退休老人游山玩水到为富裕阶层提供高端养生服务，内容形形色色，包罗万象，只要与健康有关，都被划入康养范畴。只有重新清晰定义康养产业的内涵和边界，才能使这个新兴产业健康发展。

其次，当前有一种将康养事业定位成一种崭新"产业"的趋势，这种把康养产业当作摇钱树来经营的观点是康养理念的"跑偏"，一个缺乏爱心的康养理念无法指导好康养事业。康养理念的最低标准应该是让老年人吃饱、睡好，更高的标准应该是延长老年人的健康寿命。

再次，从当前的康养实践来看，我国从事康养产业的投资方大多数是房地产开发商，其更多的目的在于盈利。投资方在康养方面的经营管理和设施运营均缺乏经验，导致康养产业硬件很硬，但软件偏软。

最后，还要看到中国康养事业目前面临的两个最大的问题，一是护理人员大多没有经过专业的训练，科班出身的护理人员比例很少，护理人员流动性很大；二是投资经营者大多追求短期的利益，缺乏静下心来做长期

事业的心理准备。

（二）中国康养模式构建

结合中国当今实际，康养模式必须适应多种不同康养服务需求的老年客户群体，目前有居家康养、社区康养、专门康养社区和关键设施驱动的康养主题社区等四种康养开发模式可供参考，其中前两种模式为康养主流。

1. 聚焦居家康养

2012年全国人大常委会在修订老年人权益保障法过程中，结合中国国情和国际经验，明确提出了"居家养老"模式。当今居家康养是老年人养老最主要的模式，正如李克强总理在2019年8月21日国务院常务会议上指出的那样，居家养老既符合中国人的传统养老习惯，也符合我国现阶段的发展水平。眼下我国绝大多数老年人仍是以社区为依托居家养老为主，要在此基础上进一步拓展多元化养老服务。

要依托社区发展以居家为基础的多样化康养服务，为老年人提供助餐、助医、助行、助洁等便捷服务；要多措并举发展适合老年人消费的旅游、养生等服务；要支持发展商业养老保险，建立保险、福利和救助相衔接的长期照护保障制度，加大对经济困难、高龄、失能老人的长期照护补贴。

2. 打造社区康养

2013年出台的《国务院关于加快发展养老服务业的若干意见》明确提出中国养老服务业的发展目标，即到2020年，全面建成以居家为基础、社区为依托、机构为支撑的，功能完善、规模适度、覆盖城乡的养老服务体系。由此可见居家康养和社区康养是当今中国康养事业的主要模式。

社区康养分为老旧小区改造和在新建小区中同步建设康养设施两种类型，要把康养服务作为老旧小区适老化改造的重要配套内容，新建小区要规划社区康养服务设施建设。根据社区区位、规模、老龄化程度等因素，规划社区嵌入式小型康养机构。康养设施包括配备老年餐桌、日托中心、活动中心等服务设施，提供24小时长期照顾、日托、老年餐饮、健康管理等服务。

据中新网报道，截至2018年底，以中国老年化程度最高的上海为例，该市户籍老年人口已达503.28万，占户籍总人口的34.4%。上海养老服务格局是"9073",即90%为居家养老、7%为社区养老、3%为机构养老。这些年的实践表明,"9073"中,社区养老更受老年人欢迎,老年人更愿意在熟悉的社区、熟悉的环境中得到养老服务。上海强调社区养老"吃"方面的服务供给,上海的社区老年助餐服务场所要从目前的800余家增至1600家。

3. 新建专门康养社区

开发一种适老化的康养社区,开发企业需要自持少量养老物业用于经营,依靠其他物业的销售来盈利。整个社区是年轻人与老年人混合居住,并不是仅仅针对老年人的社区。比如"少量持有(少于30%)+大量销售(大于70%)"可以让康养开发商有条件持续开发;"年轻人+老年人"的混合居住可以降低老人的孤独感,整个社区中的老人"分隔而不分离",子女与父母既能够相互照顾,又能避免生活习惯的相互干扰,整个社区既有年轻活力又有安宁祥和的居住氛围,非常符合中国人的"家文化"传统,市场接受度很高。

此种康养社区的经营思路是"销售物业+持有经营+服务输出"。前期销售实现快速回现,保证后续滚动发展;全程持有有利于树立品牌,塑造核心价值,确定社区属性,为长期发展创造价值;中后期实现优质康养服务输出。

4. 试水关键设施驱动的康养主题社区

此类康养模式以"旅游+康养+养老"为卖点,聚焦"强养生弱养老"定位。此类康养主题社区的地理位置较为优越,通常接近旅游风景区,自然资源优良,距离主城区的车程在半小时到一个半小时不等,地块规模较大,但医疗条件有限。此种模式的目标客户是高净值的老年人群体和具备高保健意识的中高端家庭。此类社区以康养环境吸引目标客户群体,以弱化其地理位置离城市较远的劣势,开发经营者以物业销售、会员服务和设施经营获取利润。

此类康养主题社区的建设需从四大方面入手,包括环境体系、项目体系、服务体系和居住体系。康养功能的卖点突出身体健康、资产健康、精神健康、日常生活和生活空间等方面。

5. 中国康养模式的保障措施

推行种类多样的康养模式既能满足群众期盼,激发城市活力,又有利于扩大有效投资,拓展消费空间,可谓一举多得。地方政府政策推动康养事业,社会资本投入康养事业,社会力量多方参与康养事业是扩大康养服务供给的关键。要完善相关法律法规,加强康养供给侧的监管。

必须看到占康养主流的居家康养和社区康养都离不开社区、社会组织、社会工作者的参与,因此完善上述"三社联动"机制是提高社区康养服务水平的关键。鼓励社会组织参与康养事业,提高社工自身素养,携手家政推进社区康养服务,吸纳居民成为康养服务的提供者,将"时间银行"应用于社区康养服务,将有时间、有能力、有意愿的社区居民纳入居家康养和社区康养的服务提供者当中,大规模培养养老院管理人员、护理员和社工等。

四 结论

以美日为代表的西方发达国家由于进入老龄化社会较早,在康养实践中积累了有益的经验。中国在规划自己的康养事业时必须立足于现有国情,探索与自身国情相适应的康养模式,构建以居家康养和社区康养为主体,以新建专门康养社区和关键设施驱动的康养主题社区为补充,突出中国康养体系特色。同时还必须加强和完善康养事业的保障措施。

参考文献

1. 吴碧华,赖倍恩,邓晓健,等."三社联动"运行的问题与对策探索——以社区居家养老服务为例[J].丝路视野,2018(5):79-81.
2. 〔日〕伊藤增辉.从日本版CCRC的实践经验看中国健康养老小镇的发展瓶颈规避[J].住区,2018(2):6-13.
3. 肖航.家庭结构变迁和老龄化下的养老模式:社区养老[J].科学咨询(科技·管理),2015(2):9-10.
4. 孙作文.老龄化背景下日本居家养老服务体系的构建及启示[J].当代经济,

2019（3）：156-157.

5. 谢琦，曾丹.日本农村养老保险制度借鉴研究［J］.现代交际，2018（24）：83-84.

6. 李婕，阎永胜.日本社会养老服务体系建设对中国的启示［J］.纳税，2018（3）：235-236.

7. 史娜，张茂刚.日本养老服务体系对我国养老服务体系建设的启示——以日本三重县津市为例［J］.无锡商业职业技术学院学报，2018，18（1）：29-32.

8. 张梦倩，杜彬彬.绍兴市居家养老服务业发展研究——以日本居家养老模式为鉴［J］.延安职业技术学院学报，2019，33（2）：11-13.

9. 屈逢阳，青梅.日本持续照顾型养老社区的开发模式与实践［J］.城市建筑，2014（14）：79.

10. 吴农，舒莹，魏晓冬.持续照顾型养老社区体系分析及实例研究［J］.新建筑，2016（2）：121-125.

11. 王培峰，刘文杰.探索路上：国内养老社区规划建设取样初探［J］.广西城镇建设，2016（12）：34-49.

12. 李小云.国外退休社区的发展及对国内老年社区建设的启示［J］.城市发展研究，2018，25（5）：81-88.

13. 高辉，相亚成.基于美国CCRC的我国养老房产开发研究［J］.现代物业，2014（6）：117-119.

14. 赵曼丽，宋彦.美国CCRC模式对我国社区养老模式的启示——基于Carol Woods的实地调研［J］.现代商贸工业，2017，38（29）：128-130.

15. 张雷，阎淑君.美国CCRC模式对我国养老地产的启示［J］.智富时代，2019（2）：47.

16. 吴孝芹.美国补充养老金计划税收优惠政策经验及启示［J］.山东工商学院学报，2018，32（2）：87-95.

17. 杜桂珍.美国社会养老保险城乡一体化经验及启示［J］.当代经济，2017（15）：52-55.

18. 尚剑.美国社区养老服务经验的启示［J］.住宅与房地产，2015（1）：37-41.

19. 项洁雯.美国私人养老金发展对中国企业年金的启示［J］.中国人力资源社会保障，2017（3）：54-55.

20. 李思思，韩世范，朱瑞芳，曹妍，程金莲，王益锵.美国养老服务研究热点的可视化分析［J］.护理研究，2019，33（10）：1686-1691.

21. 于欣波，刘恋. 浅析美国 CCRC 养老模式及在中国的发展前景 [J]. 四川水泥，2017（5）：319.
22. Alexis Denton，Joyce Polhamus，陈鸥翔. 探讨美国 CCRC 养老模式及其在中国的前景 [J]. 建筑技艺，2014（3）：52-55.

B.17 基于Citespace可视化知识图谱分析的国内外康养旅游研究进展

赵书虹　张钰桢　陈婷婷　钱海燕*

摘　要：本报告运用CitespaceⅢ软件对国内外康养旅游的研究现状进行了可视化分析，以此得出国内外研究的热点。基于对所选取文献关键词的分析，得出国内外研究的重点：国内康养旅游的研究热点集中于康养旅游产品开发、康养旅游发展模式和康养旅游发展路径三大类；国外康养旅游的研究热点集中于康养旅游的动机、康养旅游的影响因素、康养旅游的效应三大类。通过梳理国内外康养旅游研究背后的基本脉络，本报告全面地分析了现阶段国内外康养旅游的研究热点，同时也全面地展现了国内外基于康养旅游的研究共识、分歧及思考历程。这对于回顾及展望国内外康养旅游的研究具有一定的参考和借鉴意义。

关键词：Citespace；可视化分析；康养旅游

Research Progress of Domestic and Foreign Health Tourism Based on Citespace's Visualized Knowledge Graph Analysis

Zhao Shuhong, Zhang Yuzhen, Chen Tingting, Qian Haiyan

Abstract: This article uses CitespaceⅢ software to visually analyze the cur-

---

* 作者简介：赵书虹，博士研究生，云南大学，工商管理与旅游管理学院副院长，教授，主要研究方向为旅游管理；张钰桢，硕士研究生，河北石油职业技术大学，助教，主要研究方向为旅游管理；陈婷婷，博士在读研究生，云南大学，主要研究方向为文化旅游；钱海燕，硕士研究生，云南大学，主要研究方向为旅游管理。

rent research status of health tourism at home and abroad, in order to analyze the main research hotspots at home and abroad. Based on the analysis of selected literature keywords, it is concluded that the focus of domestic and foreign research is mainly focused on: the research hotspots of domestic health tourism are concentrated on the development of health tourism products, the development model of health tourism and the development path of health tourism; The research hotspots of health tourism abroad focus on the motivation of health tourism, the influencing factors of health tourism, and the effects of health tourism. By combing the basic context behind the research on health tourism at home and abroad, this article comprehensively analyzes the current research hotspots of health tourism at home and abroad, and at the same time comprehensively shows the research consensus, differences and thinking history based on health tourism at home and abroad. This provides a useful reference and reference for looking back and looking forward to the research on health tourism at home and abroad.

Keywords: Citespace; Visual Analysis; Health Tourism

随着当今社会的发展，人们对生活品质的要求越来越高，健康已成为人们生活的一种普遍追求。而现阶段生态环境问题的出现及亚健康群体比重的不断攀升，进一步推动了康养旅游的形成与发展。康养旅游作为现阶段旅游发展的重点研究内容，具有"健康"和"旅游"的双重特性，这不仅符合现阶段游客对旅游的新需求，也正乘大健康发展之势来推动旅游业的升级发展。同时，针对康养旅游这一新兴产业，自2013年后国务院相继以相关政策鼓励推动康养旅游的发展，为其之后的发展奠定了坚实的政策保障基础。当前康养旅游的研究正处于起步阶段，学界对其概念及国内外的研究尚未进行全面的分析与总结，且现有研究中也较少以Citespace作为可视化分析工具进行总体分析，因此很难从整体对现阶段康养旅游的研究进行把控。基于此，本报告以CitespaceⅢ为分析工具对国内外康养旅游的研究进展进行可视化分析，最终总结出一定的研究结论，为今后康养旅游发展奠定理论基础与保障。

B.17 基于Citespace可视化知识图谱分析的国内外康养旅游研究进展

一 研究方法和数据来源

（一）研究方法

Citespace是一款应用于科学文献中识别并显示科学发展新趋势和新动态的软件，具有分析某一学科领域研究进展、当前研究前沿及其演化路径等作用，能够有效将研究对象间的联系以图像的方式展示出来，以此增强人们对抽象信息的具象认知，该软件现已逐渐成为学术研究的热门工具。

本报告以Citespace软件为依托，运用其内部的关键词聚类、热点词聚类等子工具，对国内外以"康养旅游"为主题的文献进行主题和关键词等信息检索，并进行关键词聚类分析，绘制相应的知识图谱，最后根据图谱对不同的方面进行分析与综述。

（二）数据来源

本报告数据来源于中国知网（CNKI）全文检索数据库和Web of Science数据库，其中，在CNKI"高级检索"界面输入"康养旅游"，来源期刊限定为"全部期刊"，检索数据共250条，经剔除"目录""书评""会议访谈""征稿通知"等无效数据，筛选有效数据为220条；在Web of Science的核心合集中，以"health tourism""wellness health""medical tourism"进行标题检索，检索数据共1905条，筛选有效数据为470条。二者均为Citespace软件分析的有效数据。

二 康养旅游研究背景

康养旅游起源于西方学术界，通常被称为"健康旅游"、"医疗旅游"及"养生旅游"。其中，"健康旅游"是14世纪出现温泉旅游度假胜地之后形成的一种康养旅游方式，"医疗旅游"是18世纪欧洲上层社会所引起的一个潮流，"养生旅游"是20世纪末北美地区兴起的一种健康旅游方式。由此，学术界掀起了对康养旅游的研究。而本报告通过在Web of Science上以"health tourism""wellness health""medical tourism"进行标题检索后，观察文章发表时间发现，20世纪80年代以后，关于康养旅游的研究逐渐增多，从2015年开始，康养旅游研究显著增多。

在中国知网进行以"康养旅游"为篇名的文献检索，经过对文献数据的统计和分析，可以发现自2016年国家旅游局发布《国家康养旅游示范基地标准》以来，国内康养旅游研究与日俱增，多以优良的自然环境作为研究的依托，对康养旅游的产品开发、类型及路径等进行研究。

三 康养旅游概念发展历程

康养概念并非舶来品，我国传统医学中很早就出现过康养的概念。[①] 丛丽等认为从字面上理解，"康养"是维持、保持和恢复身心健康的活动和过程的总称，[②] 具有调节身体与愉悦精神两个特征，当康养的元素融入旅游之后，就逐渐形成了既注重身体健康，又注重精神愉悦的康养旅游[③]。康养旅游概念起源于西方学术界，通常被称为"健康旅游""医疗旅游""养生旅游"。其中，"健康旅游"是14世纪出现温泉旅游度假胜地之后形成的一种康养旅游方式，"医疗旅游"是18世纪欧洲上层社会所引起的一个潮流，"养生旅游"是20世纪末北美地区兴起的一种健康旅游方式。自此，逐渐引起了大量学者对康养旅游的研究。

Mueller等认为健康旅游是指人们为维持、恢复和提升健康而外出旅行和暂时停留所引发的一切现象和关系的总和。[④] 加拿大旅游委员会认为健康旅游就是把消费者对保健和养生的需求与旅行、休闲和娱乐等旅游产品结合起来。Goodrich J. N.和Goodrich G. E.将医疗旅游定义为旅游目的地通过一系列不同于传统旅游中所提供的保健服务来吸引游客，这些保健服务包

[①] 陈纯.国内外康养旅游研究综述[J].攀枝花学院学报，2019，36（4）：43-47.
[②] 丛丽，张玉钧.对森林康养旅游科学性研究的思考[J].旅游学刊，2016，31（11）：6-8.
[③] 宁晓梅.宗教文化的康养旅游开发研究——以峨眉山为例[D].四川师范大学.2018.
[④] Mueller H, Kaufmann E L W, Carrera P M, Bridges J F. Globalization and Healthcare: Understanding Health and Medical Tourism [J]. Expert Review of Pharmacoeconomics & Outcomes Research, 2006, 6 (4): 447-454. Voigt, Brown, & Howat. Wellness Tourists: In Search of Transformation [J]. Tourism Review, 2011, 66 (1/2): 16-30.

B.17 基于Citespace可视化知识图谱分析的国内外康养旅游研究进展

括由酒店的医生和护士做的健康体检、针灸、经颅注射以及针对各种疾病（如关节炎）的特殊治疗等。① Johnston等认为医疗旅游指旅游者离开家到国外或者国内其他地方接受治疗或护理的过程，这些治疗或护理包括美容和牙科手术、器官和组织移植等。② 夏威夷养生旅游组织认为，养生旅游是以追求身体、感情、精神、灵魂平和、和谐为目的的旅游活动。Bushell和Sheldon认为养生旅游是一种整体性旅行方式，它是对身体健康、美容、长寿、增强自觉意识和精神警惕性的一体化寻求，并与社区、自然和神秘相联系。③

随着亚健康人口及老龄化人口比例的不断攀升和人们生活方式的改变，在大健康、大旅游的时代背景下，康养旅游相关研究逐渐引起国内学者的注意。刘丽勤较早在旅游研究中提到康养一词，但并未对其进行解释。④ 目前国内关于康养旅游的定义主要可分为三类。一是产物说，认为康养旅游是新时代的产物。刘庆余、䌹宁认为康养旅游实质上是一种"旅游+"战略，旅游+森林、温泉、养生等，是发挥旅游业的拉动力和融合力，催生的旅游新业态。⑤ 二是目的说，强调康养旅游是为了达到康复、养生养老等目的的活动。谢文彩等认为康养旅游是依托良好的生态环境和养生、医疗设备，以休闲养生、康体度假、生态疗养、修身养性、养老保健等为目的，最终达到身心健康与精神愉悦的各种旅游活动的总和。⑥ 王赵认为康养旅游即健康旅游、养生旅游，是一种建立在良好的自然生态环境、人文环境、医疗设施基础上，结合观赏、休闲、康体、游乐等形式，以达到延年益寿、

---

① Goodrich J N, Goodrich G E. Health-care Tourism—An Exploratory Study [J]. Tourism Management, 1987, 8 (3): 217 - 222.
② Johnston, Crooks, Snyder, Kingsbury. What is Known about the Effects of Medical Tourism in Destination and Departure Countries? A Scoping Review [J]. International Journal for Equity in Health, 2010.
③ George B P. Book Review: Wellness and Tourism: Mind, Body, Spirit, Place by R. Bushell and P. J. Sheldon [J]. International Journal of Tourism Policy, 2010, 3 (2): 175 - 176.
④ 刘丽勤. 久藏深闺的木王国家森林公园 [J]. 陕西林业, 2004 (4): 28.
⑤ 刘庆余, 䌹宁. 全域旅游视野下健康养生旅游发展对策 [J]. 旅游学刊, 2016, 31 (11): 4 - 6.
⑥ 谢文彩, 李星明, 向兴, 张祥. 武汉市康养旅游地空间布局及其优化研究 [J]. 华中师范大学学报（自然科学版）, 2018, 52 (1): 147 - 154.

强身健体、修身养性、医疗、复健等目的的旅游活动。① 三是系统说,从系统的角度出发,综合考虑环境、设施等一切与康养旅游有关的因素。任宣羽认为康养旅游是依托良好的物候条件,通过旅游的形式使游客获得身心健康,增强快乐,达到幸福的专项度假旅游。②《国家康养旅游示范基地标准》(LB/T051-2016)把康养旅游定义为:通过养颜健体、营养膳食、修心养性、关爱环境等各种手段,使人在身体、心智和精神上都达到自然和谐的优良状态的各种旅游活动的总和。本报告认为康养旅游是基于良好的生态自然条件、康体资源、医疗设施,结合观赏、休闲、康体、疗养等各种形式,提升游客的身心健康水平和幸福感的各种旅游活动的总和。

综上所述,本报告认为康养旅游是在旅游业发展过程中产生的一种新的旅游方式,主要具备两个要素:其一,康养旅游要基于良好的自然生态条件、康体资源和医疗设施。其二,康养旅游的功能是恢复或提升游客的身心健康。

四 国内外康养旅游研究热点分析

本报告分别对国内外文献的关键词进行了共词分析,探索康养旅游相关研究的研究热点,得出的康养旅游关键词共现图如图1、图2所示。由具体节点的大小可以看出关键词所占比重的大小,由各节点之间的连线可以明确关键词之间的亲疏程度。

(一)国内康养旅游研究热点分析

由图1可知,国内围绕康养旅游的关键词包含森林康养、全域旅游、养生旅游、乡村旅游、发展路径、旅游度假区和产品开发等,结合文献的具体内容,本报告认为国内康养旅游的研究热点集中于康养旅游产品开发、康养旅游发展模式和康养旅游发展路径三大类。

1. 康养旅游产品开发

康养旅游目的地多利用其丰富的康养旅游资源,开发康养旅游产品以

---

① 王赵. 国际旅游岛:海南要开发好康养游这个"方子"[J]. 今日海南, 2009 (12):12.
② 任宣羽. 康养旅游:内涵解析与发展路径[J]. 旅游学刊, 2016, 31 (11):1-4.

B.17 基于 Citespace 可视化知识图谱分析的国内外康养旅游研究进展

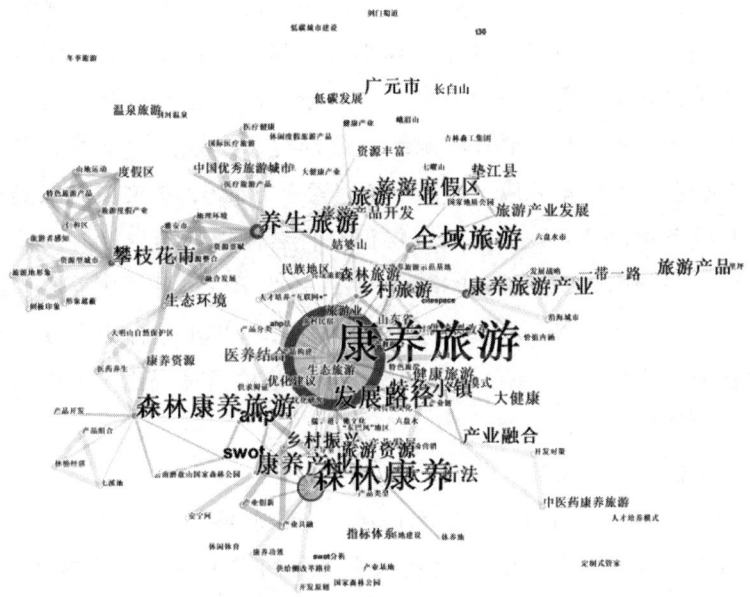

图 1　国内康养旅游关键词共现分析

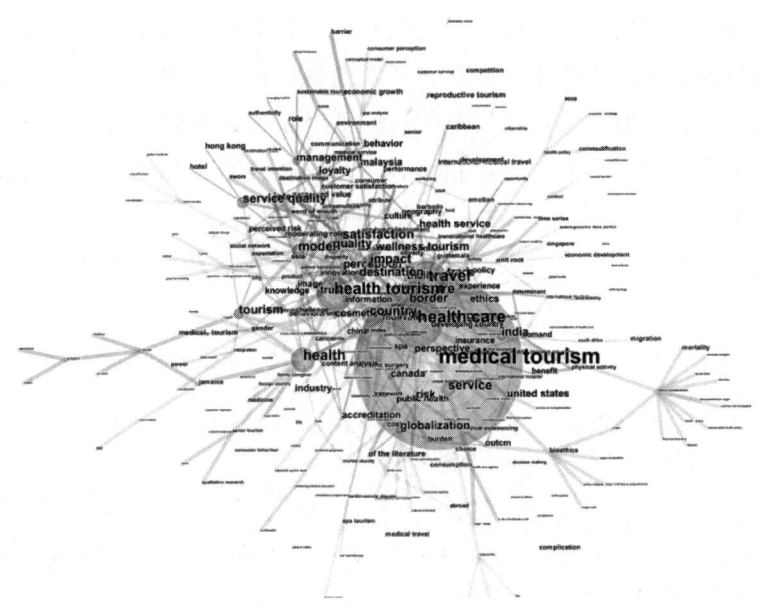

图 2　国外康养旅游关键词共现分析

吸引康养旅游者，产生经济、社会、文化和生态多重效益。一部分学者设计了康养旅游资源评价指标体系。如李济任和许东构建的森林康养旅游评价指标体系包含森林康养资源价值、森林康养环境价值和开发建设价值三个层次[①]；李岩等将康养旅游资源综合评价指标层划分为康养旅游资源因素、康养资源开发因素和康养旅游服务因素三方面[②]；史文文和张鑫从自身条件、环境条件以及开发条件三个层面对自然保护区养生旅游资源进行评价[③]。基于康养旅游资源的评价指标体系，一些学者设计了康养旅游产品的开发体系。如鲍兰平等从资源、创意、消费者和产业融合四个方面打造森林康养旅游产品体系[④]；杨红波从旅游市场变换的角度提出了云南温泉康养旅游产品的开发及完善举措[⑤]。

2. 康养旅游发展模式

在全域旅游、乡村旅游、生态旅游、文化旅游等发展背景下，学者将康养旅游划分为多种类型，为大众普遍接受的发展模式有森林康养旅游、温泉康养旅游、乡村康养旅游、文化康养旅游和医疗康养旅游五种。其中，森林康养旅游发展模式被国内学者广为研究。森林康养旅游发展模式是在开发与保护并行战略下，科学利用和开发森林资源，构建可持续发展的森林康养链条、森林康养旅游品牌，开发独具特色的康养活动，例如森林养生步道、森林养生馆、森林氧吧等。温泉康养旅游发展模式是将温泉资源与周边的自然资源和人文资源相结合，开发温泉酒店、温泉度假村和温泉地产，形成集健康、养生、休闲娱乐于一体的温泉康养旅游模式。[⑥] 乡村康养旅游发展模式是指自然生态条件优越的乡村利用空气、水质、食物、生

---

① 李济任，许东. 森林康养旅游评价指标体系构建研究 [J]. 林业经济，2018, 40 (3)：28 - 34.
② 李岩，孟娜，付秀梅. 基于 AHP 法康养旅游资源定量评价研究——以青州市为例 [J]. 济宁学院学报，2018, 39 (5)：36 - 39 + 45.
③ 史文文，张鑫. 基于 DHGF 算法的养生旅游资源评价研究——以鹞落坪国家级自然保护区为例 [J]. 林业经济问题，2018 (2)：60 - 65.
④ 鲍兰平，唐红，左玲丽. 海南森林康养旅游产品开发研究 [J]. 现代营销（经营版），2019 (3)：84 - 85.
⑤ 杨红波. 云南温泉康养旅游产品开发探析 [J]. 经贸实践，2018 (13)：1 - 16.
⑥ 杨懿，刘青. 体验式温泉旅游开发路径研究 [J]. 中国人口（资源与环境），2015, 25 (A1)：86 - 90.

活节奏等休闲养生要素展开的一系列文娱、度假、疗养、保健活动现象和关系的总和。① 文化康养旅游发展模式是以市场需求为导向，从目的地的区域性及不可替代性出发，对特色文化资源，如茶文化、宗教文化和运动文化等进行多模式的融合开发，创设别具一格的文化康养旅游产品。医疗康养旅游发展模式是将特色的医药资源、先进的医药设备、专业的医学人才与医院、景区、酒店和度假村相结合，开发中医药康体疗养、宗教医疗养生、优势医疗养生等特色旅游产品。

3. 康养旅游发展路径

许多学者基于康养旅游发展的现状提出未来康养旅游的发展路径，如马捷和甘俊伟、吕博分别提出四川和遵义森林康养旅游的发展路径，认为应从建立生态保护与资源开发良性互动机制、整合区域森林康养旅游资源、加强旅游基础设施建设、塑造森林康养旅游特色品牌和智慧旅游市场营销体系等方面加快康养旅游产业的进程。② 在康养旅游区规划方面，何莽认为小镇应选址于先天自然条件适宜康养之地，引入中医特色医疗和康体设施建设，构建完善的康养旅游健康小镇③；刘朝望等认为森林康养基地的空间布局应从上位规划和功能分区两个方面优化④，李梓雯和彭璐铭、谢文采等分别以雁荡山国家森林公园和武汉市为例，探讨了康养旅游区的空间布局和产品规划⑤，温煜华、张小艳等从空间布局、植物配置、文化设计

---

① 马潇，陈磊刚，白宁，刘丁銮. 全域旅游背景下山西乡村康养旅游发展模式探究 [J]. 粮食科技与经济，2018，43（10）：90 - 93.

② 马捷，甘俊伟. 基于SWOT分析的四川森林康养旅游发展路径研究 [J]. 四川林业科技，2017，38（2）：132 - 135. 吕博. 遵义市森林康养产业发展的优劣势及发展路径探究 [J]. 农家参谋，2019（17）：101.

③ 何莽. 基于需求导向的康养旅游特色小镇建设研究 [J]. 北京联合大学学报（人文社会科学版），2017，15（2）：41 - 47.

④ 刘朝望，王道阳，乔永强. 森林康养基地建设探究 [J]. 林业资源管理，2017（2）：93 - 96 + 156.

⑤ 李梓雯，彭璐铭. 依托国家森林公园发展森林康养旅游的探讨——以浙江雁荡山国家森林公园为例 [J]. 林产工业，2017，44（11）：56 - 59. 谢文彩，李星明，向兴，张祥. 武汉市康养旅游地空间布局及其优化研究 [J]. 华中师范大学学报（自然科学版），2018，52（1）：147 - 154.

三方面为温泉康养旅游区的开发建设提供建议①，张文亮等从政府主导体育健康综合体建设、树立标杆引领各地参与建设方面提出体育健康综合体的发展路径②。

（二）国外康养旅游研究热点分析

由图2可知，国外围绕康养旅游的关键词包含健康旅游、医疗旅游、养生旅游、影响、模式、管理、服务、满意度等，结合文献的具体内容，本报告认为国外康养旅游的研究热点集中于康养旅游的动机、康养旅游的影响因素、康养旅游的效应三大类。

1. 康养旅游的动机

Mueller等、Voigt等、Dryglas和Salamaga将康养游客分为身心健康的游客和身心不健康的游客两类，身心健康的游客的旅游动机是提升身体素质，身心不健康的游客的旅游动机是治疗身心疾病、恢复身心健康。③ Koh等、Voigt等、Tangeland认为康养游客的动机与其寻求的利益有关，根据游客对身体、心理或精神转变的重视程度，将康养游客的动机分为社交、放松、健康和恢复活力。④

---

① 温煜华. 温泉旅游地开发序位评价——以甘青两省温泉为例［J］. 干旱区地理，2016，39 (1)：216-223. 张小艳，李先源，刘磊. 露天温泉泡池区景观设计研究——以重庆柏联温泉为例［J］. 西南师范大学学报（自然科学版），2017，42（5）：60-66.
② 张文亮，杨金田，张英建，王书彦，郝秀君. "体医融合"背景下体育健康综合体的建设［J］. 体育学刊，2018，25（6）：60-67.
③ Mueller H, Kaufmann E L. Wellness Tourism: Market Analysis of a Special Health Tourism Segment and Implications for the Hotel Industry［J］. Journal of Vacation Marketing, 2001, 7 (1): 5-17. Voigt C, Wray M, Brown G, Howat G, Weiler B, Trembath R. Health Tourism in Australia: Supply, Demand and Opportunities. Sustainable 282 Galina Romanova et al. 2010. Dryglas D, Salamaga M. Segmentation by Push Motives in Health Tourism Destinations: A Case Study of Polish Spa Resorts［J］. Journal of Destination Marketing & Management, 2018 (9): 234-246.
④ Koh, Jung-Eun Yoo, & Boger. Importance-performance Analysis with Benefit Segmentation of Spa Goers［J］. International Journal of Contemporary Hospitality Management, 2010, 22 (5): 718-735. Voigt, Brown, &Howat. Wellness Tourists: In Search of Transformation［J］. Tourism Review, 2011, 66 (1/2): 16-30. Tangeland. Why Do People Purchase Nature-Based Tourism Activity Products? A Norwegian Case Study of Outdoor Recreation［J］. Scandinavian Journal of Hospitality and Tourism, 2011, 11 (4): 435-456.

Little 认为康养游客的动机是追求健身和减肥[1];Medina-Muñoz 等认为游客到加那利群岛进行康养旅游的动机主要是享受温泉、阳光沙滩、体育活动、高尔夫和安静的氛围[2];Yeonjin 等、Kim 等认为康养旅游的游客动机是放松和好奇、自我发展与学习,以实现个人成长、获得学习经验[3]。Hopkins 等、Cormany 和 Baloglu 认为医疗旅游者的出游动机是去另一个国家或地区寻求包含美容、牙科治疗、器官或组织移植等手术及本国或者本地区无法提供的医疗服务。[4] Mak 等、Johnston 等根据 Iso-Ahola 的动机理论,认为医疗康养游客的动机是放松、逃避生活压力,满足个人和人际关系,追求健康与美丽,提高生活品质。[5]

2. 康养旅游的影响因素

Snoj 和 Mumel 论述了服务质量是影响健康水疗的重要因素[6],粟路军等认为服务的公平性对服务质量及游客的幸福感有重要的影响,探讨了产品

---

[1] Little J. Transformational Tourism, Nature and Wellbeing: New Perspectives on Fitness and the Body [J]. Sociologia Ruralis, 2012, 52 (3): 257 – 271.

[2] Diego Ramón Medina-Muñoz. Critical Issues in Health and Wellness Tourism: An Exploratory Study of Visitors to Wellness Centres on Gran Canaria [J]. Current Issues in Tourism, 2013, 16 (5): 415 – 435.

[3] Yeonjin L, Hwakyung K, Lee T J. Visitor Motivational Factors and Level of Satisfaction in Wellness Tourism: Comparison between First-time Visitors and Repeat Visitors [J]. Asia Pacific Journal of Tourism Research, 2015, 21 (2): 1 – 20. Kim E, Chiang L, Tang L. Investigating Wellness Tourists' Motivation, Engagement, and Loyalty: In Search of the Missing Link [J]. Journal of Travel & Tourism Marketing, 2016: 1 – 13.

[4] Hopkins L, Ronald Labonté, Packer R C. Medical Tourism Today: What is the State of Existing Knowledge? [J]. Journal of Public Health Policy, 2010, 31 (2): 185 – 198. Cormany D, Baloglu S. Medical Travel Facilitator Websites: An Exploratory Study of Web Page Contents and Services Offered to the Prospective Medical Tourist [J]. Tourism Management, 2011, 32 (4): 709 – 716.

[5] Mak A H N, Wong K K F, Chang R C Y. Health or Self-indulgence? The Motivations and Characteristics of Spa-goers [J]. 2009, 11 (2): 185 – 199. Johnston R, Crooks V A, Snyder J, Kingsbury P. What is Known about the Effects of Medical Tourism in Destination and Departure Countries? A Scoping Review [J]. International Journal for Equity in Health, 2010, 24 (9). Iso-Ahola. Toward a Social Psychological Theory of Tourism Motivation: A Rejoinder [J]. Annals of Tourism Research, 1990, 8 (2): 256 – 262.

[6] Snoj B, & Mumel D. The Measurement of Perceived Differences in Service Quality—the Case of Health Spas in Slovenia [J]. Journal of Vacation Marketing, 2002, 8 (4): 362 – 379.

的服务要素、产品的感知质量对组织管理实践的意义①。Sherman 等、Smith 等指出性别、职业和年龄影响康养旅游发展。② Konu 和 Laukkanen 分析了康养旅游动机和意愿之间的关系,发现亲近自然对康养旅游意愿有显著的负面影响,参加体育活动、放松等动机对康养旅游意愿有积极影响。③ Little、Koskinen 和 Wilska 通过展示游客对健康、幸福的态度与康养旅游之间的联系,分析了身体健康和健康理念对康养旅游的影响。④ Luo 等对康养旅游中顾客体验、休闲与非休闲满意度与生活质量之间的关系进行研究,发现顾客体验影响休闲满意度,从而产生非休闲满意度,且这两种形式的满意度都对顾客的生活质量有一定的影响。⑤ Na 等、Aneta 认为医疗旅游者的行为决策会受态度和主观规范、时间方便、成本较低、服务较好、文化熟悉度等因素的影响。⑥

3. 康养旅游的效应

国外康养旅游的效应大多表现为身体健康状况的改善,如 Forestier 等认

---

① Su Lujun, Huang S, Chen X. Effects of Service Fairness and Service Quality on Tourists' Behavioral Intentions and Subjective Well-Being [J]. Journal of Travel & Tourism Marketing, 2015, 32 (3): 290-307.

② Sherman L, Clemenz C, & Philipp S. Gender-based Service Preferences of Spa-goers [J]. Advances in Hospitality and Leisure, 2007 (3): 217-229. Smith M, & Puczkó L. Health and Wellness Tourism. Amsterdam: Butterworth-Heinemann, 2009.

③ Konu H, & Laukkanen T. Roles of Motivation Factors in Predicting Tourists' Intentions to Make Wellbeing Holidays: A Finnish Case. Proceedings of the Sustainable Management and Marketing Conference, 2009 (11).

④ Little J. Transformational Tourism, Nature and Wellbeing: New Perspectives on Fitness and the Body [J]. Sociologia Ruralis, 2012, 52 (3): 257-271. Koskinen V, Wilska T A. Identifying and Understanding Spa Tourists' Wellness Attitudes [J]. Scandinavian Journal of Hospitality and Tourism. 2019, 5 (27): 259-277.

⑤ Luo Y, Lanlung C, Kim E. Towards Quality of Life: The Effects of the Wellness Tourism Experience [J]. Journal of Travel & Tourism Marketing, 2017: 1-15.

⑥ Na S A, Onn C, Meng C L. Travel Intentions among Foreign Tourists for Medical Treatment in Malaysia: An Empirical Study [J]. Procedia-Social and Behavioral Sciences, 2016, 224: 546-553. Aneta Mathijsen. Home, Sweet Home? Understanding Diasporic Medical Tourism Behaviour. Exploratory Research of Polish Immigrants in Belgium. Tourism Management [J]. 2019. 7 (72): 373-385.

B.17 基于 Citespace 可视化知识图谱分析的国内外康养旅游研究进展

为水疗应该融入治疗领域[1]，许多学者认为水疗可以治疗风湿病[2]；Terman 等、Nakau 等、Chorong 等认为森林康养旅游可以改善中年高血压患者的自主神经系统，负氧离子可以缓解季节性情感障碍患者的抑郁症状，是一种治疗手段[3]；Li 认为森林康养可以提高游客的免疫力，增加 NK 细胞数量和细胞内抗癌蛋白水平，持续效应长达 7 天[4]。也有部分学者认为康养旅游可以改善旅游者的情绪，如 Yuko 等、Ochiai 等、Ohe 等研究发现森林康养旅游可以为游客提供更多的身心放松和恢复机会，激发其积极情绪并缓解其消极情绪，使游客的身体和心理得到明显放松，在森林康养旅游之后仍会持续一段时间。[5]

---

[1] Forestier R, Erol-Forestier, Fatma-Begüm, Francon A. Current Role for Spa Therapy in Rheumatology [J]. Joint Bone Spine, 2016.

[2] Kamioka H, Tsutani K, Maeda M, et al. Assessing the Quality of Study Reports on Spa Therapy Based on Randomized Controlled Trials by the Spa Therapy Checklist (SPAC) [J]. Complementary Therapies in Clinical Practice, 2014, 20 (4): 317 – 333. Mourgues C, Gerbaud L, Leger S, et al. Positive and Cost-effectiveness Effect of Spa Therapy on the Resumption of Occupational and Non-occupational Activities in Women in Breast Cancer Remission: A French Multicentre Randomised Controlled Trial. [J]. European Journal of Oncology Nursing, 2014, 18 (5): 505 – 511. Kim B J, Jeong H, Park S, et al. Forest adjuvant anti-cancer therapy to enhance natural cytotoxicity in urban women with breast cancer: A preliminary prospective interventional study [J]. European Journal of Integrative Medicine, 2015, 7 (5): 474 – 478.

[3] Terman M, Terman J S. Treatment of Seasonal Affective Disorder with a High-Output Negative Ionizer [J]. The Journal of Alternative and Complementary Medicine, 1995, 1 (1): 87 – 92. Nakau M, Imanishi J, Imanishi J. Spiritual Care of Cancer Patients by Integrated Medicine in Urban Green Space: A Pilot Study [J]. Explore: The Journal of Science and Healing, 2013, 9 (2): 87 – 90. Chorong S, Harumi I, Maiko K. Effect of Forest Walking on Autonomic Nervous System Activity in Middle-Aged Hypertensive Individuals: A Pilot Study [J]. International Journal of Environmental Research and Public Health, 2015, 12 (3): 2687 – 2699.

[4] Li Q. Forest Bathing Enhances Human Natural Killer Activity and Expression of Anti-cancer Proteins [J]. International J. Immunopathol. Pharmacol, 2007, 20.

[5] Yuko Tsunnetsugu, Juyoung Lee, Bum-Jin Park, Liisa Tyrväinen, Takahide Kagawa, Yoshifumi Miyazaki. Physiological and Psychological Effects of Viewing Urban Forest Landscapes Assessed by Multiple Measurements [J]. Landscape and Urban Planning, 2013, 20 (5): 90 – 93. Ochiai, Ikei, Song, Kobayashi, Takamatsu, Miura. Physiological and Psychological Effects of Forest Therapy on Middle-age Males with High-normal Blood Pressure [J]. National Institutes of Health, 2015, 12 (3): 2532 – 2542. Ohe Y, Ikei H, Song C. Evaluating the Relaxation Effects of Emerging Forest-therapy Tourism: A Multidisciplinary Approach [J]. Tourism Management, 2017, 62: 322 – 334.

4. 问题与不足

康养旅游产业如火如荼，吸引来自心理学、医学和管理学等领域的专家对其进行研究，虽具有广泛的参与度，但并未形成核心作者群。且现有研究的内容失衡，实践性强，理论性较薄弱，研究热点集中在开发管理上，对基础性研究的关注度较低，即使是基于开发管理，相关研究也主要集中于康养旅游产品开发、经营模式开发等问题上，而对康养旅游区建设的研究，尤其是边境等特殊区域的康养旅游示范区建设的研究较少。而本报告的研究既可为康养旅游的建设提供理论支撑，又可为康养旅游管理不到位、康养旅游开发档次低等问题的解决提供新的理论研究方向。

五　结论与启示

本报告将 Citespace 软件作为分析工具，通过绘制知识图谱，以可视化的方式对国内外康养旅游的研究进展进行分析与梳理。最终得出结论：康养旅游作为新兴的旅游方式，发展正当时。但就现阶段的发展来讲，应进行如下整合和发展。

促进多元学科的交叉渗透，加强学者之间的深入交流，形成核心作者群。尽管我国学者从多方面对康养旅游的研究进行了探索，不同程度地丰富了康养旅游理论体系的内容，但是学者的参与度广而泛，缺乏不同学科之间的交流与合作，不能形成一个完整的核心作者群。

注重基础性理论研究，构建康养旅游基础理论体系。当前关于康养旅游的研究热点集中于开发管理方面，对基础性研究的关注度较低，并缺乏相应基础理论指导，使得目前对康养旅游的研究呈现重实践轻理论的趋势，从而导致康养旅游研究内容的失衡。

扩展康养旅游研究领域及范围，深层次探索并应用。康养旅游研究主要集中在旅游产品开发及经营模式开发等问题上，缺少对康养旅游区建设以及边境等特殊区域的研究。因此，对于地域的扩展研究对康养旅游的进一步发展具有重要的作用。

B.17 基于Citespace可视化知识图谱分析的国内外康养旅游研究进展

参考文献

1. 孔令怡，吴江，曹芳东．环渤海地区沿海城市滨海养生旅游适宜性评价研究［J］．南京师大学报（自然科学版），2017，40（2）：116－123．
2. 谢晓红，郭倩，吴玉鸣．我国区域性特色小镇康养旅游模式探究［J］．生态经济，2018，34（9）：150－154．
3. 刘晓燕，叶银宁．终南山地带休闲养生旅游模式的开发研究［J］．中国农业资源与区划，2016，37（5）：228－231．
4. 崔勇前．城乡融合战略视野下乡村养生度假型旅游的发展取向与实现路径［J］．农业经济，2018（5）：33－35．
5. 廖静娴．乡村养生度假型旅游发展的驱动机制与开发模式研究［J］．农业经济，2017（4）：142－144．
6. 王赛兰．马拉松：景区健康养生旅游的新助力［J］．旅游学刊，2016，31（11）：11－13．
7. 肖洪磊．云南普洱茶养生旅游开发策略研究［J］．福建茶叶，2016，38（3）：346－347．
8. 陈江美．试论国内茶文化养生旅游的市场开发路径［J］．福建茶叶，2017，39（6）：114－115．
9. 刘德浩，庞夏兰．海南医疗旅游产业发展策略研究——基于泰国、印度经验的分析［J］．中国卫生事业管理，2018，35（12）：956－960．
10. 孙源源，王玉芬，施萍，申俊龙．"一带一路"背景下江苏中医药健康旅游的创新发展策略［J］．世界科学技术—中医药现代化，2018，20（5）：769－774．
11. 周义龙．海南医疗养生旅游发展模式选择［J］．开放导报，2016（2）：109－112．

图书在版编目(CIP)数据

云南康养旅游发展报告 . 2020~2021 / 吕宛青,杜靖川主编 . -- 北京：社会科学文献出版社,2022.6
 ISBN 978-7-5201-9874-5

Ⅰ.①云… Ⅱ.①吕… ②杜… Ⅲ.①地方旅游业-旅游保健-旅游业发展-研究-云南-2020-2021 Ⅳ.
①F592.774

中国版本图书馆 CIP 数据核字(2022)第 042890 号

云南康养旅游发展报告（2020～2021）

主　　编 / 吕宛青　杜靖川

出　版　人 / 王利民
组稿编辑 / 周　丽
责任编辑 / 徐崇阳
文稿编辑 / 公靖靖
责任印制 / 王京美

出　　版 / 社会科学文献出版社·城市和绿色发展分社（010）59367143
　　　　　　地址：北京市北三环中路甲29号院华龙大厦　邮编：100029
　　　　　　网址：www.ssap.com.cn
发　　行 / 社会科学文献出版社（010）59367028
印　　装 / 三河市龙林印务有限公司

规　　格 / 开　本：787mm×1092mm　1/16
　　　　　　印　张：16.5　字　数：260 千字
版　　次 / 2022 年 6 月第 1 版　2022 年 6 月第 1 次印刷
书　　号 / ISBN 978-7-5201-9874-5
定　　价 / 128.00 元

读者服务电话：4008918866

版权所有 翻印必究